Die Macht der Freiheit

Das Buch

Hans-Olaf Henkel gilt als eine der markantesten Persönlichkeiten Deutschlands. Als Topmanager bei IBM, BDI-Präsident, wirtschaftspolitischer Ideengeber und unbequemer Kritiker konnte er die Entwicklung unserer Gesellschaft von exponierter Stelle aus beobachten und teilweise mitgestalten und legte sich mit Bundesregierung, Gewerkschaften und Arbeitgeberverbänden gleichermaßen an. In *Die Macht der Freiheit* blickt er zurück auf seinen Werdegang und sechzig Jahre Zeitgeschichte: Er erzählt vom Bombenhagel über Hamburg, von der Stunde Null, vom Wiederaufbau Deutschlands und von seiner unorthodoxen Karriere. Und er rekapituliert die Erfolgsstory des Computers, an der er jahrelang maßgeblich mitgeschrieben hat: von den Anfangszeiten zimmergroßer »Elektronengehirne« über die Erfindung des PCs bis zum Durchbruch des Internets als Massenkommunikationsmittel. *Die Macht der Freiheit* – das ist schließlich ein leidenschaftliches Plädoyer für den gesellschaftlichen Neuanfang. Henkel scheut sich dabei nicht, mit Angriffen gegen reformfaule Politiker, anachronistische Gewerkschafter oder phantasielose Wirtschaftsvertreter Anstoß zu erregen. Unser Land, so sein Resümee, stagniert seit langem in verkrusteten Strukturen, in denen »zu viel Gleichheit« und »zu wenig Freiheit« herrscht. Mit seinem Buch will er Mut machen, den Wandel zu wagen und der Gesellschaft die Freiheit zu schenken, die sie braucht. Denn, so sein Credo: Nur wer frei ist, kann sich schöpferisch entfalten.

Der Autor

Hans-Olaf Henkel, 1940 als Kaufmannssohn in Hamburg geboren, lernte Speditionskaufmann und studierte auf dem zweiten Bildungsweg an der Hamburger Hochschule für Gemeinwirtschaft. 1962 ging er zu IBM, wo er schnell leitende Verantwortung übernahm. Über dreißig Jahre arbeitete er für die Computerfirma, unter anderem in Indien, Südostasien, Frankreich und den USA, zuletzt als Chef von IBM Europa mit über 90 000 Mitarbeitern. 1992 zum »Ökomanager des Jahres« gewählt, wurde er 1994 ehrenamtlicher Präsident des Bundesverbandes der Deutschen Industrie (BDI), der wohl mächtigsten Wirtschaftsorganisation Deutschlands. Seit 2001 ist er Honorarprofessor an der Universität Mannheim sowie Präsident der Wissenschaftsgemeinschaft Gottfried Wilhelm Leibnitz mit 79 Forschungsinstituten und 15 000 Mitarbeitern.

Hans-Olaf Henkel

Die Macht der Freiheit

Erinnerungen

Econ Taschenbuch

Econ Taschenbücher erscheinen im Ullstein Taschenbuchverlag, einem
Unternehmen der Econ Ullstein List Verlag GmbH & Co. KG, München
1. Auflage 2002

Umschlaggestaltung: Petra Soeltzer, Düsseldorf
Titelabbildung: Brigitte Paulus, geb. Clausen, 2000
Druck und Bindearbeiten: Ebner & Spiegel, Ulm
Printed in Germany
ISBN 3-548-75077-X

Vorwort

Erst als ich dieses Buch schrieb, habe ich mich richtig kennen gelernt. Vielleicht habe ich es auch nur geschrieben, um mich selbst kennen zu lernen. Bei der Arbeit habe ich manche Überraschung erlebt. So fiel mir beispielsweise auf, dass sich ein roter Faden durch mein Leben zieht: die Suche nach der Freiheit.

Mir war das vorher nie bewusst gewesen, aber es besteht kein Zweifel. Ob es nun in meiner Kindheit war, wo ich mich gegen meine Mutter auflehnte; in meiner Jugend, wo ich gegen die Internatslehrer aufbegehrte; in meinem Berufsleben, wo ich mir Freiräume erkämpfen musste – immer bin ich diesem Instinkt gefolgt, als hätte ich von Anfang an geahnt, dass sich gewisse Gaben, mit denen die Natur mich ausgestattet hat, nur entfalten würden, wenn ich für den nötigen Spielraum sorgte.

Diese Erfahrung, die zu den grundlegenden meines Lebens gehört, hat eine Überzeugung in mir wachsen lassen: Nur wenn den Menschen Freiheit gegeben wird, können sie sich schöpferisch entwickeln; und nur wenn sie aus sich selbst heraus Leistungen bringen dürfen, werden sie auch für andere neue Möglichkeiten der Freiheit schaffen. Freiheit ist für mich das höchste Gut, und sie ist ansteckend. Freiheit ist eine Macht, die nur der entdeckt, der sie sich erarbeitet.

Als Thomas Mann sich 1939 in einer Rede, die er in Stockholm halten wollte, mit dem »Problem der Freiheit« auseinander setzte, war ihm selbst und mit ihm seiner Nation diese Freiheit geraubt worden: Hitler herrschte, und Thomas Mann sah sich in seinem amerikanischen Exil als Anwalt dieses verlorenen Gutes. Seine damalige Rede, die mir Hans Merkle zum fünfzigsten Geburtstag schenkte, habe ich seitdem immer wieder zur Hand genommen, denn sie behandelt ein Grundproblem auch unserer Zeit.

Hinter dem politischen Gegensatz von Demokratie und Sozialismus, so der Nobelpreisträger, verberge sich der tiefere zwischen »Freiheit« und »Gleichheit«. »Absolut genommen schließen Freiheit und Gleichheit einander aus, wie Individuum und Gesellschaft sich ausschließen« – doch muss das nicht so sein. In der Wirklichkeit können sie sich versöhnen. Es sei »die Forderung des Menschenrechts«, dass »beide Prinzipien, das individualistische und das soziale, Freiheit und Gleichheit sich vereinigen und einander wechselseitig rechtfertigen«.

Soweit Thomas Manns hellsichtige Analyse, die er wegen des Kriegsausbruchs nicht mehr vortragen konnte. Ich selbst würde den Begriff des »Menschenrechts« gegen jenen austauschen, den die Französische Revolution geprägt hat: Neben »Freiheit« und »Gleichheit« stellte sie, als drittes Element des Begriffsdreiecks, die »Fraternité«, heute wohl am treffendsten mit »Solidarität« zu übersetzen.

Ich fürchte, dass unser Land heute unter einem Ungleichgewicht dieses ideellen Dreiecks leidet: Wir haben zu viel Gleichheit, dementsprechend zu wenig Freiheit und müssen uns deshalb auch nicht wundern, wenn die Menschen immer weniger Solidarität füreinander aufbringen wollen. Denn das eine Prinzip bedarf des anderen zu seiner Entfaltung, und wo die Freiheit, wie etwa in einer Diktatur, vollständig beschnitten wird, bleibt am Ende nur noch die Gleichheit der Misere, wie ich sie in Kuba erlebt habe. Es lohnt sich also, dafür zu kämpfen, dass das Dreieck unseres Menschenbildes immer gleich lange Seiten besitzt.

Während ich dieses Buch schrieb, ist mir eine weitere solche Begriffskombination aufgefallen, die sich in meiner Weltanschauung gebildet hat. In den siebzehn Jahren, die ich im Ausland lebte und arbeitete, von Indien über Sri Lanka bis Frankreich und Amerika, habe ich immer wieder die Erfahrung gemacht, dass moderne Gesellschaften auf drei Ideen aufbauen müssen, um erfolgreich zu sein: Demokratie, Menschenrechte und Marktwirtschaft. Während ich als BDI-Präsident für die Freiheit der Wirtschaft tätig war, habe ich mich deshalb als Mitglied von Amnesty International immer zugleich für die Menschenrechte eingesetzt. Auch hier gilt übrigens, wie beim Dreieck aus Freiheit, Gleichheit und Solidarität, dass die drei Elemente gleich stark entwickelt sein müssen: Wer die Demokratie will, muss sich für die Marktwirtschaft stark machen, wie diese wiederum nur dann ein menschliches Antlitz erhält, wenn sie das Recht des individuellen Lebens achtet.

Der Leser wird sich nicht wundern, dass ich mich auch beim Schreiben dieses Rückblicks auf sechzig Jahre von einer solchen Ideendreiheit leiten ließ: Deren eine Seite besteht darin, dass ich informieren, die zweite, dass ich auch unterhalten wollte. Die dritte schließlich heißt: Wahrhaftigkeit, und um sie habe ich mich nicht minder bemüht als um die ersten beiden.

Ob mir dieser Dreischritt gelungen ist, möge der Leser entscheiden.

Hans-Olaf Henkel

I

Der Mann, der mein Leben am stärksten prägte, hat in meiner Erinnerung kaum Spuren hinterlassen. Dennoch war er mir immer gegenwärtig, und vielleicht gerade, weil er mir so gefehlt hat. Wie oft denke ich an ihn, stelle mir vor, wie er heute aussähe. Dann sehe ich mich neben ihm, der ich heute zwanzig Jahre älter bin, als er bei seinem Tod war. Und bin doch immer sein kleiner Hans geblieben und er mein großer Papi.

Wenn ich versuche, ihn mir vorzustellen, fühle ich Wärme und Geborgenheit. Ich sehe mich auf seinem Schoß sitzen, ein Stück Nugat in der Hand, das er mir aus Ungarn mitgebracht hat. Während alle in der Familie blond und blauäugig sind, hat Papi braune Haare und dunkle Augen – wie oft habe ich mich als Kind nach diesem Blick gesehnt.

Weitere Bilder tauchen vor mir auf: Es ist Nacht und ich stehe als kleiner Junge an der Hamburger Rothenbaumchaussee, wo Vater mich hinter einen Baum gestellt hat. Ich sehe, wie aus den Fenstern unseres Hauses meterhohe Flammen schlagen, und fühle doch keine Angst. Denn er steht neben mir, die Schmalfilmkamera am Auge, und filmt. Die Luft ist erfüllt von Rauch, vom Krachen des Feuers, vom Brummen schwerer Flugzeugmotoren.

Nun sehe ich ihn in Uniform, auf Heimaturlaub von der Front. Außer dem Nugatriegel hat er mir noch eine kleine Spielzeugkanone aus buntem Blech mitgebracht. Man kann sie mit Steinchen laden und diese mit einem Federmechanismus abschießen. Sobald die Luftschutzsirenen heulen, bringe ich meine Kanone in Stellung und ziele auf die Flugzeuge, die hoch am Himmel über uns hinwegziehen.

Auf den letzten Fronturlaub folgt die endlose Qual des Wartens. Irgendwann kommen keine Briefe mehr, monatelang hören wir nichts von ihm, keine Post trifft ein und keine Nachricht. Der Krieg ist schon lange zu Ende, als zwei grün gekleidete Männer an unsere Wohnungstür kommen. Mutter bittet sie herein ins Wohnzimmer, wo sie gedämpft zu ihr sprechen. Mit einem Aufschrei bricht sie plötzlich zusammen, wir weinen und weinen. Nächtelang liege ich wach, und meine Mutter hört, wie ich immer wieder »Papi ist tot, Papi ist tot« rufe.

Es gibt allerdings keine Gewissheit. Sie sagen zwar, er sei im Januar 1945 im Kessel von Budapest gefallen, erschossen beim Überqueren einer Straße. Aber sie haben keinen Beweis. Sie haben nicht einmal seine Dienstmarke. Mutter beschließt deshalb, ihnen nicht zu glauben. Nein, Vater ist sicher nicht tot, einer wie er kommt immer durch. Irgendwie wird er zu uns zurückkehren. Sie beißt sich so an diesem verzweifelten Gedanken fest, dass sie sogar die Rente als Kriegerwitwe ablehnt. So warten wir jahrelang, wenden uns an alle möglichen Behörden. Nichts.

Als ich, längst erwachsen, zum ersten Mal nach Budapest komme, frage ich bei den dortigen Ämtern nach Gefallenenverzeichnissen, nach Soldatenfriedhöfen. Aber auch hier komme ich nicht weiter. Dass ich dann doch Antwort bekomme, verdanke ich hauptsächlich dem damaligen Bundeskanzler Helmut Schmidt. Als er vor einem geplanten Ungarnbesuch darauf besteht, auf einem deutschen Soldatenfriedhof einen Kranz niederzulegen, bleibt den Gastgebern nichts anderes übrig, als hastig eine solche Anlage einzurichten. Auf dem Budapester Zentralfriedhof wird ein Massengrab mit deutschen Gefallenen für den Staatsbesuch vorbereitet, und Helmut Schmidt kann seinen Kranz an würdiger Stätte niederlegen.

Später erhalte ich in meinem Büro einen Anruf: Das Amt, das wir bei unserer Suche eingeschaltet hatten, war nun endlich fündig geworden. Man kenne die letzte Ruhestätte meines Vaters, so wurde mir mitgeteilt, sie befinde sich auf dem

Budapester Zentralfriedhof. Ich sitze mit Gänsehaut an meinem Schreibtisch, Tränen laufen mir übers Gesicht.

Das Totenfeld dehnt sich vor mir wie ein Fußballplatz. Neuntausend deutsche Soldaten, die noch in den letzten Kriegsmonaten sterben mussten, sind hier beerdigt. Um einen mächtigen Baum gruppiert, sind drei Bronzetafeln in den Boden eingelassen. Sie tragen neuntausend Namen. Ich folge dem Alphabet, und mein Herz scheint einen Schlag auszusetzen. Ich lese seinen Namen, meinen Namen. Hans Henkel steht hier, geboren am 24. Mai 1905, und auch sein Todesdatum: 5. Januar 1945. Wie lange habe ich auf diesen Augenblick gewartet. Ich sage »Papi«, zum ersten Mal seit vierzig Jahren.

*

Mein Vater war ein Erfolgstyp. Er hatte Erfolg im Geschäft, im Sport, auch bei den Frauen. Und als könne er nicht glauben, wie viel Glück er hatte mit seiner kleinen Firma und seiner kleinen Familie, hielt er alles noch einmal fest, mit Fotoapparat und Filmkamera: Sein kurzes, glückliches Leben ist bis heute aufbewahrt in Tausenden Fotografien und Dutzenden Filmspulen. Nur von seinen letzten furchtbaren Wochen in einem Erdloch südlich von Budapest gibt es keine Aufnahmen.

Er stammte aus einer alteingesessenen Hamburger Familie und hätte sich mühelos für den »Verein geborener Hamburger« qualifiziert, bei dem man drei Generationen Ortsansässigkeit vorweisen muss. Doch ihm lag nichts an Vereinen, er war entschiedener Individualist. 1905 in das prosperierende Kaiserreich hineingeboren, war er von seinen Eltern, die ein Anzeigengeschäft betrieben, verwöhnt worden. Als tatkräftiger junger Mann stellte er sich bald auf eigene Beine und übernahm eine um die Jahrhundertwende von einem gewissen Traugott Mann gegründete Generalvertretung für Papierbedarf. Die »Firma Hans Henkel« begann in den dreißiger Jahren zu florieren.

Als angemessenes Zeichen seines Wohlstands kaufte er eine recht prachtvolle kleine Villa an Hamburgs Rothenbaumchaussee. Von seinem dortigen Büro aus, das er sich in der Beletage eingerichtet hatte, organisierte er den Vertrieb von

Aktenordnern, Geschäftsbüchern, Briefbögen und Kuverts, er verkaufte aber auch Laternen, Girlanden und Servietten, Pappnasen und Toilettenpapier sowie alle nur erdenklichen Papiersorten, vom Pergamentersatz bis zum Flaschenseidenpapier.

Alles scheint ihm zugeflogen zu sein: Er lernte so nebenbei, da er Musik liebte, fünf Instrumente, von denen er die Geige mit perfektionistischer Hingabe spielte. Er war begeisterter Sportler, der nicht nur nach Büroschluss in weißen Hosen auf den Tennisplatz gleich um die Ecke am Rothenbaum eilte, sondern auch in diversen athletischen Disziplinen brillierte, zu denen Diskus- und Speerwerfen, Kugelstoßen und Weitsprung gehörten – ein strahlender Zehnkämpfer und eleganter Schwimmer obendrein.

Und alles wurde auf Zelluloid gebannt. Das stattliche Haus an der noblen Rothenbaumchaussee, die Pracht der Inneneinrichtung, die sportlichen Höchstleistungen, bei denen Mutter die Kamera bediente, schließlich die drei Kinder, von denen ich als Stammhalter offenbar sein Liebling war. Alles wurde aufgezeichnet, im eigenen Labor entwickelt, sodann mit launigen Untertiteln versehen und buchhalterisch genau erfasst und katalogisiert. Hans Henkel war Bildchronist seines eigenen Lebens, und was ich heute über ihn und meine eigene Kindheit weiß, verdanke ich vor allem dieser Leidenschaft meines Vaters.

Natürlich hat er seine »Leica« und die Sechzehn-Millimeter-»Bolex« auch in den Krieg mitgenommen. Ich sehe ihn in Uniform durch Budapest flanieren, in der Therme des Gellert-Hotels schwimmen. Bevor die Stadt von der Roten Armee eingekesselt wurde, hatte mein Vater dort ein vergleichsweise luxuriöses Leben. Später bin ich durch Budapest gegangen, immer auf der Suche nach den Stellen, die mir von seinen Filmen vertraut waren. Ich sah noch die Einschüsse an den Häuserfassaden, seine Straßen fand ich nicht. Damals schien er noch glücklich, und das wohl auch, weil er alles für die Zukunft festhalten konnte, für seine Frau und die Kinder. Das war sein kleines Stück Unsterblichkeit.

Ob im Krieg oder zu Hause – alles, was mein Vater filmte, zeigte ein harmonisches und glückliches Leben. Nur weiß ich heute, dass es nicht so war. Erfolgreich gewiss und häufig auch glücklich, aber harmonisch, so erzählte mir später meine Mutter, war es leider nicht. Denn zu den vielen Vorzügen, die Vater aufzuweisen hatte, kam auch eine Schwäche, die für Frauen. Und wenn er in seinem chromblitzenden Acht-Zylinder-Ford-Kabriolett mit offenem Verdeck an der Alster spazieren fuhr, flogen ihm, wie man sagt, die Herzen der Damen zu. Das gab immer wieder Anlass zu erbitterten Auseinandersetzungen, die an Dramatik, wie ich mich wohl erinnere, nichts zu wünschen übrig ließen.

Jahrzehnte später erfuhr ich, dass ich einen Halbbruder habe, ein außereheliches Kind meines Vaters, vier Jahre älter als ich. Meine Mutter brachte ihn zur Feier meines fünfzigsten Geburtstages mit, sie wollte, dass wir uns endlich kennen lernen. Seine erste Erinnerung an unseren gemeinsamen Vater ist eine Autofahrt, bei der er, der Sohn Hans Henkels, von seinem Vater im offenen Kabriolett durch Hamburg kutschiert worden sei.

Dass jedenfalls wir Kinder eine heile Welt erlebten, dass nichts unser Glück an der Rothenbaumchaussee trüben konnte, dafür sorgte unsere Mutter. Fast zehn Jahre jünger als Vater, wurde sie zu Beginn des Ersten Weltkriegs geboren. Nicht, wie Hans Henkel, mit einem Silberlöffel im Mund – im Gegenteil. Wilhelmine Friederike Ausborn kam als uneheliches Kind in sehr einfachen Verhältnissen zur Welt. Ihr Vater, ein Norweger namens By, hatte Mutter und Kind im Stich gelassen, worauf Walter Schmidt, mein zukünftiger Großvater, an dessen Stelle trat. Er führte eine zoologische Handlung in Wandsbek, so erzählte mir Mutter, mit Meerschweinchen, Papageien und beleuchteten Aquarien. Das Geschäft ging beim großen Bombenangriff 1943 mitsamt seinem lebenden Inventar in Flammen auf. Aus ihrer Kindheit behielt Mutter nur bittere Erinnerungen. Sie fühlte sich bei ihrem Stiefvater nicht wohl, litt wohl auch unter den Steckrübenwintern der letzten Jahre des Ersten Weltkriegs, in denen es kaum zu essen gab, und sparte in späteren Jahren nicht mit Vorwürfen an die Adresse ihrer Mutter.

»Minchen«, wie sie von ihren Eltern gerufen wurde, war ein

auffälliges Mädchen. Hoch gewachsen, mit wallendem Blondhaar und einnehmenden Gesichtszügen entsprach sie ganz dem »nordischen Typ«, der in den Dreißigern in Mode kam. Außerdem verfügte sie über Witz und Selbstbewusstsein und konnte auf eine Weise direkt sein, bei der man in Hamburgs Bürgertum die Brauen hob. Genau dorthin aber wollte sie. Raus aus der Kleinen-Leute-Welt des Arbeitervororts, hinein ins noble Zentrum der Hansestadt. Und was Minchen sich vornahm, das setzte sie auch durch. Sie lernte fleißig in der Schule, nahm Klavierstunden, achtete auf ihr Äußeres. Mit fünfzehn war sie verlobt, mit siebzehn heiratete sie, und als ihr erstes Kind kam, war sie noch keine zwanzig. Und konnte ihrer Tochter den Brei mit einem Silberlöffel reichen.

Ihr stärkster Antrieb war es immer gewesen, aufzusteigen. Man könnte auch sagen, sie hatte einen Willen zum Glück. Als sie sich in den ebenso erfolgreichen wie lebenslustigen Geschäftsmann Hans Henkel verliebte und er sie, vermutlich unter vielen Mitbewerberinnen, auswählte, war sie schon ganz nahe an dieses Lebensziel herangekommen. Mit siebzehn gehörte sie zur gehobenen Gesellschaft und zog kurz darauf in die repräsentative Villa in Hamburgs Nobelstadtteil ein. Bald entwickelte sie das erstaunliche Talent, dem Leben der jungen Familie Stil zu verleihen. Mit großem Ehrgeiz, nie erlahmender Umtriebigkeit und einem Sinn für Perfektion war sie die ideale Ergänzung ihres Mannes. Brachte er den Status und die Villa, so verlieh sie den vier Wänden den nötigen Glanz und brachte unserem Leben den gesellschaftlichen Schliff. Dabei zeigte sie viel Sinn fürs Dekorative, sparte nicht an teurem Mobiliar und schönen Kleidern. Wenn sie uns Kindern das Gefühl vermittelte, etwas »Besseres« zu sein, dann unter der stillschweigenden Voraussetzung, dass dies schon immer so gewesen sei.

Rothenbaumchaussee 141: eine schmale, drei Stockwerke emporsteigende Gründerzeitfassade mit hohen, klassizistisch gerahmten Fenstern und einem Vorgarten zur Straße hin. Auf der linken Seite des Hauses, über dem vorspringenden Eingang, erhebt sich ein balustradengeschmückter Balkon, rechts führt eine abschüssige Zufahrt in die Garage, wo das gepflegte und auf Hochglanz gebrachte Ford-Automobil untergebracht ist. Zu unserem Grundstück gehört auch ein Garten hinter dem Haus, wo im Sommer die Erwachsenen Kaffee trinken, während wir Kinder im Sandkasten oder auf der Schaukel spielen. Wer heute vom Dammtorbahnhof in Richtung Klosterstern spaziert, kann an der Rothenbaumchaussee noch viele solche weiß leuchtenden Fassaden des wilhelminischen Fin de Siècle bewundern. Wo unsere Villa stand, an der Ecke Hansastraße, residiert heute eine Versicherung.

Meine Mutter stattete die Villa im Stil vergangener Jahrhunderte aus. Von den Seidentapeten und Tapisserien, den verschnörkelten Stühlen und üppig geschnitzten Schränken bis zu den goldgerahmten Gemälden und Kristalllüstern, deren Licht von Spiegeln vervielfältigt wurde, wirkte alles so, als wäre man in einem kleinen Schloss. Mutter besuchte gerne Auktionen, und ich bin sicher, dass sie dort ein Vermögen gelassen hat. Aber sie wollte eben ihren Traum vom glanzvollen Leben mit dem passenden Mobiliar ausstaffieren. Immer neue Prachtstücke wurden in die Wohnung gebracht, Konsolen mit Rokokospiegeln darüber, samtgepolsterte Sessel und Schemel, Porzellanvasen und vielarmige Kandelaber, die zu festlichen Anlässen entzündet wurden. Sogar ein Paradesäbel mit Quaste lehnte in einer Ecke, als hätte ein Kavalier ihn dort vergessen. Vor den Fenstern, an denen die Straßenbahn Linie 18 vorbeiratterte, hingen drapierte Stoffe, die wie Theatervorhänge wirkten.

Im Jahr 1940, als Hitlers Luftwaffe die englische Industriestadt Coventry bombardierte und von allen Fronten Siegesmeldungen einliefen, filmte mein Vater ein weiteres Stück seines idealisierten Privatlebens. Klassische Musik gehörte zu den Liebhabereien, die meine Eltern teilten, und gelegentlich setzten sie sich mit Freunden zu gemeinsamer Kammermusik zusammen. »Hausmusik«, so lautet der Titel des Films, und als Erklärung fügte Vater an, dass »in der deutschen Familie seit Jahrhunderten Hausmusik gepflegt wurde. Deutsche Meister schufen Musik von unvergänglicher Schönheit und Tiefe, ihre Werke sind unsterblich.«

»Hausmusik« beginnt mit einem Blick in unser Speisezimmer. Die Familie sitzt beim Kaffee, auf einer langstieligen Porzellanschale ist Obst arrangiert wie auf einem niederländischen Stillleben. Die Haustüre wird geöffnet, Freunde treffen ein und betreten das Musikzimmer, in dem geschnitzte Notenständer bereitstehen. Mutter, ein blonder Engel im Seidenkleid, legt behutsam Notenblätter auf, entzündet dann einen Kerzenleuchter. Licht fällt auf die Noten, und die Kamera zeigt, dass ein Klaviertrio von Joseph Haydn auf dem Programm steht. Mutter schlägt auf dem Flügel einen Ton an, nach dem Geige und Cello gestimmt werden.

Nun gibt Vater mit dem Geigenbogen den Einsatz, Mutter schlägt Harmonien an, tritt dabei kräftig ins Pedal und der Cellist fährt heftig mit dem Bogen hin und her, während die Linke auf und ab vibriert. Um den Geist jener vergangenen Zeit zu beschwören, blendet der Regisseur zum stummen Spiel einen Rokokogalan aus Meißner Porzellan ein, der mit Perücke und Degen vor einer Madame Pompadour im breiten Reifrock kniet, während sich ihre zierlichen Hände an den Fingerspitzen berühren. Kerzen flackern, ihr Schein verdoppelt sich in einem Spiegel, und langsam bricht die Dunkelheit herein.

Verlassen liegen nun die Instrumente auf den Polsterstühlen. Vaters Kamera schwenkt zu einem barocken Gemälde hinüber, das auf einer Staffelei platziert ist: Es zeigt eine Frau, die mit dem Rücken zum Betrachter sitzt und eine Laute stimmt. Dabei dreht sie ihren Kopf anmutig über die Schulter, als wolle sie zum Nähertreten einladen. Wie durch Zauberhand scheint das Bild nun lebendig zu werden: Mutter wird eingeblendet, ihr Haar perückenartig onduliert, und sie nimmt dieselbe Stellung ein wie die barocke Muse, um Vaters alte Laute zu stimmen.

Im selben Augenblick, als sie zu spielen beginnt, schwenkt die Kamera zum Kronleuchter empor, dessen an Schnüren aufgereihte Kristallperlen ihr Licht auf Vater werfen, der mit einer silbernen Querflöte vor einem Notenständer Aufstellung genommen hat. Ein neues Stück liegt darauf, »Friedrich der Große, Konzert Nummer eins«. Ein Klarinettist tritt hinzu, und im Hintergrund erscheint passend Adolph Menzels berühmtes Gemälde des Flöten spielenden Preußenkönigs. Stumm bewegen sich die Hände auf den Instrumenten, bis die goldene Rokokouhr Viertel vor zwölf schlägt und die sieben Kerzen niedergebrannt sind.

*

Im Jahr dieser musikalischen Geisterbeschwörung, genauer: am 14. März 1940, werde ich geboren. Vom Wöchnerinnenheim am Mittelweg sind es zur Villa nur ein paar Schritte, und alles ist auf die Ankunft des Söhnchens vorbereitet. »In dankbarer Freude« verkünden es meine Eltern auf gedruckten Kärtchen: Endlich ist der ersehnte Stammhalter da, das Familienglück vollkommen. Der erste Versuch war nämlich fehlgeschlagen. Vor sechs Jahren hatte es »nur« zu einem Mädchen gereicht. Und Karin muss jetzt, zu ihrem nagenden Kummer, hinter Papis neuen Darling zurücktreten. »Das Glück ist kaum zu fassen«, notiert die stolze Mutter, »es ist tatsächlich ein süßes, kleines Söhnchen! Ein Sohn!« Vor Entzücken darüber, dass ich ein Junge bin, wählt sie, pars pro toto, den Kosenamen nach meinem Männlichkeitsattribut: Für Mutter bin ich »der Schniedel«. Einige alte Freunde aus gemeinsamer Jugendzeit nennen mich heute noch so.

Natürlich werde ich von allen verwöhnt, alles dreht sich um mich. Wie ein kleiner blond gelockter Prinz throne ich in meinem weiß lackierten Kinderwagen, einer Art Wanne aus geflochtenem Korb, mit gefedertem Fahrwerk und Stoßstange. Das Verdeck lässt sich zurückklappen, damit der kleine Passagier in die Sonne blinzeln kann. Jetzt nimmt mich Mutter auf den Arm, jetzt die Oma, und auch Karin möchte bei den Liebkosungen des Kleinen nicht zu kurz kommen. Unübersehbar haben wir es hier mit dem künftigen Juniorchef der Firma Hans Henkel zu tun. Kein Wunder, dass ich strahle.

Auf einem anderen Foto posiert Mutter wie eine Hollywood-Diva mit mir auf dem Sofa. Sie trägt eine bedruckte Seidenrobe, ihr Haar leuchtet so superblond wie das der Monroe zwanzig Jahre später. Sichtlich genießt sie die Blitzlichter von Vaters Kamera und drückt mich dabei an sich, während sich Karin, einen Fächer in der Hand, ihrem neuen Rang gemäß etwas abseits hält.

Der Luxus dieser Szene auf dem breiten gesteppten Sofa mit Nackenrollen und geschnitztem Rahmen scheint so gar nicht ins Hitlerreich zu passen, schon gar nicht im zweiten Kriegsjahr. Ein Hauch von Dekadenz geht von diesen Bildern aus, und ich bin sicher, Vater hat es so gewollt. Mit den Nazis hat er schließlich nichts im Sinn, und mit seinen 35 Jahren scheint die Gefahr, in den Krieg ziehen zu müssen, gering. Seinen Heimatdienst versieht Vater, sozusagen nebenberuflich, als Polizist an der Wache Oberstraße. Auch diese ist, wie alles in unserer perfekten kleinen Welt, nur ein paar Schritte von der Villa entfernt. Der schwere Tschako mit dem aufragenden Emblem, den er hinterlässt, wird mich später an diesen trügerischen Frieden erinnern.

»Ausgezeichnet in Ordnung«, notiert Mutter in Schönschrift über die Fortschritte ihres Sohnes im September, »prächtig entwickelt, frische gebräunte Farbe, kräftiges Kind«. Natürlich sorgt sie selbst dafür, dass ich ihren hoch gesteckten Erwartungen auch entsprechen kann. Für Kindermädchen Walburga, die ihr gesetzlich vorgeschriebenes Pflichtjahr bei uns absolviert, erstellt sie einen minuziösen Speiseplan, nach dem der Kleine zu ernähren ist. Die Menükarte, als »Pischerleins Speisezettel« an die Küchenwand gepinnt, hält für den Morgen »Brustnahrung« fest, für das Mittagsmahl unter anderem »Gemüse, Gemüsesaft, Tomate und Pudding«, nachmittags werden, neben diversen Leckereien, »drei Teelöffel Sanostol« verabreicht, worauf gegen Abend ein Süppchen angeboten wird. Was das Dessert aus Obst, Brei oder Grütze betrifft, gilt Mutters eiserne Regel: »Gesüßt wird nur mit Dextropur.«

Nach einem Jahr habe ich, dank Vorzugsernährung, mein Plansoll erfüllt. Voll Genugtuung schreibt Mutter in ihr Büchlein über die nun zu Tage tretenden »Charaktereigenschaften« ihres Lieblings: »Lebendig, eifrig, kernig, fröhlich, unermüdlich, ausdauernd, selten müde. Und von ganzem Herzen von Mutti und Papi und Karin, Oma und Opi geliebt und halb tot gedrückt.« Sie schenkt ihrem »Goldherz« einen Teddy, den ich jahrelang am Ohr mit mir herumschleppen werde. An Spielzeug kann ich mich kaum erinnern. Abgesehen von dem Teddy, der zum Spielen eher ungeeignet war, hatte Mutter für derlei auch nicht viel übrig. Spielsachen empfand sie als nutzlos. Deshalb habe ich später auch, im Gegensatz zu meinen Freunden, keine elektrische Eisenbahn oder Rennautos bekommen, und ich nehme an, dass ich darüber nicht gerade erfreut war.

Mutter schenkte mit Vorliebe Nützliches: Pullover, Strümpfe, ein neues Paar Schuhe oder ein Fahrrad. Mein Spieltrieb richtete sich deshalb auf die interessanten Apparaturen im Büro: Ich experimentierte mit den Schreibmaschinen, rollte den Briefwagen hin und her, untersuchte die Utensilien auf den Schreibtischen. Einmal, da ging ich schon zur Schule, bekam ich von einem Bekannten meiner Mutter ein Holzschiff geschenkt. Das war groß und schön bemalt, ausstaffiert mit Wimpeln und Rettungsbooten, ein wirklich feiner Anblick. Nur stellte sich bald heraus, dass es nicht schwimmen konnte. So viel zum Thema Spielsachen.

Vaters Filmleidenschaft muss irgendwann auf Mutter übergesprungen sein. Im Herbst 1940 führte sie selbst Regie, der Film hieß »Wir Vier« und zeigt das Henkel'sche Familienleben: Blende auf, der Tag beginnt, Vater Hans zieht die Seidenrollos hoch, hinter denen zwei bemalte Amphoren auf dem Fensterbrett sichtbar werden. Er eilt in die Dusche, diese höchst moderne Einrichtung, die sich kaum von einer heutigen unterscheidet, und schreitet von dort zur Nassrasur, umgeben von Parfüms, Tinkturen und Pudern auf der Marmorablage.

Hier im gefliesten Bad steht auch mein Wickeltisch, und während Vater die Kamera übernommen hat, reinigt und salbt Mami ihren Liebling, reibt Kopf und Bäuchlein im Licht des Scheinwerfers mit Nivea ein, was ich halb staunend, halb empört zur Kenntnis nehme. Zum Abschluss zupft sie mich zärtlich an jenem Teil, nach dem sie mich benannt hat.

Auf dem gedeckten Frühstückstisch erhebt sich, zwischen Tassen, Brötchen und Marmeladegläsern, ein monströser Kaffeewärmer. Eine Zeit lang hatte Mutter ein so heftiges Faible für diese nützlichen, heute vergessenen Stoffhauben, dass sie damit begann, sie selbst zu nähen, zu füttern, mit Blümchen und Rosetten zu verzieren. Als sie genug für den Hausgebrauch besaß und auch keinen Platz mehr in den Schränken fand, erfreute sie unsere Freunde und Verwandten damit. Im Film hebt Vater die wärmende Hülle, um Kaffee einzuschenken.

Nun sehen wir unsere Wohnungstür aus weißem Holz mit buntem Glaseinsatz, in deren Mitte das Namensschild »Hans Henkel« angebracht ist. Und schon tritt er selbst ins Bild, der Hausherr in flottem Hut und tadellosem Anzug, die Rechte lässig in der Anzugtasche, die Aktenmappe unterm Arm. Kein Zweifel, ein Erfolgstyp schreitet da durch seinen gepflegten Vorgarten und besteigt, nach wenigen Schritten, die Straßenbahn in Richtung »Adolf-Hitler-Platz«.

Büroalltag: Mutter und Vater sitzen sich an zwei zusammengeschobenen Schreibtischen gegenüber. Mutter tippt auf der Adler-Schreibmaschine, so schnell und geläufig, wie sie Klavier spielt, während Vater eifrig telefoniert. Zwei, die sich ergänzen. Vor ihnen stehen Stempelkissen, gefüllte Ablagen, Locher; hinter ihnen, in offenen Schränken, die Geschäftsordner. Als die Uhr viertel vor fünf zeigt, springt Vater auf, wirft sich in weiße Kleidung und eilt hinüber zum Tennisplatz. Auch eine Leidenschaft, die er auf Dutzenden Filmrollen festgehalten hat.

Und hier sein ganzer Stolz: die Bibliothek. Ein Bücherschrank, der die ganze Breite einer Wand einnimmt und bis zur stuckverzierten Decke reicht. Zwischen den mit Schnitzereien verzierten Holmen stehen die Bücher, säuberlich aufgereiht die Gesamtausgaben in Leder und Goldschnitt, man erkennt Gottfried Keller und Dantes »Göttliche Komödie«, die Weimarer Klassiker ebenso wie die antiken Autoren Homer, Euripides und Sophokles – das Erbe der abendländischen Literatur in Reih und Glied. Mutter sitzt an einem Tischchen daneben und schreibt mit der Stahlfeder beim Licht einer Leselampe: »Buch an Buch in stolzer Reihe grüßen dich hier von den Wänden. Sehnst du dich nach stiller Weihe, flüchte zu den alten Bänden. Laß von ihnen dir berichten von der Menschen Glück und Trauer, vom Genießen, vom Verzichten, Liebeslust und Todesschauer.«

Gedankenverloren zündet Mutter sich eine Zigarette an, der Rauch steigt am Schrank empor, vorbei an verschlungenen Rosetten, an zwei geschnitzten Köpfen, von denen der eine lacht, der andere weint. Aus einem unteren Fach zieht Mutter ein Buch mit grell bemaltem Umschlag heraus, »Der Feldzug in Polen«, dann eines, das Bomben werfende Stukas zeigt, »Luftwaffe schlägt zu«. Ihr Gesicht verdüstert sich, lange verharrt die Kamera auf ihren ernsten Zügen, zeigt dann ein Gedicht, das sie vor sich aufgeschlagen hat, ein Gedicht von der Sehnsucht einer Frau, deren Mann in den Krieg gezogen ist. »Du weißt deine Liebsten zum Greifen dicht«, heißt es da, »sie sehen im Sterben ein fremdes Gesicht.« Wir sehen hinter Mutters Gesicht Flugzeuge auftauchen, die Bomben abwerfen. Dann schließt sie die Augen. Langsam dunkelt sich das Zimmer ab, und ein Schriftzug erscheint. »Ende«.

Als Vater dies filmte, herrschte Siegesstimmung in Deutschland. Die Wehrmacht, die Polen und Frankreich besiegt hatte, rückte mit Panzern und heulenden Stukas an allen Fronten vor. Für die Hamburger, die zurückblieben, spielte sich der Krieg in weiter Ferne ab. Man fühlte sich sicher. Im Park »Planten und Bloomen« besuchte man im Sommer 1941 die Ausstellung »Wehr und Sieg«, bei der man die abgeschossenen Flugzeuge der Engländer aus der Nähe betrachten konnte. Auch Vater führte uns an einem Sonntag dorthin, die Kamera am Auge, und filmte die zerschossenen Flugzeugwracks der Engländer, aber auch die deutschen Flakgeschütze, die uns so zuverlässig vor ihnen schützten.

Zum Höhepunkt der Veranstaltung drängten sich Tausende Besucher an den Ufern eines Teichs, in dessen Mitte eine Vorführung der besonderen Art angesagt war: Luftschutzwarte in schwarzer Kleidung entzündeten englische Phosphorbomben, die gewaltig qualmten und Funken sprühten. Doch keine Sorge, signalisierten die Uniformierten, die Dinger sind nicht so gefährlich, wie sie aussehen! Tatsächlich brachten sie die Flammen mit Schaufeln und Erde schnell zum Erlöschen. Ich saß derweil in meinem Korbwagen, geschoben von Mutter, die Arm in Arm mit zwei Kavalieren ging, während hoch über uns Hakenkreuzfahnen flatterten. Alles sah aus, als könne uns nichts in der Welt etwas anhaben.

*

Nachdem die ersten Luftangriffe auf Hamburg im Mai 1940 begonnen hatten, wurden an jedem Abend die Straßenlaternen ausgeschaltet, Fahrzeuge fuhren mit verdunkelten Scheinwerfern, die ihr Licht durch schmale Schlitze warfen. Luftschutzräume wurden eingerichtet und bald auf freie Flächen riesige Betonklötze gestellt, auf denen Flakbatterien postiert waren. Insgesamt wurden 139 bombensichere Bunker gebaut, von denen viele heute noch stehen. Achtzig Geschützstellungen nahmen die anfliegenden Verbände unter Feuer. Zusätzlich erhielten zahlreiche Gebäude der Stadt einen Tarnanstrich, wurde die Binnenalster mit Netzen abgedeckt, um die Piloten irrezuführen. Doch sie ließen sich nicht irreführen.

Im Jahr 1943, als von allen Fronten nur noch Niederlagen zu berichten waren, zählte Hamburg bis Juli rund 130 Angriffe mit fast 1500 Toten. Dieser Monat war sehr heiß gewesen, die Luft hatte sich auch in den Nächten kaum abgekühlt, und alles Holz war trocken wie Zunder. Am 25. Juli bahnte sich die eigentliche Katastrophe an: In der Nacht zum Sonntag näherten sich fast achthundert britische Bomber der Stadt, kurz nach Mitternacht wurden die ersten Leuchtzeichen, vom Volksmund sarkastisch »Christbäume« genannt, über der Nikolaikirche gesetzt, die »Operation Gomorrha« begann. Das Massenbombardement löste riesige Flächenbrände aus. Mitten in die Löscharbeiten der Feuerwehr hinein kam die nächste Angriffswelle, es folgte ein dritter Angriff, bis am 28. Juli, wiederum kurz nach Mitternacht, mehr als siebenhundert britische Bomber die Stadt in ein Flammenmeer verwandelten. Mit einem weiteren Angriff am Morgen des 30. Juli schloss die »Operation Gomorrha« ab: Im Feuersturm starben insgesamt rund 35 000 Menschen.

Unser Haus wurde am 26. Juli getroffen. Erst fiel in den Garten eine Sprengbombe, die nicht detonierte, dann durchschlug eine Brandbombe das Dach und setzte unser Haus in Flammen. Vater brachte uns sofort ins Freie, worauf er ins Haus zurückeilte, um noch etwas zu retten. Doch statt, wie meine Mutter erwartete, ihren Schmuck zu bergen, brachte er, neben einigen Gemälden, seine Kamera heraus und filmte den Untergang seines Hauses.

Ein seltsamer Film: Mein kleiner Bruder Joachim, der im Jahr zuvor geboren worden war, sitzt in einer Zinkbadewanne, und ich darf ihm mit dem Waschlappen den Rücken schrubben. Dann sieht man ein Nachtbild, unser Haus, aus dessen Fenstern die Flammen schlagen, die Fensterkreuze, um die es lodert, das vom Feuerschein erleuchtete Treppenhaus. Die »Bolex« schwenkt auf und ab, und wieder auf und ab. Ein stummes Bild der Zerstörung, und keine Feuerwehr kommt zu Hilfe. In dieser Nacht verbrennt der Besitz der Henkels. Die Hand meines Vaters, welche die Kamera führt, bleibt dabei ganz ruhig

Am nächsten Morgen filmt er den Hauseingang. Die weiße Tür ist verkohlt, das stolze Namensschild in der Mitte gespalten. Ich blicke durch zersplittertes Glas ins Treppenhaus, das völlig niedergebrannt ist. Ich blicke neugierig, ein Heinzelmännchen mit weißem Mantel und Baskenmütze. Ich lächle in Papis Kamera.

An meinem vierten Geburtstag, im März 1944, zieht Papi seine Soldatenuniform an und packt den Koffer. Er muss in den Krieg. Man hat ihn nach Ungarn abkommandiert. Unser Bilderalbum zeigt ihn beim Abschied von Mutter auf dem Bahnhof, umgeben von Kameraden. Dann sieht man ihn in Stahlhelm, Uniform und Schaftstiefeln. Wie immer hält er Distanz zu seiner Umwelt, indem er alles mit Fotoapparat und Filmkamera festhält: Soldaten, Straßenszenen, schießende Panzer, ein feuerndes MG. Ein Bild zeigt ihn, wie er mit den anderen auf einem Panzer aufsitzt und davonfährt.

Vater schreibt fleißig aus Budapest, und wir antworten postwendend. Mutter berichtet ihm von dem neuen Haus in der Hansastraße, das wir bezogen haben. »Wenn du doch bald kommen möchtest auf Urlaub«, schreibt sie, »Schniedel hat so viel Heimweh nach dir! Eben weinte er nach seinem Papi: Wann kommt mein Papi?« Einmal kommt er, bringt Nugat und die Blechkanone mit, doch er darf nicht lange bleiben. Erinnere ich mich recht, dass meine Eltern wieder gestritten haben wegen einer Frau? Es ist das letzte Mal, dass ich ihn sehe.

Im Juli 1944 schreibe ich ihm ein Briefchen, bei dem Karin

mir die Hand führt. »Wann bringst du mir ein Auto mit?«, frage ich und unterschreibe: »Dein Pischerlein.« Sein prächtiges Achtzylinder-Kabriolett ist seit dem Bombenangriff bei den Großeltern versteckt, wo es den Krieg heil übersteht, um schließlich von einrückenden Engländern requiriert zu werden.

In Ungarn verschlimmert sich die Lage, seit die »ukrainischen Fronten« der Roten Armee das Land überrollen, aus sowjetischer Sicht wohl: befreien. Nachdem fast das ganze Land, vom Plattensee bis zur tschechoslowakischen Grenze, in russischer Hand ist, bleibt Budapest als Kessel zurück, in dem die Wehrmacht, auf Befehl Hitlers, ausharren muss. Weihnachten 1944 sind Zigtausend deutsche Soldaten von den eigenen zurückweichenden Linien abgeschnitten, darunter mein Vater.

Er schickt uns einen Weihnachtsbrief. »Ich sitze hier in einem kleinen Erdloch«, schreibt er, »zweihundert Meter vor den russischen Linien in einem abgeernteten Maisfeld.« Sein Unterstand, den er mit einem Kameraden teilt, ist ein Meter zwanzig tief, darüber liegt Holz, getarnt mit Maisstroh. »In der Nacht fror uns entsetzlich, dann fing es am nächsten Tag zu regnen an und wir machten Stunden der Entbehrung und Strapazen durch, die die Heimat nie wird ermessen können.« Über das, was er vorher erlebt hat, schweigt er, deutet nur an, Kameraden, die den Russlandfeldzug mitgemacht hatten, hätten gesagt, »daß diese Monate der härtesten Kämpfe in Ungarn weit schlimmer seien als die dunkelsten Stunden in Rußland«. Dazu kamen noch »der ununterbrochene Einsatz ohne die geringste Ablösung und Ruhe, monatelang ohne Körperpflege, verlaust, verkommen und ständig dem Beschuß des Feindes ausgesetzt«. Zu Weihnachten wird er »einen kleinen Tannenbaum an die Holzdecke zeichnen und die Fotos mit euch Lieben ausbreiten«. Sein Weihnachtswunsch: »ein kleiner Kuchen (ess' ich jetzt so gern!)« Zwei Wochen später ist Vater tot.

Von den dreißigtausend Soldaten, die bis Februar im Kessel überlebt hatten, werden nach einem verzweifelten Ausbruchsversuch nur achthundert die deutschen Linien erreichen. An jene, die nicht durchgekommen sind, denke ich, wenn ich heute durch Budapest gehe. Hinter jeder Ecke, jedem Baum, in jedem Hauseingang sehe ich sie kauern, auf Russen anlegen, so wie die Russen auf die Deutschen anlegen. Ihre Kugeln hinterlassen Narben in den Fassaden. Ich sehe meinen Vater eine Straße überqueren.

*

Als die deutschen Soldaten aus dem Kessel von Budapest ausbrachen, im Februar 1945, wurden Mutter und wir drei Geschwister auf das Gut Schnellenberg bei Lüneburg evakuiert. Obwohl der Ort bereits mit Flüchtlingen überbelegt war, fanden wir ein Zimmer, wo wir unsere Habseligkeiten unterbringen konnten. »Mutti hat über meinem und ihrem Bett einen Himmel angebracht«, schreibt Karin, »es sieht sehr hübsch aus!«

Leider verloren wir auch noch das Wenige, das wir nach Schnellenberg gerettet hatten: Bei Heranrücken der Front entsteht ein Scharmützel zwischen den Engländern und einigen deutschen Kavalleristen. Sie werden gefangen genommen und dabei wird auch noch das Schloss in Brand geschossen. Als wir aus dem Wald zurückkamen, in dem wir uns versteckt hatten, stand unser Gebäude in hellen Flammen. Einige Engländer, die Mitleid mit uns haben mochten, waren damit beschäftigt, allerlei Gegenstände aus dem Feuer zu holen, darunter auch unser geliebtes Radio aus der Rothenbaumchaussee. Leider schien es den Rettern zu gefallen, und sie nahmen es auf ihrem Vormarsch mit. Mutter wurde so wütend, dass sie ihnen nachreiste und, wie sie später stolz erzählte, in ihrem fließenden Englisch bei General Montgomery persönlich Beschwerde führte. Ob es nun wirklich der berühmte General war oder nicht – am nächsten Tag kam ein englischer Wagen vorgefahren, der Mutter das vermisste Stück unversehrt zurückbrachte.

Seit Vater in den Krieg gezogen war, war Mutter für die Familie an seine Stelle getreten, kommissarisch sozusagen und in steter Hoffnung auf seine Rückkehr. Jetzt, wo er auch nach Kriegsende verschollen blieb – denn die Todesnachricht wollten wir, wie gesagt, nicht glauben –, schlüpfte sie für mich vollständig in seine Rolle. Natürlich war ich damals ständig auf Vatersuche, glaubte in jedem Mann, der braunes Haar und dunkle Augen hatte, den Vermissten zu erkennen, doch Mutters absolute Dominanz blieb auf lange Zeit unbestritten.

Mutter war ähnlich begabt wie Vater, und gerade weil er ihr so verwandt war, entwickelte sie eine solche Leidenschaft für ihn. Sie war begeistert von ihm, hielt ihn für einen Ausnahmemenschen, und impfte uns Kindern ein Idealbild von ihm ein. Vater wurde unser Abgott. Zugleich entwickelte Mutter alle Eigenschaften, die nötig waren, überzeugend an seine Stelle zu treten. Sie war streng, ordnungsbesessen, heute würde man sagen: autoritär. Sie hat uns nie einen Bonus dafür eingeräumt, dass wir Kinder waren. Von Anfang an behandelte sie uns wie Erwachsene, nahm alles, was wir taten und sagten, ernst. Das hatte Vorteile und Nachteile. Ein Vorteil bestand in der enormen Freiheit, die sie uns einräumte, wegen ihrer Geschäftstätigkeit wohl auch einräumen musste. Mutter ließ uns schalten und walten. Dafür wurden wir für jedes Vergehen unerbittlich und »ohne Widerrede« zur Verantwortung gezogen. Die schlimmste Strafe bestand übrigens darin, dass sie eine Zeit lang nicht mit dem Missetäter redete. Man nennt das heute wohl Liebesentzug.

Mutter war rastlos, nie zufrieden mit sich und ihren Kindern. Getrieben von einer schier unerschöpflichen Energie, schuf sie sich und uns nach dem Krieg eine neue Existenz. Nachdem wir in der St. Benedictstraße, nicht weit von unserer zerbombten Villa, eine Mietwohnung bezogen hatten, beschloss sie, Vaters Papiervertretung zu übernehmen. Obwohl die Fabrikherren sich schon neue Vertragspartner ausgesucht hatten, männliche, wie sich versteht, setzte Mutter alles daran, die Unternehmer von sich zu überzeugen. Was Hans Henkel gekonnt hatte, das konnte sie auch.

Sie fuhr von Firma zu Firma, stellte sich vor und verstand es, die strengen Geschäftsleute mit einer Mischung aus Charme und Selbstbewusstsein für sich einzunehmen. Keiner wagte es, dieser Frau das Monopol ihres vermissten Mannes wegzunehmen. Dafür wurden die Partner bei jedem Hamburgbesuch mit Freundlichkeiten überhäuft, wurden groß ausgeführt und beschenkt. Für Mutter war das ein Horror. Sie fluchte, wenn sich wieder ein Geschäftsbesuch anmeldete und umsorgt sein wollte; doch sobald die Gäste eintrafen, zog sie eine perfekte Show ab. Sie konnte das, auf Knopfdruck lächeln. Dass sie mit der Generalvertretung, die sie am Jungfernstieg ansiedelte, großen Erfolg hatte, brauche ich wohl nicht eigens hinzuzufügen.

Doch durch die geschäftliche Tätigkeit war Mutters Energie bei weitem nicht erschöpft. Sobald sie abends vom Büro nach Hause kam, begann sie sich mit Feuereifer auf ihre jeweiligen Hobbys zu stürzen. Steckenpferde hatte sie immer, und jedes erfüllte sie so lange mit wahrer Besessenheit, bis ein neues, noch spektakuläreres ihre Aufmerksamkeit anzog. Hatte sie schon die stilvolle Einrichtung der Rothenbaumchaussee-Villa mit rastlosem Eifer betrieben, so richtete sich ihr Interesse auch in der St. Benedictstraße zuerst auf die Inneneinrichtung. Da wir fast alles verloren hatten, musste es wieder neu angeschafft werden – vieles aber machte Mutter selbst. So begann sie, Lampenschirme zu fabrizieren, erst einen für eine bestimmte Stelle in der Wohnung, dann, da es ihr so leicht von der Hand ging, einige andere für andere Stellen in der Wohnung. Schließlich, als alle Zimmer mit einfallsreichen Lampenschirmen veredelt waren, kam auch die Verwandtschaft in den Besitz des selbst gefertigten Zimmerschmucks.

Mehr als alles aber liebte Mutter die Malerei. Mit leidenschaftlicher Hingabe fertigte sie Bild auf Bild, malte, zeichnete, radierte oder aquarellierte, was das Zeug hielt, und wenn ich sage, sie schuf im Lauf der Jahre tausende Werke, übertreibe ich sicher nicht. Jedes Motiv schien ihr geläufig, sie beherrschte Landschaften so gut wie Seestücke, erfand Blumensträuße und Früchtestillleben, glänzte mit naturalistischen Darstellungen nicht weniger als mit abstrakten Kreationen. Ob Mutter eine Künstlerin war, weiß ich nicht, die Qualität ihrer Bilder ist mir nicht ganz klar. Aber was die Quantität betraf, konnte sie es mit den Größten der Zunft aufnehmen. Meine Geschwister haben noch ganze Wände mit Mutters Schöpfungen behängt, allein im Keller meiner Schwester finden sich hunderte davon. Mein eigenes Interesse an diesen Kreationen hatte sich dagegen schon früh erschöpft. Da ich als Junge alles bis zum Überdruss bewundern musste, was Mutter gerade in Arbeit hatte, ziehe ich es heute vor, mich, was derlei Wandschmuck betrifft, eher zurückzuhalten.

Mutters nächste Leidenschaft galt bunten Steinen. In der Schmuckabteilung des »Alsterhauses«, gleich neben ihrem Büro gelegen, kaufte sie regelmäßig falsche Juwelen, die sie zu Hause in Stücke zerschlug, um damit die Wohnung zu verschönern. Wir Kinder sahen uns jahrelang umgeben von Spiegeln und schimmernden Kunstgegenständen, die sie sehr einfallsreich mit phantasievoll arrangierten Glassplittern geschmückt hatte. In meinem Kinderzimmer stand neben dem Bett ein Aquarium, auf dessen Hinter- und Seitenwänden die vielfarbigen Klunker aus der Schmuckabteilung ganz zauberhafte Effekte hervorriefen. Damit sie auch anständig leuchteten, hatte Mutter noch Glühbirnen angebracht, wodurch dieses Aquarium zum viel bewunderten Blickfang meines Zimmers wurde. Heute kommt es mir vor, als habe Mutter mit ihren dekorativen Schüben sich und uns die Banalität des Alltags vergessen machen wollen. Sie nahm nichts für endgültig gegeben an, sondern versuchte, alles durch Schönheit und Raffinement zu erhöhen.

Wie Vater empfand sie auch große Freude am Sammeln. Neben Kunstgegenständen, Kunsthandwerklichem und verschnörkeltem Mobiliar kam dabei auch manches Skurrile zum Vorschein: Irgendwann wurde sie von einer Sammelwut für Zuckerwürfel gepackt. Nach jedem Besuch in einem Café brachte sie die in bedrucktes Papier gewickelten Souvenirs mit und ordnete sie in leere Pralinenschachteln ein. Nachdem auch alle Freunde ihr das Gewünschte zulieferten, quoll unsere Wohnung bald über von diesen seltsamen Pralinenschachteln.

Eines Tages entdeckte Mutter das Badezimmer als Herausforderung an ihre Kreativität. Wie immer strebte sie nach Perfektion, und so ruhte sie nicht eher, bis alle Sorten von Zahnpasten, Mundwässern, Gesichtslotionen, Duftessenzen und Badesalzen die Ablagen füllten. Gäste mochten sich vorkommen wie in einem Parfümeriegeschäft, aber gegen derartigen Luxus hatte wohl keiner etwas einzuwenden. Bemerkenswert war auch eine Vielzahl von Spiegeln, die jegliche Wasch- und Reinigungsroutine zum Erlebnis werden ließen. Was vorher ein gewöhnliches Badezimmer schien, erstrahlte nun dank Mutter wie ein Showcase der Körperpflege.

Uhren sammelte sie übrigens auch: Besonders Barockstanduhren fanden ein Unterkommen in ihren vier Wänden. Es dürften an die sechzig Stück gewesen sein. Ging es auf die volle Stunde zu, begann es in der ganzen Wohnung zu klingeln und zu bimmeln; Glockenklang erfüllte die Luft, aus allen Zimmern drang metallisches Läuten und Schlagen, und das lustige Konzert wollte nicht aufhören, bis es ungefähr zehn Minuten über die Stunde war und das letzte Werk sein Zeitzeichen gegeben hatte. Wer uns zum ersten Mal besuchte, musste glauben, er sei bei einem Uhrmacher gelandet, wären da nicht die vielen Originalgemälde gewesen, die eher den Schluss auf eine Kunsthandlung nahe legten.

Es muss Anfang der fünfziger Jahre gewesen sein, als Mutter den Spiritismus entdeckte. Das heißt, sie beschwor Geister. Um ihnen praktische Lebensfragen stellen zu können, benutzte sie einen dreibeinigen Tisch, auf den die Mitwirkenden der Séancen ihre Hände legen mussten. Kaum war das geschehen und Mutter, unser Dienstmädchen Irmchen oder ich in konzentriertes Schweigen versunken, als sich der Tisch zu bewegen begann. Tatsächlich, er zuckte wie von Geisterhand bewegt. Nun musste man schnell sein, um die Anzahl der Ausschläge zu notieren, mit denen uns das Jenseits etwas zumorste. Den Code zu entschlüsseln war ein Kinderspiel. Man wandte die Zahlen einfach auf das Alphabet an und erhielt teils geheimnisvolle, teils sehr klare Botschaften, die Mutter alle sehr ernst nahm.

Unsere »messages« erhielten wir von einem speziellen Geist, der Mutter jahrelang zu Diensten war und auf den nordischen Namen »Peer« hörte. Ob sich hinter dieser Namensgebung vielleicht die Sehnsucht nach ihrem skandinavischen Vater verbarg, den sie nie kennen gelernt hatte? Peer erwies sich als äußerst zuverlässig. Um seine Antworten noch bequemer empfangen zu können, verwarf Mutter den dreibeinigen Tisch und nahm statt seiner ein schachbrettartiges Tablett in Gebrauch, dessen Felder sie mit den Buchstaben des Alphabets bemalte. Nun musste nur noch eine umgestülpte Tasse auf das Brett gesetzt und unsere Finger auf die Tasse gelegt werden, und schon war der Kontakt hergestellt. Die Tasse eilte von einem zum nächsten Buchstaben, und die »messages« flogen uns nur so zu.

Dass die Sätze ganz offensichtlich aus dem Jenseits eintrafen, tröstete uns über ihren auffallend prosaischen Charakter hinweg. So verriet uns Geist Peer einmal, »die Liebe ist das Größte«, ein andermal, dass »der Mann kommt«. Welcher Mann? Ich wusste es nicht, und Mutter schaute streng zu Boden. Leider blieb dem Familiengeist nichts verborgen. Als einmal ein paar Kekse aus der Dose verschwunden waren, zog Mutter sogleich das Tassenorakel zu Rate. Mit Grausen verfolgte ich, wie Peers sachdienlicher Hinweis langsam, Buchstabe für Buchstabe, entziffert wurde: »Ich sehe einen blonden Jungen.« Überwältigt von dieser Offenbarung einer höheren Intelligenz, beichtete ich das Vergehen, bevor noch Schlimmeres ans Licht kommen mochte.

Mutter zog nicht nur den unsichtbaren Peer, sondern auch sichtbare Okkultisten an, die in Scharen zu uns kamen, um sich mit unserem auskunftsfreudigen Geistwesen auszutauschen. Ich vermute, sie wollten auch ein wenig teilhaben am Wohlstand ihrer spiritistischen Schwester. Bald erhoben sie unsere Wohnung zum Geister-Kommunikationszentrum und begannen, sich breit zu machen. Ich erinnere mich an ein seltsames Ehepaar, das mit medialen Kunststücken aufwartete, die man, bei etwas hellerer Beleuchtung, leicht als Taschenspielertricks durchschaut hätte. In unserem Fotoalbum ist eine der bei Spiritisten sehr beliebten Levitationen festgehalten: Eine Dame mittleren Alters im Seidenkleid mit geknoteter Perlenkette schwebt in sitzender Stellung über einer Stuhllehne, ganz losgelöst von allem Irdischen, könnte man meinen, sähe man da nicht, dank Mutters grellem Blitzlicht, rechts und links von ihr zwei Assistenten, die mit ihren Händen das Gesäß des Mediums stützen.

Irgendwann verlor Mutter die Lust, der Ausflug in die Geisterwelt endete abrupt, die Gaukler verschwanden aus der Wohnung, auch Peer verstummte, da sie ihn nicht mehr befragte. Bei allen extremen Neigungen meiner Mutter habe ich immer diese radikalen Brüche beobachtet: Sie betrieb etwas bis zum Exzess, um es ebenso plötzlich wieder fallen zu lassen. Und dabei gab sie für alles, selbst die größten Albernheiten und, sie möge mir verzeihen, Spinnereien, ein Vermögen aus.

Ganz unabhängig von ihren wechselnden Spleens, stürzte sich Mutter auf die diversen Feste, die der Kalender für uns bereithielt. Tagelang hielt sie dann unser Wohnzimmer unter Verschluss und verwandelte es in eine Art Bühne, die sie mit Lichtern und Girlanden, mit farblich aufeinander abgestimmten Stoffen und Papierbahnen dekorierte. Wurde man, nach langem Warten, schließlich eingelassen, glaubte man sich in ein Märchenschloss, heute würde man sagen: in die Kulissen eines Fantasy-Films, versetzt.

Das Fest der Feste aber war für sie Weihnachten. Hier betrieb sie den größten Aufwand und setzte stets ihren Ehrgeiz daran, den eindrucksvollsten Baum, dessen Spitze die Decke berühren musste, im Zimmer unterzubringen. Dann wurde geschmückt, dass sich die Zweige bogen, mit Kerzen, Engeln, Zapfen, Girlanden, Wunderkerzen, alles verschwenderisch verteilt. Bei all dem Silber- und Glitzerzeug fehlte nur das Essbare, das ich so am Bäumchen der Großeltern schätzte, die Schokoladenkringel, Äpfel und süßen Weihnachtsmänner. Unsere Festdekoration, mitsamt der zierlichen Krippe, war eben nur zum Vorzeigen gedacht. Bitte nicht berühren!

So prächtig die Szenerie, so schnell konnte die Stimmung umkippen. Einmal bekam Mutter einen Nylonschal geschenkt, etwas ganz Besonderes nach dem Krieg. Der ganze Raum war geschmückt mit Wunderkerzen, und es kam, wie es kommen musste: Joachim berührte aus Versehen mit einem der Funken sprühenden Stäbchen den Schal, der in Sekundenschnelle verschmorte. Mutter war außer sich und tobte. Das Fest der Liebe war beendet.

Mutter hat nur selten gekocht, das überließ sie unserem Irmchen. Aber wenn sie kochte, konnte man höchstes Raffinement erwarten. Auch in der Küche liebte sie das Exklusive, ich möchte fast sagen: das Überkandidelte. Zu ihren Spezialitäten gehörte »Fleischfondue«. Nachdem sie im Feinkostgeschäft »Kruizenga« das Feinste ausgewählt hatte, brachte sie den Nachmittag damit zu, exotische Soßen anzurühren und allerlei Gürkchen, Zwiebelchen und sonstige Leckereien anzurichten. Wurde dann die Tafel gedeckt, erhielt jeder Gast um seinen Teller die eigenen zwei Dutzend Schälchen mit vielfarbigen Soßen, die teils scharf, teils süß gewürzt waren, dazu Oliven, Pickles, Zwiebeln, Peperoni und was ihr sonst noch eingefallen war. Alle Geladenen waren sich stets einig, dass die Gastgeberin aus einem Fleischfondue ein Kunstwerk zu zaubern verstand. Eine gewöhnliche Tomatensuppe zu kochen wäre ihr dagegen nie eingefallen.

Lässt es sich auf diese etwas snobistische Eigenart Mutters zurückführen, dass ich als Kind selten Hunger verspürte und auch kaum zunahm? Als meine Mutter einmal bemerkte, dass ich doch sehr dünn geworden war, nahm sie mich beiseite und sagte: »Schniedel, jetzt kriegst du jeden Tag neunzig Pfennig, damit gehst du zum Milchgeschäft und trinkst einen Becher Sahne.« Ich habe mir für das Geld natürlich was anderes gekauft.

Richtig schön war das Essen nur bei Oma in Lemsahl. Die Großeltern hatten einen Hühnerstall, und mit dem Federvieh konnte sie wunderbare Sachen zubereiten: Hühnersuppe, gekochtes Huhn, Eierpfannkuchen, Salate mit Mayonnaise. Außerdem war Oma im Einmachen und Marmelade kochen eine Meisterin, die alle Arten von Beeren in köstliche Konserven verwandelte. Wenn sie mit der U-Bahn zu uns zum Putzen kam, hatte sie immer schwere Taschen dabei, gefüllt mit Einweckgläsern, Flaschen mit Holundersaft oder dunklem Malzbier, das sie selbst braute. Ein Fest für uns Kinder. Noch heute habe ich einige der Einweckgläser in meiner Küche stehen, beklebt mit Omas altmodischen Etiketten.

Der Kontrast dieser gemütlichen, einfachen Menschen zu meiner exzentrischen Mutter hätte nicht größer sein können. Mit zunehmendem Alter bereitete mir Mutters hektisches Wesen Probleme. Was sie mit unserer Wohnung anstellte, wie sie uns in ihre wechselnden Leidenschaften zu involvieren suchte, ich wollte das nicht mehr. Und dazu immer dieses Getriebensein. Mutter schien mir wie eine Kerze, die an beiden Enden brennt. Sie konnte tatsächlich die Nacht zum Tag machen, alles andere über ihren Beschäftigungen vergessen.

So fühlte sie sich plötzlich getrieben, wie einstmals Goethe eine Farbenlehre zu entwickeln, mit sehr originellen Ideen und durchaus systematisch aufgebaut. Nur schien sie alles Übrige darüber zu vergessen, und Karin blieb die mühsame Aufgabe, Mutters tiefe Erkenntnisse über den Aufbau des Farbspektrums in Schönschrift zu verewigen. Irgendwie genial war es schon, was Mutter sich da erdacht hatte, und ich betrachte die Bücher heute mit schmunzelndem Respekt. Doch damals, als ich tagtäglich die Entstehung des epochalen Systems miterlebte, ging es mir ziemlich auf die Nerven, ja ich habe regelrecht darunter gelitten. Und so begann ich, gegen ihr herrisches und egozentrisches Wesen zu opponieren.

*

In den Jahren nach Kriegsende, als in Hamburg mit allen Kräften am Wiederaufbau gearbeitet wurde, lockerte sich unser bis dahin enges Familienband. Das lag zum einen daran, dass Mutter sich zur Geschäftsfrau entwickelte und die meiste Zeit für die Firma aufwendete. Was an Energie dann noch übrig blieb, war für die ständig wechselnden Hobbys reserviert. Zudem sah sie sich auch, als immer noch attraktive Frau von kaum vierzig Jahren, von Männern umschwärmt. Zwar war damals für sie, die immer noch auf die Rückkehr ihres geliebten Hans wartete, eine ernste Liaison undenkbar. Doch liebte sie es, Gesellschaften zu geben, Feste zu feiern, sich von Männern den Hof machen zu lassen.

Bald stellte sich auch wieder Wohlstand ein, und als Mutter nach der Währungsreform unser altes Grundstück an der Rothenbaumchaussee, auf dem noch die Ruine unserer Villa stand, verkaufte, hielt unverhoffter Reichtum in unseren vier Wänden Einzug: Ich sehe noch die zehntausend Mark in druckfrischen Scheinen auf dem Wohnzimmertisch ausgebreitet. Hätte Mutter etwas Geduld geübt, wäre ihr nach wenigen Jahren ein Vielfaches dieses Betrags geboten worden, aber ihr temperamentvolles Wesen ließ kein Warten zu, und außerdem hatte sie bereits Pläne mit ihrem neuen Reichtum: Sie kaufte sich einen »Borgward Hansa 1500«, einen sehr schicken Mittelklassewagen, mit dem sie fortan zwischen der St. Benedictstraße und dem Büro am Jungfernstieg pendelte. Da sie offenbar auch die Kunst des Autofahrens bis zur Perfektion betrieb, wurde sie bald als Hamburgs rücksichtsvollste Fahrerin und »Bestfrau« des Jahres ausgezeichnet. Höchst fotogen und à la mode gekleidet lächelt »Wilfrie Henkel« auf den Pressefotos – es war eine Rolle, die ihr lag.

Irgendwann bemerkte ich, dass Mutter uns ganz einfach los sein wollte. Immer wieder hörte ich ihren Spruch, »Schafft euch bloß keine Kinder an!«, den ich wohl verstand. Ich nehme an, dass auch meine Geschwister das Gefühl hatten, ihr lästig zu sein. Heute verstehe ich natürlich Mutters Situation: Der Familienvater im Krieg geblieben, das Haus zerbombt, der Besitz verloren, die Firma vor dem Zusammenbruch – was blieb der schönen »Wilfrie« anderes übrig, als allen Mut zusammenzunehmen und sich auf die eigenen Füße zu stellen. Nichts anderes erwartete sie von ihren Kindern: Auch sie sollten sich, möglichst schnell, auf ein selbständiges Leben einstellen.

Nur wollte mir das nicht so ohne weiteres gelingen. Ich fühlte mich allein gelassen. Mit sechs Jahren gab mich Mutter in eine katholische Schule, untergebracht in einer Kirche an der Hochallee, nicht weit von unserem zerstörten Haus entfernt. Von der St. Benedictstraße ging ich zwanzig Minuten zu Fuß, eilte dann direkt in die Kirche, eine Treppe hoch ins Klassenzimmer, wo Pastor Siegel herrschte. Kaum hatte ich mich dort ein wenig eingewöhnt, ging es zur nächsten Schule. Danach kam ich in ein Internat, das heißt, ich konnte nicht mehr mit Mutter zusammenleben, sondern verbrachte die ganze Woche im St.-Ansgar-Stift in Altona. Nur an den Wochenenden kam die Familie zusammen: Karin durfte bei Mutter bleiben, da sie sich neben Irmchen im Haushalt nützlich machen konnte, Joachim hatte das Glück, bei den Großeltern in Lemsahl unterzukommen. Nur ich lebte im Exil. So empfand ich es jedenfalls.

An dieses Internat, das katholisch geführt wurde wie meine erste Schule, habe ich nur düstere Erinnerungen. Wenn man einmal ins Bett machte, zog das in St. Ansgar schärfste Sanktionen nach sich. Die Nonnen in ihren seltsamen Hauben zogen mich dann aus dem Bett und gaben mir drei Stockhiebe auf die Finger, unter Androhung weiterer, schlimmerer Strafen, falls ich nicht von dieser Unart ließe. Ich werde nie vergessen, wie ich allmorgendlich mit klopfendem Herzen erwachte, sofort nachprüfte, ob das Laken wieder feucht war, und mich in Büßermiene freiwillig bei den Nonnen meldete, um mir meine Stockhiebe abzuholen.

Wie sehnte ich damals die Wochenenden herbei, an denen ich mich wieder bei der Familie, in unserer Wohnung, in meinem eigenen Zimmer aufhalten durfte. Regelmäßig überkam mich damals ein quälendes Gefühl, das ich antizipatorisches Heimweh nennen würde. Ich stellte mir schon am Sonntagnachmittag beim Kaffeetrinken vor, wie ich mich bereits am nächsten Tag danach zurücksehnen würde. Im St.-Ansgar-Stift weinte ich mir vor Heimweh die Augen aus.

Wie in der Nachkriegszeit üblich, war das Essen dort sehr knapp. Um etwas Abwechslung in unseren Speiseplan zu bringen, drückten wir die dunklen Brotscheiben an einen Ofen, wo sie dank ihrer Feuchtigkeit kleben blieben. Dort hingen sie dann eine Zeit lang, was komisch ausgesehen hat, bis sie schön trocken und knusprig waren. So hatten wir statt des langweiligen Schwarzbrots mit Marmelade nun geröstetes Schwarzbrot mit Marmelade. Und das machte immerhin einen Unterschied.

Ich war damals ein schlechter Schüler. Sehr zum Leidwesen meiner Mutter blieb ich immer unter dem Klassendurchschnitt, dafür aber knapp oberhalb des letzten Drittels. Die Versetzung war, wenn ich mich recht erinnere, nie wirklich gefährdet, aber ganz gesichert war sie ebenso wenig. Oft schaffte ich es erst in letzter Minute, das drohende Sitzenbleiben abzuwenden, ja, ich spezialisierte mich geradezu darauf, da ich bemerkt hatte, dass den Leistungen kurz vor Erstellung des Zeugnisses das größte Gewicht beigemessen wurde. So raffte ich mich kurz vor Torschluss auf, machte den gewünschten guten Eindruck und schaffte es um Haaresbreite.

Eineinhalb Jahre verbrachte ich bei den strengen Nonnen,

eine harte, fast brutale Zeit. Wir wurden gedrillt und abgestraft, alles lief nach strengem Stundenplan, und jeder hatte sich mit blindem Gehorsam zu unterwerfen. Wehe, wenn nicht. Ich fühlte mich ausgestoßen von zu Hause, abgeschnitten von den Wonnen unseres dekorativen Heims. Wie oft träumte ich damals von der schönen Vergangenheit, als ich noch Mutters Darling war, umsorgt und verwöhnt, als ich noch einen Vater hatte mit einem schimmernden Kabriolett. Aber das lag so unendlich weit zurück. Ich bekam damals einen Begriff davon, was eine Heiß-kalt-Erfahrung ist. Übrigens sollte es für mich in Zukunft des Öfteren heiß-kalt zugehen.

Ungefähr ab der vierten Klasse wurde ich von Mutter in eine neue Schule in der Hochallee gegeben, auch nicht weit von unserer einstigen Villa. Und wieder war es ein katholisches Institut, als hätte sich diese Konfession für mich bewährt. Denn eigentlich gehörte ich keiner Religion an. Da meine Eltern keinen Wert darauf legten – in ihrer Heiratsurkunde nannten sie sich »gottgläubig«, was so viel hieß wie ohne Glauben –, war ich auch nicht getauft worden, was mir unter den Mitschülern einen eigenartigen Nimbus verlieh. Alle waren katholisch, nur ich war – nichts. Doch das sollte sich ändern.

Mit zwölf Jahren fiel mir auf, dass ich mich im Stande des Heidentums befand. So äußerte ich den dringlichen Wunsch, endlich getauft zu werden, und zwar katholisch. Ob man mich zu diesem Schritt gedrängt hatte, weiß ich nicht mehr, bin mir dessen aber ziemlich sicher: Katholiken sind bis heute in Hamburg eine kleine Minderheit, und jedes neue Lamm der Herde war sicher hoch willkommen. Gerne erfüllte man mir den Wunsch, und der blonde Hanseat Hans-Olaf wurde in den Schoß des rechten Glaubens aufgenommen. Besonders beeindruckte mich bei diesem seltsamen Ritual, dass ich nicht nur von der Erbsünde befreit wurde, sondern zusätzlich auch von allen anderen Missetaten, die ich seit der Geburt begangen hatte. Das war ungeheuer. Vor meinen Freunden habe ich damit angegeben, durch die Taufe vollkommen rein und sündenfrei geworden zu sein, im Gegensatz zu ihnen, die schon ein langes, erdrückendes Schuldregister mit sich herumschleppten.

Es sollte noch besser kommen: Zur Belohnung für meinen

Eintritt in den rechten Glauben wurde ich zum Messdiener befördert. Ich bekam ein Kostüm, das mir, so zirkushaft es auch aussah, enorme Würde verlieh, ich durfte klingeln und Fässchen schwenken. Zwar gehörte ich noch nicht zu den Messdienern der ersten Kategorie, die praktisch alles durften, sondern versah nur das Amt eines Hilfsmessdieners. Doch wenn ich so durch die Kirche wandelte, bei Orgelschall und Weihrauchduft, kam ich mir schon sehr heilig vor. Mein Bruder Joachim wurde übrigens später auch getauft – allerdings evangelisch.

Doch zurück zum Schulalltag: Unser Lehrer in der Hochallee hieß Gniech. Leider fand er Gefallen daran, mich des Öfteren vor der Klasse mit dem Rohrstock zu bearbeiten, zehn Schläge auf den Hintern, immer wegen meiner schlechten Schrift. Diese Demütigung hat mich tief gekränkt. Ich war nicht der Einzige, an dem Lehrer Gniech seine Bestrafungswut ausließ. Mädchen wurden, wohl aus Schicklichkeitsgründen, nicht auf den Po, sondern auf die Finger geschlagen, was noch mehr schmerzte. Ich weiß noch sehr gut, wie verbittert ich über diese, wie ich fand, ungerechte, ja unmenschliche Behandlung war.

Ich wurde aufsässig. Mit einem Kameraden stieg ich einmal nach Schulschluss durchs offene Fenster in unser Klassenzimmer ein, vermutlich, weil das streng verboten war. Natürlich wurden wir entdeckt und verpfiffen. Obwohl wir gleichsam nur pro forma da gewesen waren und nicht das Geringste angestellt hatten, wurden wir vor den Schulleiter zitiert. In weiser Vorahnung hatte ich an diesem Tag meine Sitzfläche mit mehreren Unterhosen geschützt. Tatsächlich kam es, nach strenger Maßregelung, zur erwarteten Strafaktion, die ich wie eine Exekution empfand. Man musste sich vorbeugen, damit die Stockschläge auch richtig saßen. So viel zu meiner Zeit als Ministrant.

Herrn Gniech habe ich das nie vergessen. Als ich, rund fünfzehn Jahre später, mit einem Klassenkameraden von damals in einem Café in Bangkok saß, kamen wir auf ihn zu sprechen und redeten uns so in Wut, dass wir ihm eine Ansichtskarte in seine katholische Schule schickten. »Lieber Herr Gniech«, so schrieben wir, »Raimund Kolligs und Hans-Olaf Henkel sitzen hier in diesem Café in Bangkok und erinnern sich gerade daran, wie Sie uns damals geschlagen haben.« Ich bin mir heute nicht sicher, ob das richtig war von uns, aber der Zorn auf diesen Schinder saß so tief, und die Rechnung musste einfach, pro forma sozusagen, beglichen werden.

Als ich in der Hochallee zur Schule ging, wurde ich nicht nur von den Lehrern geschlagen. Auch einige Mitschüler hatten Anstoß an mir genommen. Da meine Mutter bei ihren Kindern immer Wert auf gepflegte Haare legte und uns nach der Devise »langes Haar ziert den freien Mann« den Blondschopf wachsen ließ, unterschied ich mich in diesem Punkt von den anderen. Man beschloss also, mich dafür zu bestrafen. Anderssein wurde nicht geduldet. Einige Gleichaltrige taten sich zusammen, um mir Keile zu verpassen.

Ich sehe mich noch, eingekreist von einer Schar Jungen, die mich am Haar ziehen und mit Drohgebärden zum Zurückschlagen reizen wollen. Dann spüre ich die ersten Faustschläge gegen meine Arme, meinen Körper, ich versuche, mich zu wehren, aber gegen den Hagel von Stößen und Hieben, der, begleitet von Schimpfworten, auf mich niederprasselt, bin ich machtlos. Seit diesem Vorfall habe ich große Angst, zur Schule zu gehen, fürchte hinter jedem Baum einen meiner Feinde versteckt oder die ganze Gruppe um das nächste Häusereck biegen, mit hämischem Grinsen und geballten Fäusten.

Es war Raimund Kolligs, etwas älter als ich und zudem einen Kopf größer als alle, der mir aus dieser Zwangslage half. Als sich die anderen wieder zusammenrotteten, um mir eine Abreibung zu verpassen, stellte er sich demonstrativ neben mich. Augenblicklich schien die Gruppe alle Lust zu verlieren, sich mit mir abzugeben, und trollte sich. Raimund wich nicht mehr von meiner Seite, er wurde mein Schutzpatron und für viele Jahre mein Freund. Ich habe lange darunter gelitten, dass er sich 1990 das Leben genommen hat.

Nachdem Mutter mich wegen meiner Klagen von der Schule in der Hochallee genommen und ein Jahr bei den Großeltern in Lemsahl »zwischengelagert« hatte, kam ich zur Abwechslung auf die protestantische Jahn-Schule. Immerhin wurde ich dort nicht geschlagen, doch meine schulischen Leistungen verbesserten sich ebenso wenig, und so kam es zu schweren Auseinandersetzungen mit Mutter. Wir stritten so heftig, dass sie eines Tages wütend in der Jahn-Schule auftauchte, mich aus dem Klassenzimmer zerrte und mit dem Borgward zu einem geeigneteren Institut verbrachte. Es hieß bezeichnenderweise »Rauhes Haus«, was mich nicht sehr hoffnungsvoll stimmte, und war ein Heim für problematische Kinder. So weit hatte ich es also mit meinen vierzehn Jahren gebracht.

Es zeigte sich jedoch, dass der Name dieses Wiechern-Stifts vom Verputz der Außenwände, nicht von den dort herrschenden Erziehungsmethoden abgeleitet war. Nein, dort ging es wahrlich nicht rau zu. Auf dem Heimareal gab es mehrere Häuser, in denen verschiedene Stufen der Disziplinierung praktiziert wurden, von den Schwererziehbaren, die keinerlei Freiheiten genossen, bis zum so genannten »Freien Haus«, wo man fast alles machen konnte, wonach einem der Sinn stand. Das System hatte ich schnell durchschaut: Wer sich gut benahm und Leistung brachte, wurde mit mehr Freizügigkeit belohnt. Je klüger ich mich anpasste, desto schneller hatte ich mir meine Freiheit zurückerobert.

So machte ich schon bald auf den Missstand aufmerksam, dass ich als gläubiger Katholik gezwungen sei, die protestantischen Abendgottesdienste zu besuchen. Da im »Rauhen Haus« großer Respekt vor solcher Frömmigkeit herrschte, wurde mir an jedem Sonntagmorgen freigegeben, um an der heiligen Messe in einer Kirche außerhalb des Internatsgeländes teilnehmen zu können. Das waren für mich schöne Tage. Natürlich machte ich um die katholische Kirche einen großen Bogen, spazierte stattdessen stundenlang an der Alster entlang. Ich genoss meine »Religionsfreiheit« in vollen Zügen.

In dem halben Jahr, das ich im »Rauhen Haus« verbrachte, ist bei mir endlich der Knoten geplatzt. Durch die Fürsorge der Diakone fühlte ich mich zum ersten Mal betreut und an die Hand genommen. Und durch das System, mehr Freiheit durch mehr Leistung, das wiederum mehr Leistung durch mehr Freiheit zur Folge hatte, wurde mein Ehrgeiz geweckt. Ich begann, mich für den Unterricht zu interessieren. Ja, das Lernen machte mir Spaß. Sicher hat dazu auch beigetragen, dass die Schule außerhalb des Heimes, damit auch außerhalb der Internatsdisziplin lag. Ich fühlte mich ernst genommen wie ein Erwachsener, dem eine Chance geboten wird und der über seine Zukunft selbst entscheidet. Ich wurde, ganz ungewohnt für mich, zu einem der Klassenbesten. Vielleicht erfuhr ich damals das erste wahre Erfolgserlebnis meines Lebens. Ich hatte etwas erreicht, und das aus eigener Kraft. Für mich war das eine elementare Erfahrung.

Meine Mutter fühlte sich natürlich bestätigt. Großvater dagegen fürchtete, es könnte mir dort etwas zustoßen. »Minchen«, sagte er, »ich möchte nicht, dass Schniedel im Rauhen Haus sitzt.« Vermutlich deutete er den Namen des Internats falsch, setzte sich am Ende aber durch. In wohlmeinendster Absicht wurde ich aus dem Heim geholt und in eine Klasse in Poppenbüttel gesteckt, wo es weder Religion noch Schläge gab. Nach diesem letzten von insgesamt elf Schulwechseln blieb ich dort bis zur mittleren Reife, die ich als durchschnittlicher Abgänger ohne irgendwelche Auffälligkeiten schaffte. Meine Lehrerin, Frau Grossmann, hat mir bei dem Abschluss nicht unwesentlich geholfen, und ich gedenke ihrer in Dankbarkeit.

Meine mäßigen Abschlussnoten lassen sich wohl auch auf meine Neigung zu unangestrengter Lektüre zurückführen. Damit möchte ich sagen, dass ich weniger von Goethe und Thomas Mann und all jenen Leder gebundenen Klassikern hielt, die Vater einst in seinem prächtigen Bücherschrank vorrätig hatte, als von den preiswerten Cowboy-Heftchen, die an jedem Zeitungskiosk aushingen und den vernünftigen Umfang von dreißig Seiten selten überschritten. Für vierzig Pfennige kaufte ich mir die wunderbaren Abenteuer von »Billy Jenkins« oder »Tom Prox« und ließ mich von ihnen in eine sehr spannende Welt entführen: Verwegene Cowboys durchritten die unendliche Prärie, gerieten dabei in Hinterhalte, aus denen sie von anderen, noch verwegeneren Cowboys gerettet wurden, wobei mit Patronen nicht gespart wurde. Und alle diese wirklich tollen Kerle waren freiheitsliebende Amerikaner. Es fiel mir damals schwer, meine Mutter zu verstehen, die, von der um mich besorgten Karin aufgehetzt, mir diese »Schmutz-

und Schundhefte« verbot, ohne je eines davon gelesen zu haben. »Lies endlich etwas Ordentliches«, schimpfte sie und erteilte Billy Jenkins und Tom Prox Hausverbot.

Da mir fortan jeglicher »ordentliche« Lesestoff gründlich verleidet war, musste ich die schädliche Lektüre nachts unter der Bettdecke fortsetzen, im Schein einer kleinen Taschenlampe. Dies erhöhte die Spannung nicht unerheblich. Natürlich blieb ich meinen kurzen Cowboy-Abenteuern treu, schon »Lederstrumpf« oder Karl May erschienen mir viel zu anstrengend, weil unnötig lang. Dagegen genügte eine weitere Kategorie von Lesestoff meinen Ansprüchen vollkommen, da er Kürze und Anschaulichkeit optimal miteinander verband. Ich spreche von »Micky Maus«, jenem liebenswerten und auch lebensklugen Tier, das ebenfalls seinen nächtlichen Stammplatz unter meiner Bettdecke fand. Ich liebte sie leidenschaftlich. Leider kosteten die bunten Hefte 75 Pfennig, was meine Begeisterung etwas dämpfte.

Noch mehr allerdings gefielen mir die »Donald-Duck«-Geschichten, schon weil ich sprechende Enten enorm sympathisch fand. Unvergesslich blieb mir Dagobert Duck, der in seinen Goldtresoren zu baden pflegte. Einmal bestellte er sich in einem Edelrestaurant, als ironischen Inbegriff seines unermesslichen Reichtums, gegrillte Goldfasanenbrust. Wenn mir heute jemand überkandideltes Essen empfiehlt, zitiere ich immer noch den alten Dagobert: »Auf Ihre gegrillte Goldfasanenbrust kann ich gerne verzichten – eine Bockwurst mit Senf wäre mir lieber.«

Neben dem Sinn für derlei unterhaltsame Lektüre entwickelte ich einen wahren Heißhunger auf politische Nachrichten. Jeden Morgen verschlang ich die Tageszeitung, hörte jede Radiosendung über die aktuelle Lage im geteilten Deutschland und hing am Fernseher, wenn aus dem Bundestag die großen Debatten live übertragen wurden. Da sich mein Großvater schon 1954 ein solches Gerät zulegte, waren wir die Ersten in unserer Straße, und oft kamen die Nachbarn, um staunend an unserem Fortschritt teilzuhaben. Ich sehe noch Kanzler Adenauer und Oppositionsführer Ollenhauer in erbittertem Streit über die Europäische Verteidigungsgemeinschaft, den Vorläufer der Nato. Ob Deutschland sich wieder bewaffnen solle oder nicht, das war damals die Frage, die alle bewegte. Es war der junge, ehrgeizige Minister Franz Josef Strauß, der in einer Bundestagsrede den Vergleich heranzog, wer gegen die Wiederbewaffnung sei, weil er den Krieg ablehne, der müsse auch gegen die Feuerwehr sein, da er ja wohl auch gegen das Feuer sei. Dieses Argument beeindruckte mich, und ich trat als Schüler leidenschaftlich für den Aufbau der Bundeswehr ein. Rückblickend hatte Strauß natürlich Recht. Seit damals hat es in Mitteleuropa keinen Krieg mehr gegeben.

Wenn ich von meinen Schülerjahren spreche, darf ich unser Kindermädchen Irmchen nicht vergessen. Sie war eine wunderbare Frau. Sie kochte, putzte, kümmerte sich um alles und hatte für uns Kinder immer ein offenes Ohr. Irmchen hatte einen englischen Freund, einen richtigen Tommy mit Uniform und allem. Die Engländer waren damals in Hamburg die absoluten Könige. Sie hatten uns nicht nur besiegt, sondern besaßen auch im Überfluss, was uns fehlte: Schokolade, Kaugummi, Zigaretten, Nylonschals, kurz alles, was das Leben lebenswert machte. Dafür konnten sie bei uns Hamburgern alles bekommen. Einer von ihnen hat dafür wohl Fräulein Irmchen bekommen.

Da der Tommy häufig in die St. Benedictstraße kam, hatte ich schnell gelernt, wie ich mich bestechen lassen konnte. Denn natürlich wollte der Galan mit seiner Liebsten allein und ungestört sein. Sobald er mit verlegenem Lächeln an der Haustüre stand, hielt ich wie in einer Reflexbewegung meine Hand auf, und sogleich landeten darin Schokoladeriegel, Kaugummistreifen, saure Drops oder sonstige Leckereien. Erst dann durfte er in Irmchens Kammer eilen. Dank dieses Gentleman's Agreement hat Mutter nie etwas von den Besuchen erfahren.

Leider fand die Geschichte kein gutes Ende. Erst machte der Tommy seinem Irmchen ein Kind, das sie Hans nannte, dann machte er sich aus dem Staub. Der kleine Hans wurde weggegeben, und unser Kindermädchen bekam ein Alkoholproblem. Still weinte sie vor sich hin, bis sie eines Tages ihren Koffer packte und verschwand.

Mit vierzehn Jahren wurde ich von Karin zum Jazz erweckt. Ich verlor mein Herz an diese mitreißende Musik, und bis heute hat sich daran nichts geändert. Schnell hatte ich auf unserem Radio den Sender »British Forces Network« gefunden und lauschte fortan den englischen Programmen, vor allem dem »1700-Club«, der ab fünf Uhr nachmittags die neuesten Swing-Scheiben vorstellte. Von Nat King Cole über Lionel Hampton bis zu Rosemary Clooney hörte ich alles, was zu dieser neuen, faszinierenden Welt gehörte: Der Club bot nicht nur puren Jazz, sondern auch amerikanische Schlager und die Tanzmusik der Big Bands. Ich wurde zum Fan, und das änderte mein Leben. Die Taktzahl hatte sich beschleunigt, mein Horizont war plötzlich erweitert. Neuland kam in Sicht.

In unserer Wohnung besaßen wir einen hochmodernen Musiktisch, unter dessen quadratischer Deckplatte man Radio und Plattenspieler hervorziehen konnte. In der Sammlung von 78er-Schellackplatten, die Mutter angelegt hatte, dominierte eindeutig, ihrem Geschmack entsprechend, die Barockmusik. Georg Friedrich Händel war ihr unbestrittener Liebling. Seine schmetternden Fanfarenstöße und rollenden Paukenwirbel, der strahlende Klang höfischer Prachtentfaltung, »Pomp and Circumstances«, damit sind wir aufgewachsen. Und von morgens bis abends dröhnte und schallte der königliche Hofkomponist Händel durch unsere Zimmer, von der Feuerwerksmusik zur Wassermusik, vom Messias bis zu Xerxes, dazwischen diverse Concerti Grossi und Arien. Das passte natürlich hervorragend zu Mutters verschnörkeltem Mobiliar und den mit buntem Glas verzierten Spiegeln, doch muss ich zugeben, dass die Musik auch mich fesselte und zum konzentrierten Hinhören zwang, bis heute übrigens: Händel ist mein klassischer Lieblingskomponist geblieben, und wenn er auf dem Programm steht, gehe ich sogar freiwillig in die Oper.

Es waren Karin und ihr späterer Mann Horst, die als Erste gegen die historische Raumbeschallung aufbegehrten. Eines Tages kauften sie von ihrem Taschengeld amerikanische Platten. Nun füllte sich unser Wohnzimmer mit den heißen Rhythmen, und Nat King Cole ließ seine rauchige Stimme im barocken Ambiente ertönen. Wider Erwarten fand Mutter einige der Stücke sogar ganz passabel und hatte auch nichts dagegen, wenn ihr geliebter Händel gelegentlich von unserem Swing unterbrochen wurde.

Von meiner Schwester und ihrem Mann wurde ich einige Jahre später in einen echten Jazzclub geführt, den »New Orleans Club« auf der Reeperbahn. So etwas hatte ich noch nie erlebt: In dem rauchgeschwängerten, dunklen Raum spielte eine Band mit ohrenbetäubender Lautstärke Dixieland, und ich konnte meine Augen nicht mehr abwenden von den coolen Typen auf der Bühne, die ihre messingglänzenden Blasinstrumente, die schimmernden Trommeln und Becken, die Banjos und den riesigen Kontrabass bearbeiteten. Und dabei mit schweißglänzenden Gesichtern ihr Vergnügen hatten. Ich fühlte, dass auch ich das richtige »Feeling« hatte, dass ich, irgendwie, dazugehörte. Eine unbeschreibliche Erfahrung.

Es war die Zeit, in der Jazzplatten die ersten Plätze der amerikanischen Hitparaden belegten, in der Hamburgs Jugend süchtig wurde nach diesen Klängen, während die ältere Generation auf die »Niggermusik« mit heftiger Ablehnung reagierte. Der Jazz, so konnte man überall lesen, verführe die Jugend. Dabei war dieser Jugend nichts lieber, als sich von diesem tollen Sound verführen zu lassen. Jazz gab die Antwort auf die Fragen, welche die Eltern nicht mehr beantworten konnten.

Besonders lebendig blieb mir Nat King Cole in Erinnerung, vor allem die schwermütigen Balladen wurden meine Favoriten. Aus Text, Melodie und Vortrag schuf der »King«, wie er genannt wurde, unverwechselbare Gesamtkunstwerke. Wie tief war ich damals von seinem Song »Mona Lisa« beeindruckt, den Karin oft in unserem Wohnzimmer abspielte. Wir konnten seine Texte auswendig, summten die Melodien mit. Ich singe sie noch heute in der Badewanne.

Ein anderes Idol meiner Jazzbegeisterung war Earl Bostic. Ich erkannte seinen unverwechselbaren Stil schon nach ein, zwei Takten. Niemand, sieht man einmal von Illinois Jacquet ab, spielte eine solche »Röhre«. Streng genommen war Earl Bostic gar kein Jazzer, denn er improvisierte nicht. Genau das aber macht einen Titel wie »Flamingo«, den wir immer wieder anhörten, so unterhaltsam: ein schwerer, geradezu schleppender Rhythmus, der uns völlig in seinen Bann zog. Über diesem stampfenden Lokomotiventakt schwebt, als totaler Kontrast, das Zusammenspiel von Larry Bunkers Vibraphon und Earl Bostics mächtigem Altsaxophon. Wir tanzten dazu, pfiffen oder summten die Läufe und fühlten uns dabei im siebten Jazzhimmel.

Für Mutter waren zwar einige der Stücke erträglich, andere jedoch brachten sie förmlich in Rage. Ich hatte mir, als ich bei meinen Großeltern lebte, von meinem Taschengeld eine 45er-Platte zusammengespart und ließ meine Neuerwerbung »Jazz at the Philharmonics« mit voller Lautstärke laufen. Es war ein Stück, das »Crazy Rhythm« hieß und tatsächlich einen unheimlich penetranten, stakkatoartigen Beat hatte. Es hämmerte also ziemlich heftig in den vier Wänden, als plötzlich Mutter in der Tür stand. Sie geriet so außer sich, dass sie sogar meinen »Jazz at the Philharmonics« übertönte: »Stell das verdammte Zeug ab«, schrie sie, »ich kann diese Negermusik nicht mehr hören!« Natürlich gab ich nach, doch kaum war Mutter verschwunden, legte ich meinen geliebten Jazz wieder auf, und der herrlich aggressive »Crazy Rhythm« dreht sich noch heute auf meinem Plattenteller.

Als ich sechzehn war, nahmen Karin und ihr damaliger Verlobter mich zu einem großen Jazzkonzert in die Ernst-Merck-Halle mit. Das stellte alles bisher Erlebte und Gehörte in den Schatten. Alle Größen der Kunst schienen mir da in der riesigen, bis auf den letzten Platz gefüllten Halle versammelt: Ella Fitzgerald sang, Ray Brown zupfte den Bass, Illinois Jacquet spielte Tenorsaxophon, Herb Ellis Gitarre, und sie steigerten sich gegenseitig in eine Session hinein, die den Saal zum Kochen brachte. Das Publikum begann zu stampfen und zu toben, dass die Wände wackelten. Eine unvorstellbare Atmosphäre, die mich packte und nie wieder losließ. Nach dem Konzert rannte ich zu Illinois Jacquet, Ray Brown und Dizzy Gillespie und erbat Autogramme, die ich wie einen Goldschatz hüten sollte. Wenn Bill Haley auftrat, zerlegte man vor Begeisterung sogar das Mobiliar, es krachte und splitterte, und die Band hämmerte und trompetete dazu, als wolle sie die Mauern von Jericho zum Einsturz bringen.

Ich stand da, starr vor Begeisterung über diese phantastischen Musiker, mit offenen Augen und trockenem Mund, als wäre eine höhere Macht herabgestiegen in unsere Trümmerstadt, um uns eine bessere Welt voll Dynamik und Explosivität zu bringen. Das war die Gegenwelt, ich spürte es, zu meinem bisherigen Leben, zu häuslicher Unterordnung und Internatsdrill. Das war der Ausbruch aus dem Mief der Nachkriegszeit. Das war die Freiheit.

2

Mit sechzehn wurde ich Unternehmer. Es war Mutter, die mir völlig überraschend diese neue Perspektive eröffnete, und möglich wurde es durch die große Wohnung in der St. Benedictstraße. Das Haus war im wilhelminischen Stil errichtet und hatte einen verschlungenen Zugang zur Außenalster, unsere Wohnung in dem imposanten Altbau bestand aus fünf Zimmern im Erdgeschoss, während die Küche sich, wie damals üblich, im Keller befand. Da die Zentralheizung seit dem Krieg nicht mehr funktionierte, stand in jedem Raum ein »Bullerjan«, ein Kohleofen, der später von einem Ölofen abgelöst wurde.

Wie oft hatte mich Heimweh gepackt nach den prächtig möblierten Räumen, in denen Mutter und Karin lebten, während ich immer wieder in Internaten mein Leben fristete. In den letzten eineinhalb Jahren vor dieser überraschenden Wendung hatte ich bei den Großeltern in Lemsahl gelebt, wo ich auch, in der Poppenbütteler Schule, die Mittlere Reife erwarb. Aber ich kehrte nicht direkt in Mutters schönes Heim zurück, sondern verbrachte zuvor noch drei Monate in einem Luftschutzbunker an eben jener Rothenbaumchaussee, wo ich unter ungleich luxuriöseren Umständen aufgewachsen war.

Der einstige Bunker, direkt neben dem alten HSV-Platz gelegen, diente Mutters Firma als Papierlager, und da noch ein paar Lagerräume frei waren, zog erst Karin mit ihrem Verlobten und später auch ich in den Betonpalast mit den meterdicken Wänden ein. Sein einziger Nachteil bestand darin, dass er keine Fenster hatte. Das war während des Krieges zweckmäßig gewesen, doch jetzt verdüsterte es etwas unsere Freude am Eigenheim.

Trotzdem genoss ich meine neue Freiheit in vollen Zügen. Da es reichlich Platz gab und zudem eine perfekte Schalldämpfung gewährleistet war, organisierte ich an einem Wochenende eine Party mit Livemusik. Eine Dixieland-Band wurde engagiert, Coca-Cola kistenweise herangeschleppt, und damit auch wirklich alle meine Freunde kamen, vervielfältigte ich die Einladung und ließ sie großzügig verteilen.

Ob es nun daran lag, dass eine solche Bunkerparty an sich etwas Sensationelles hatte oder dass die Einladungen, wie ich später erfuhr, von einem Freund sogar in der U-Bahn ausgelegt wurden – jedenfalls wurde das Henkel'sche Papierlager von rund dreihundert Gästen gestürmt, die sich mit der flotten Musik und den alkoholfreien Getränken vergnügten, sich, bei fortgeschrittenem Abend, über das Papierlager der Firma Hans Henkel hermachten, Karnevalsmasken, Clownshüte und Pappnasen aufsetzten, die Wände mit Papiergirlanden dekorierten und sich endlich, auf dem Höhepunkt des Bacchanals, mit flatternden Klopapierrollen bewarfen, denn auch dies gehörte zu unserem Sortiment. Die Massenparty war ein voller Erfolg, nur der Veranstalter hatte mit den Folgen zu kämpfen und musste die peinliche Ordnung, auf die Mutter solchen Wert legte, wiederherstellen und jedes Requisit in die vorgesehene Schublade zurücklegen. Es gelang dank tagelanger Kleinarbeit, und ich war nicht wenig stolz, dass Mutter nichts von diesen Ausschreitungen bemerkte.

Sie selbst war zu jener Zeit neben der Firma auch mit Herzensangelegenheiten beschäftigt. Nachdem mein Vater im Krieg geblieben war, hatte sie sich, nach Jahren vergeblichen Hoffens und Wartens, 1953 in ein Hamburger Original verliebt, einen Lautensänger, der sich mit dem Liedgut des Nordens, mit Shantys, vor allem aber mit eigenen Kompositionen wie »Einmal noch nach Bombay« Berühmtheit erworben hatte. Richard Germer, ein ausgebildeter Opernsänger, war ein höchst charmanter, meist blendend gelaunter Mann, der ihre Liebe erwiderte. Doch war die Beziehung der beiden, wie bei

Mutter nicht anders zu erwarten, höchst dramatisch und wechselhaft. Auf leidenschaftliche Phasen folgten Abkühlungen, auf heftigen Streit ebenso heftige Versöhnungen, und endlich war die Leidenschaft so groß geworden, dass man beschloss zusammenzuziehen, in eine Wohnung an der Elbchaussee, die über eine funktionierende Zentralheizung, einen Kühlschrank und fließend warmes Wasser verfügte. Ich empfand das damals als Gipfel des häuslichen Luxus.

Noch mehr beeindruckte mich allerdings, als Mutter mir eröffnete, dass sie die schöne Wohnung in der St. Benedictstraße durchaus nicht aufgeben wolle, sondern mit ihr einen Plan verfolge. »Schniedel«, sagte sie, »ich möchte, dass du in die Wohnung einziehst. Ich werde die Miete weiter bezahlen, und da du nicht alle Zimmer bewohnen wirst, kannst du ab sofort von den Einkünften aus der Untervermietung leben. Du stehst also jetzt auf eigenen Beinen.«

Das kam mir höchst gelegen. Ich ahnte, dass ich nun, mit meinen sechzehn Jahren, ein absolut freier Mann sein würde, ein Unternehmer, der Miete bezog und Nebenkosten umlegte und sich von den Gewinnen ein Fahrrad oder Schallplatten kaufen konnte. Zudem konnte ich mich Mutter entziehen, die sehr anspruchsvoll geworden war und zum Nörgeln neigte. Sie würde sich auch nicht mehr über die ewige Unordnung in meinem Zimmer beklagen können oder darüber, dass die »Negermusik« zu laut sei. Sie hatte mir Freiheit geschenkt, viel Freiheit. Ich beschloss, sie zu nutzen.

Ich teilte die Wohnung so auf, dass mir zwei Zimmer reserviert blieben, während die anderen drei zur Vermietung standen. Besonderen Wert legte ich darauf, diese immer auf zwei Parteien zu verteilen. Es ergab sich, dass als erste Mieter Karin und ihr Verlobter einzogen, was mir, da Horst bei »Springer« arbeitete, neben vielen anderen Vorteilen, die Möglichkeit gab, frei gewordene Zimmer kostenlos in der Bildzeitung zu inserieren. Sobald meine Anzeige erschienen war, standen regelmäßig um sieben Uhr morgens ein Dutzend Ehepaare vor der Tür. In Hamburg herrschte damals gewaltige Wohnungsnot, und wer wie ich Räume zu vermieten hatte, stand irgendwie auf der Sonnenseite des Lebens.

Ich lernte bald, mit vorhandenen Mitteln Haus zu halten. Da in jedem Zimmer inzwischen ein Ölofen stand, hatte ich ein Fass mit zweihundert Litern im Keller aufgestellt, aus dem sich jeder Mieter mittels Kanne bedienen konnte. Die Entnahmemenge hatte er sodann auf einer ausliegenden Liste einzutragen. Leider wurde das gelegentlich vergessen, und so musste ich den Fehlbestand als »Gemeinkosten« auf die Gesamtheizrechnung umlegen. Sehr schnell brachte ich mir Kalkulation und Kostenmanagement bei, und natürlich auch, dass vernünftige Kontrolle blindem Vertrauen vorzuziehen ist.

Seltsame Leute zogen in meine Wohnung ein. Ein eleganter Mann belegte einmal zwei Zimmer, richtete sie phantastisch her und bewies dabei einen Geschmack, den ich zwar nicht teilen konnte, da er vielleicht etwas feminin war, aber den ich doch respektierte, weil der Herr bei der Neugestaltung durchaus konsequent vorging und keine Kosten scheute. Es fiel mir allerdings auf, dass zwar immer neue Möbel kamen, ihr Besitzer aber nie zur Arbeit ging. Stattdessen herrschte bei ihm zur Nachtzeit ein reges Kommen und Gehen, ein ständiger Umschlag immer neuer Herren, die bei ihm übernachteten, um morgens wieder eilig zu verschwinden. Irgendwann begriff ich, dass es sich um Kundschaft handelte. Ein anderer Mieter entpuppte sich nach kurzer Zeit als Hochstapler, da er die Miete nicht zahlte, sich dafür aber mit einem Teil meines Mobiliars aus dem Staub machte. Für gewöhnlich waren es jedoch jungverheiratete Paare, die bei mir einzogen, glücklich und ohne Geld.

Ich lernte. Erstens, dass ich Geld, das ich ausgeben wollte, erst verdienen musste. Aber dass ich es, sobald es verdient war, auch wirklich und mit gutem Gewissen ausgeben konnte, etwa für mein neues Fahrrad mit Gangschaltung. Zweitens begann ich die Wohnung als mein Eigentum zu behandeln, will sagen, zu pflegen, in Ordnung zu halten, ja ich folgte sogar Mutters Beispiel und besuchte Antiquitätengeschäfte, wo ich das eine oder andere Stück erstand, um damit zur Verschönerung der Zimmer beizutragen. Ich fühlte mich wohl, es waren schließlich die eigenen vier Wände. Und drittens begann ich, früh ins Bett zu gehen. Nachdem ich von Mutter und später den Internatslehrern, zu meinem großen Verdruss, immer sehr zeitig schlafen geschickt worden war, genoss ich anfangs meine neue Freiheit in der St. Benedictstraße, indem ich so lange aufblieb, wie ich die Augen nur offen halten konnte. Ich ging in Clubs, feierte Partys und bemerkte am nächsten Morgen, dass mir das Aufstehen sehr schwer fiel. Dies lag, wie mir schlagartig klar wurde, an meinem späten Zubettgehen, und ich begriff nebenbei, dass strenge Erziehungsmaßregeln gar nicht nötig sind, wenn man Gelegenheit erhält, seine eigenen Erfahrungen zu sammeln.

Obwohl ich nach der Mittleren Reife viel lieber auf eine höhere Handelsschule gegangen wäre, um das kaufmännische Abitur zu erwerben, trat ich mit sechzehn, auf Mutters Vermittlung, eine Lehrstelle an. Ich hatte Glück, denn bereits damals herrschte ziemlicher Lehrstellenmangel. Da sich meine monatlichen Bezüge im ersten Jahr auf achtzig, im zweiten auf hundertzwanzig und im letzten gar auf hundertachtzig Mark beliefen, hatte ich, zusammen mit meinen Mieteinkünften, ein sehr bequemes Auskommen. Das Unternehmen, das Mutter mir ausgesucht hatte, lag nicht weit von ihrem Büro am Jungfernstieg entfernt: »Kühne & Nagel« war schon damals eine bekannte Speditionsfirma, die Güter aller Art mittels Lkw, Bahn, Schiff und Flugzeug in alle Weltgegenden expedierte. Ich trat mit großen Erwartungen in das Haus am Raboisen 40 ein, und dass es sich als »international« bezeichnete, trug nicht wenig dazu bei.

Denn alles, was mit Deutschland zusammenhing, langweilte mich gewaltig. Längst hatte ich Fernweh entwickelt, das sich an exotischen Kontinenten und Weltgegenden entzündete, und es gelang mir, in die Auswanderungsabteilung versetzt zu werden, wo ich tagtäglich mit dieser lockenden Ferne zu tun haben würde. Für einige Monate bestand meine Aufgabe darin, deutsche Privatpersonen oder Diplomaten bei ihren Umzügen in andere Weltteile zu begleiten, ihnen den gefürchteten Papierkram abzunehmen und ihren Besitz sicher an Ort und Stelle bringen zu lassen.

Natürlich kümmerten wir uns auch um ausländische Diplomaten, die in Deutschland ihren Dienst antraten. So erhielt ich einmal den Auftrag, für einen belgischen Diplomaten ein Auto am Hafen abzuholen und zu seiner Privatwohnung in der Oberstraße zu bringen. Mit meinen siebzehn Jahren fuhr ich den Prachtwagen, ein Mercedes-Benz-190-SL-Sportcabrio, zur angegebenen Adresse, einem sehr feinen Haus mit einer wahren Luxuswohnung, in der ich staunend den Schlüssel abgab. Als auch noch ein hübsches Mädchen auftauchte, das durch die Zimmer tänzelte, konnte ich nicht genug über den Lebensstil dieses Weltmannes staunen. Den Führerschein hatte ich übrigens, dank Mutters Unterstützung, vorzeitig erwerben können, da sie vorgab, als allein stehende Geschäftsfrau auf die Hilfe ihres Sohnes angewiesen zu sein.

Die Begegnung mit solchen Lebemännern barg leider auch Gefahren für mein Selbstbewusstsein. Mit dem Auftrag, ein Dokument für einen Ausländer im noblen Hotel »Vier Jahreszeiten« abzugeben, hatte ich zum ersten Mal in meinem Leben die prächtige Eingangshalle betreten, die holzgetäfelten, mit alten Gemälden geschmückten Räume betrachtet und war endlich, leicht verlegen, zum Empfang vorgetreten. Ich nannte den Namen des Hotelgasts und gab den Umschlag ab, worauf mir der livrierte Herr an der Rezeption, den Ausdruck gütiger Herablassung im Gesicht, fünf Mark aushändigte. Das Geldstück brannte in meiner Hand. Mit rotem Kopf erinnerte ich mich an den Rat meiner Mutter, niemals Trinkgeld anzunehmen, es aber immer reichlich zu geben. Ich eilte, von Peinlichkeit getrieben, zu dem nahe gelegenen Spezialgeschäft »Pfeifen Tesch«, um die verhasste Münze schnellstmöglich wieder loszuwerden. Seit langem hatte ich mir eine Pfeife gewünscht, und so tröstete ich mich über den unangenehmen Vorfall, was allerdings die Folge zeitigte, dass ich für einige Jahre zum Pfeifenraucher wurde.

Natürlich hatte ich bei Kühne & Nagel auch richtig zu arbeiten, 45 Stunden die Woche, von acht Uhr morgens bis fünf Uhr abends, unterbrochen nur durch eine kurze Mittagspause, in der ich meine selbst geschmierte Stulle aß. Einmal musste unsere Abteilung einen Spezialauftrag des Auswärtigen Amtes bearbeiten: Sämtliche Botschaften der Bundesrepublik sollten weltweit mit neuen Stahlschränken ausgestattet werden. Mir fiel dabei die ehrenvolle Aufgabe zu, die gesamten Schiffszettel, also die Warenbegleitscheine, auszufüllen. Ich weiß nicht mehr, wie viele Länder und Bestimmungsorte in die so genannten Konnossemente einzutragen waren, aber es stand mir reichlich Arbeit für eine Woche bevor, und noch dazu sehr öde Arbeit.

Da zwar die Adressen wechselten, aber Absender wie Frachtgut immer identisch blieben, vereinfachte ich mir den Job, indem ich, wie damals bei der Einladung für die Bunkerparty, den Standardtext an einer »Eumig«-Maschine in gewünschter Anzahl vervielfältigte und die Adressen nachträglich einfügte. Ich sehe noch die verdutzten Gesichter meiner Vorgesetzten, als ich nach wenigen Stunden den fertigen Dokumentenstapel ablieferte.

Als Nächstes begab ich mich mit dem Fahrrad zu den ausländischen Konsulaten, die ihre Einfuhrgenehmigung für die Diplomatentresore erteilen mussten. Ich legte also, mit freundlichem Lächeln, meine selbst verfertigten Konnossemente vor und erhielt sie, mit nicht weniger freundlichem Lächeln, gestempelt und unterschrieben zurück. Das Lächeln der Konsularbeamten hing womöglich mit der Tatsache zusammen, dass solche Einfuhrgenehmigungen mit teurem Geld zu bezahlen waren. Da der Welthandel damals nicht frei war, erhoben die Länder auf diese Weise einen indirekten Einfuhrzoll, heute würde man das ein nichttarifäres Handelshemmnis nennen, was wiederum meine Arbeit besonders verantwortlich gestaltete. Ich musste nicht nur mit erheblichen Geldmengen umgehen, sondern mich auch beim Abtippen der Dokumente vor Druckfehlern hüten, da bei fehlerhaftem Ausfüllen ein neues Dokument gekauft werden musste. Ich tippte mit klopfendem Herzen.

Von den Konsulaten radelte ich hinunter zum Hafen, wo ich im Schuppen unserer Firma Schiffszettel schrieb, die ich selbst abstempeln und mit »i. A. Henkel« signieren durfte. Ganz abgesehen von dem autoritativen Eindruck, den das reihenhafte Abstempeln von zwanzig oder mehr Dokumenten bei den Umstehenden erzeugte, erfüllte mich auch meine Unterschrift mit Stolz. Der ganze amtliche Vorgang vermittelte mir ein subjektives Gefühl der Wichtigkeit. Allerdings waren viele Dokumente so wichtig, dass mein Namenszug allein natürlich nicht ausreichte. Ich hatte also bei einem der Prokuristen vorstellig zu werden, die in jedem Stockwerk unserer Firma thronten und von einem Glaskasten aus den ganzen Saal voll emsiger Untergebener überwachten. Ihre Unterschrift versahen die Prokuristen mit einem »ppa.«, was mich zu der Überlegung veranlasste, ob ich selbst wohl jemals in die Lage kommen würde, ein solch bedeutendes Kürzel auch vor meinen Namen zu setzen. Ich bezweifelte es.

Der Hafen zog mich immer besonders an, hier roch es geradezu nach Ferne. Ich sah die Schiffe mit den fremdartigen Namen am Heck, über denen mir unbekannte Flaggen wehten, sah sie ablegen und mit langem Tuten die Elbe in Richtung Nordsee hinabfahren. Viele der Heimathäfen dieser Schiffe kannte ich von der Firma her, da ich täglich Adressen wie Lagos, Warri oder Sapele niederzuschreiben hatte, wobei ich im Fall der letzten beiden Häfen bis heute nicht herausgefunden habe, wo genau sie eigentlich liegen. Oder ich notierte Montevideo, Rio de Janeiro, Santiago und andere südamerikanische Häfen, die vor allem in den Frachtzetteln von elektrischen Schreibmaschinen auftauchten. Hier musste ich jedes Mal in Landessprache eintragen »máquina de escribir«, und als Absender einen Hersteller aus Stuttgart, der das Kürzel IBM im Titel führte.

Auch mit einer Disziplin, die mich in der Schule eher gelangweilt hatte, begann ich mich nun anzufreunden, dem Rechnen. Ständig musste ich mit Währungen aus aller Herren Länder und täglich neuen Wechselkursen umgehen, musste Gebühren für Frachtleistungen samt anfallenden Steuern berechnen und über die Ausgaben genau Buch führen. Zur Vereinfachung dieser Vorgänge zog ich eine mechanische Rechenmaschine heran. Wie alles, was aufwändige Arbeiten zeitsparend und effizient gestaltet, bereitete mir die Bedienung dieses Apparats großes Vergnügen. Zwar hatte er, im Vergleich zu heutigen Taschenrechnern, monströse Ausmaße und erinnerte an eine altmodische Registrierkasse, doch arbeitete er zuverlässig, und das Drehen an der Kurbel gab mir das angenehme Gefühl, durch problemlose Handarbeit die Mühe des Kopfrechnens zu sparen.

*

Auf meine Freunde, die zum größten Teil aus der Schulzeit stammten, übte ich in dieser Zeit eine erhebliche Anziehungskraft aus, die mit meinem Status als Wohnungsinhaber zusammenhing. Während alle bei ihren Eltern lebten, war ich, nach Dienstschluss, mein eigener Herr. Zum Feiern und Musik hören strömte man in die St. Benedictstraße und hatte teil an meinen Privilegien schier grenzenloser Selbstbestimmung. Ich eröffnete damals einen richtigen Salon, den ich, nach der Hausnummer, »Studio 48« nannte und der bald zum Treffpunkt für Jazzliebhaber wurde. An jedem Freitagabend um 18 Uhr traf man sich, einige in der schwarzen Kleidung des damals beliebten Existenzialismus, um gemeinsam schwarzen Tee zu trinken, den ich im Badezimmer mit einem Wasserkocher zubereitete und in Mutters wertvollem Porzellan servierte. Dann wurde bis Mitternacht Jazz gehört, mit Andacht und Kennerschaft. Jeder brachte seine neuesten Platten mit, und zwischendurch setzte es sehr ernste Kommentare und Kritik. Wir diskutierten auch über Politik und Literatur, etwa die damals viel gelesenen Werke von Jean-Paul Sartre und Antoine de Saint-Exupéry oder Robert Musils »Mann ohne Eigenschaften«.

Im Mittelpunkt aber stand immer die Musik. Unser Eifer in Sachen Jazz ging so weit, dass wir uns geradezu akademisch mit den Stilrichtungen, den Stücken und ihren Interpreten beschäftigten. Jede Woche musste ein Salonmitglied einen Vortrag halten, wobei sich sein Wissen vornehmlich aus den gängigen Musikbüchern speiste, wie sie etwa Joachim Ernst Behrendt herausgab. Nach dem langatmigen Dozieren folgte dann, programmgemäß, die Diskussion, die sich ebenfalls über Stunden hinziehen konnte. Mir kam das sehr übertrieben vor, zumal der Grund unseres Zusammenkommens, die Jazzmusik, dabei entschieden zu kurz kam. Wir redeten über Platten, statt sie zu spielen, und so habe ich das Vorträgehalten, zum Wohle des Studios und zur Erleichterung vieler Mitglieder, wieder abgeschafft.

Waren wir im »Studio 48« anfangs zu zehnt, so kamen später rund zwei Dutzend Fans zusammen, und alle brachten Freunde mit, auch Mädchen, die gelegentlich in meinem »open house« übernachteten. Als ich die ersten Mädchen zu mir nach

Hause einlud, sorgte ich in der kalten Jahreszeit dafür, dass der Kohleofen ordentlich eingeheizt war, da sonst die Stimmung leicht auf den Nullpunkt sank. Um keine kostbare Zeit zu verlieren, versorgte ich den Ofen schon vorher mit dem nötigen Brennmaterial und hatte, selbst wenn einige Kleidungsstücke abgelegt wurden, immer eine angenehme Betriebstemperatur. An die Gemütlichkeit des mit Kohle befeuerten Bullerjans reichte der spätere Ölofen allerdings nicht heran.

Mutter war in Sachen der Leidenschaft äußerst tolerant. Als Karin einmal bemerkte, dass ein Mädchen bei mir übernachtet hatte, und deshalb, in ernster Sorge um meine Moral, bei Mutter vorstellig wurde, kam diese sogleich, im weißen DKW mit rotem Dach, von der Elbchaussee herübergeeilt, um mich vor der Anklägerin energisch in die Schranken zu weisen. Eine halbe Stunde nachdem sie wieder abgefahren war, rief Mutter bei mir an, ich möge ihre Gardinenpredigt nicht so ernst nehmen, sie habe das für Karin tun müssen. »Aber sieh doch zu«, sagte sie dann, »dass du beim nächsten Mal deine Freundin durch den Keller rauslässt, dann merkt Karin es nicht.«

Meine erste Partnerin fand ich mit vierzehn, sie hieß Christiane, war Hardy Krügers Tochter und kam, da sie in der Nachbarschaft meiner Großeltern lebte, des Öfteren zum gemeinsamen Fernsehen. Zum gemeinsamen Küssen – mehr wagte man damals nicht – ging ich mit ihr, die um einiges jünger war, in ein Gebüsch. Wir drückten mit geschlossenen Augen die Lippen aufeinander, was ich fast peinlich fand, aber ein Anfang musste gemacht sein. Mit fünfzehn war ich in Margot, eine Schülerin der Parallelklasse, verknallt, bald darauf in Wolflinde von der Tanzstunde. Verlorene Liebesmüh. Ich ging dazu über, mehrere Mädchen gleichzeitig zu verehren, um die Erfolgschancen zu erhöhen. Vermutlich war das der richtige Weg.

Wenn man ein Mädchen ins Bett kriegen wollte, musste man heiraten. Alles andere war unüblich. Doch durch die Freizügigkeit, die mir die Wohnung bot, begann ich früher als meine Freunde gegen dieses Tabu anzugehen. Andrerseits bemerkte ich, dass ich mich nur dann wahrhaft glücklich fühlte, wenn ich unglücklich war. Sooft ich von einer Angebeteten abgewiesen wurde, fiel ich in tiefe Verzweiflung, aus der ich mich dadurch wieder emporarbeitete, dass ich einer anderen nachlief. Ich sehe vor mir eine Andrea, die mit ihren schwarzen Haaren, blauen Augen und weißem Teint meinem Idealbild am nächsten kam. Aber die schöne Gymnasiastin zog einen Älteren vor und ließ mich in Qualen zurück. Ich glaube, dass ich immer nach der idealen Frau gesucht habe, und nehme fast an, dass sie unter denen gewesen sein muss, die mich abgewiesen haben. Ob sie mir immer noch als Ideal erschienen wären, wenn ich sie bekommen hätte, ist eine andere Frage.

Mit siebzehn fand ich meine erste richtige Freundin. Rita, eine sehr sanftmütige, hübsche Berlinerin, ebenso anschmiegsam wie anlehnungsbedürftig, lernte ich auf einem Skiurlaub im Harz kennen. Dank Mutters Großzügigkeit war ich voll motorisiert, konnte an Wochenenden auf ihren DKW zurückgreifen und wirkte damit äußerst mobil und männlich. Hätten wir nicht mit Freunden das Zimmer geteilt, wären wir schon im Harz über die Knutschschwelle souverän hinausgegangen. Die Idee, ein Hotelzimmer für eine Nacht zu nehmen, wäre einem damals, von den Kosten ganz abgesehen, nicht im Traum gekommen. Da stand der so genannte Kuppelparagraph davor.

Zurück vom Urlaub im Harz verging ich fast vor Sehnsucht, sodass ich mir, in einem Anfall von Liebeswahnsinn, für ein Monatsgehalt ein Flugticket kaufte und mit einer Turbo-Prop-Maschine vom Typ »Vickers Viscount« nach Berlin flog. Dort nahm ich mir für vier Mark fünfzig ein Pensionszimmer in der Pariser Straße, mit Kohleofen samt fünf abgezählten Briketts pro Tag. Um den kargen Raum beständig bei angenehmer Temperatur zu halten, suchte ich einen Brennstoffhändler auf, der mir zusätzliche Kohlestücke verkaufte. Und so geschah es, dass Rita zum ersten Mal bei mir schlief und uns die ganze Nacht nicht kalt wurde.

Wann immer Mutter mir an den Wochenenden ihren Wagen lieh, fuhr ich durch die Ostzone nach Berlin, um meine Freundin zu besuchen. Im folgenden Sommer unternahm ich mit ihr in Mutters neuem Mercedes 219 eine Frankreichtour, die über Trier und durch die Champagne nach Paris führte. Ich konnte vor ihr sogar als ortskundiger Führer brillieren, da ich dieselbe Reise in meinem ersten Lehrjahr mit Fahrrad, Zelt und

Schlafsack unternommen hatte. Damals war mir die Eselei unterlaufen, auf der Hinfahrt in Epinay eine Flasche Champagner zu kaufen und herumzuschleppen, obwohl die Rückreise wieder durch denselben Ort führte. Ich bewahrte den weit gereisten Tropfen wie eine Kostbarkeit auf und wollte zwei Jahre später mit Rita auf die gelungene Parisfahrt anstoßen. Leider war die Flasche ungenießbar, da sich die Kohlensäure verflüchtigt hatte. Kein gutes Omen, denn auch unsere Liebesbeziehung neigte sich damals ihrem Ende zu. Als ich 1979 wieder einmal in Berlin war und mich nach Rita erkundigte, erfuhr ich, dass sie sich, verheiratet und Mutter zweier Kinder, wenige Jahre zuvor das Leben genommen hatte. Ich sehe mich noch auf dem Friedhof ihr Grab suchen und plötzlich erschrecken, als ich auf einem der Grabmäler, in Stein gemeißelt, ihre Unterschrift entdecke. Ich habe lange um Rita getrauert.

*

Als ich 1956 meine Lehrzeit bei Kühne & Nagel antrat, machte es mir schwer zu schaffen, dass fast alle meine Freunde aufs Gymnasium gingen. Zwar war auch die Mittlere Reife damals noch relativ angesehen, aber ich fühlte mich doch zurückgesetzt. Während ich von Konsulat zu Konsulat radelte und Konnossemente abstempeln ließ, besuchten sie die Höhere Schule und bereiteten sich auf ihr Studium vor. Mit Bangen sah ich dem Tag entgegen, an dem sie alle Abitur feierten und ich, mit abgeschlossener Lehre, in das Büro einer Spedition oder die Papierfirma meiner Mutter eintreten würde. Irgendwie konnte ich aber im Verkauf von Papierprodukten an Hamburger Groß- und Einzelhändler nicht den tieferen Sinn meines Lebens entdecken. Wie komme ich aus diesem Dilemma heraus, fragte ich mich oft, ohne eine Antwort zu finden. Dann war der Tag plötzlich da, und ich stand mit dem Rücken zur Wand.

Zu allem Überfluss meldete sich auch noch die Bundeswehr bei mir. Kaum war die Lehre abgeschlossen, flatterte der Musterungsbescheid ins Haus. Zwar gehörte ich seit Franz Josef Strauß' Plädoyer zu den Befürwortern einer deutschen Armee, doch konnte ich mir beim besten Willen nicht vorstellen dazuzugehören. Vor Uniformen und Gleichschritt hatte ich seit jeher einen Horror, und die Vorstellung, mich wie zu Internatstagen einem strengen Reglement zu unterwerfen, raubte mir den Schlaf. Andrerseits kam eine Verweigerung nicht infrage, da ich nun einmal kein Pazifist war und zum Lügen kein Talent habe.

Ich hatte das Glück, dass mir im rechten Augenblick ein Unglück einfiel. Als Kind war ich bei einem Bootsausflug auf der Alster auf eine zerbrochene Flasche getreten, die mir das Bein aufriss. Die Narbe, die von der tiefen Wunde blieb, wurde so druckempfindlich, dass ich keine Stiefel tragen konnte. Nun gehört aber, so dachte ich mir, das Tragen von Stiefeln zum Soldatendasein wie das Saxophonspiel zum Jazz. Meine diesbezüglichen Sorgen oder vielmehr Hoffnungen trug ich der Mutter meines Freundes Raimund vor, die mir, als praktizierende Seelenärztin, prompt das gewünschte Attest einer völligen Stiefelunverträglichkeit ausstellte. Das ungewöhnliche Dokument tat seine Wirkung, ich wurde als »in Friedenszeiten untauglich« eingeordnet. Nicht auszudenken, was aus mir in der Bundeswehr geworden wäre – ein General sicherlich nicht.

Nachdem ich diese Klippe glücklich umschifft hatte, machte ich mich auf die Suche nach Zukunftsalternativen. Sollte ich weiter Geld verdienen oder mich nach einer Möglichkeit zur Weiterbildung umsehen? Als gründlicher Zeitungsleser, zu dem ich mich schon in Schultagen entwickelt hatte, fiel meine Aufmerksamkeit auf einen Artikel über ein Institut des zweiten Bildungswegs. Es trug den seltsamen Namen »Akademie für Gemeinwirtschaft«, und da ich mir darunter nichts vorstellen konnte, begann ich mit der Lektüre. Ich erfuhr, dass diese vom Senat und den Gewerkschaften getragene Einrichtung all jenen eine Chance zum Studium biete, denen der normale Weg, etwa aus Kriegsgründen, versperrt geblieben war. Ich fühlte mich angesprochen und setzte augenblicklich ein Bewerbungsschreiben auf.

Nun hatte die Akademie für Gemeinwirtschaft natürlich nicht gerade auf mich gewartet. Sie genoss seit Jahren einen exzellenten Ruf, hatte ebenso berühmte Dozenten wie Absolventen vorzuweisen und war deshalb einem wahren Ansturm auf den nächsten Studiengang ausgesetzt. Obwohl ich mich fast schon aufgenommen fühlte, wodurch auch die Lösung meines Zukunftsproblems in greifbare Nähe gerückt schien, sprachen doch zwei gewichtige Gründe dagegen: Erstens standen den achtzig Studienplätzen nicht weniger als 1800 Bewerber gegenüber, wodurch meine Chancen denen in einem Lotteriespiel glichen. Zweitens, und dies gab meiner Bewerbung einen geradezu irrationalen Anstrich, erfüllte ich nicht einmal die fundamentalste Voraussetzung des Studienganges, nämlich zwanzig Jahre alt zu sein. Ich war erst neunzehn. Aber darüber wollte ich großzügig hinwegsehen.

Auch das Gremium, das mich zur Aufnahmeprüfung einlud, schien dies Manko ignoriert zu haben. Das Thema der schriftlichen Prüfung war sehr zeitgemäß gewählt, es lautete: »Nutzen und Fragwürdigkeit des Vorstoßes des Menschen in den Weltraum«. Damals befanden sich die Großmächte USA und UdSSR bei der Raumfahrt in einem ehrgeizigen Wettlauf, und die Russen, die 1957 ihren »Sputnik« in eine Umlaufbahn schossen, hatten die Nase vorn. Zur Gliederung meines Aufsatzes beschloss ich, in drei Schritten vorzugehen: Erst das Pro, dann das Contra und schließlich die Conclusio, die lautete, dass die Menschheit sich ruhig auf dieses Abenteuer einlassen solle. Schließlich habe auch Columbus nicht geahnt, dass er, auf dem Weg nach Indien, die Neue Welt entdecken würde. Mein logisches Vorgehen schien die Prüfer beeindruckt zu haben.

Man lud mich zum Gespräch mit einigen gestrengen Herrschaften, die mich wie ein Tribunal empfingen. Einer von ihnen sah mir mit ernster Miene in die Augen, hielt dann meine Unterlagen hoch und sagte kopfschüttelnd: »Wie wir gerade erst bemerkt haben, sind Sie erst neunzehn. Das geht aber nicht. Die Regel sagt zwanzig, und alle anderen Bewerber haben sich daran gehalten. Sie können aber gerne in einem Jahr wiederkommen.«

»Das können Sie mir nicht antun«, begehrte ich auf, einen Anflug von Verzweiflung in der Stimme. »Sie haben mich zur schriftlichen Prüfung zugelassen, und offenbar habe ich sie auch bestanden, sonst wäre ich nicht hier. Und jetzt wollen Sie mich wieder nach Hause schicken? Nein, das können Sie mir nicht antun, das raubt mir alle Perspektiven.« Ich hatte mich in eine Art heiligen Zorn geredet und bemerkte, dass meine Worte nicht ohne Wirkung blieben.

Der Professor, der mich zuerst angesprochen hatte, ergriff, leicht verunsichert, wie mir schien, wieder das Wort: »Was haben Sie denn eigentlich vor, wenn Sie hier an der Akademie Ihren Abschluss gemacht haben?«

Die Frage gefiel mir, denn ich ahnte, was sie hören wollten. »Ich werde das Geschäft meiner Mutter übernehmen«, antwortete ich. Das war nun für die Herren am Tisch höchst ungewöhnlich. Junge Unternehmersöhne kamen in der Gewerkschaftsschule so gut wie gar nicht vor, und ebendies, so dachte ich, könnte mich interessant machen.

Die Herren sahen sich kurz an, dann sagte der Sprecher: »Ihre Beharrlichkeit hat uns irgendwie imponiert. Sie können anfangen.«

So war ich, zu meinem eigenen Erstaunen, der jüngste Student an der Hamburger Akademie für Gemeinwirtschaft geworden.

*

Der Eintritt in die Akademie war vermutlich die entscheidende Weichenstellung meines Lebens. Was ich in den Jahren zuvor versäumt hatte, konnte ich nun nachholen. Aus dem Lehrling war ein Student geworden, der sich alles ihm angebotene Wissen mit dem Eifer dessen aneignete, dem, völlig unverhofft, eine zweite Chance geboten wird. Allein die Tatsache, dass ich studierte, begeisterte mich. Und so stürzte ich mich auf die beiden Fächer, die mir am attraktivsten erschienen, Soziologie und Betriebswirtschaftslehre, und ich kann sagen, dass ich heute noch von dem damals Gelernten profitiere.

Vor Beginn des eigentlichen Studiums wurden wir, zur Behebung des allgemeinen Wissensdefizits, in einen mehrwöchigen Intensivkurs geschickt, in dem uns, neben den klassischen Gymnasialfächern, auch Rechtschreibung beigebracht wurde. Von morgens bis abends peitschte man uns durch sämtliche

Kategorien der gehobenen Weltweisheit und prüfte, um nichts dem Zufall zu überlassen, unsere Fortschritte in Klausuren. Diese wenigen Wochen an intellektueller Aufholjagd, bei der alle Beteiligten bis an die Grenzen ihrer Aufnahmefähigkeit geführt wurden, hat sich mir mindestens so stark eingeprägt wie die Jahre des Studiums, die folgten.

Ein wichtiger Meilenstein war das erste Referat, das ich über ein betriebswirtschaftliches Thema zu halten hatte, als jüngster Student vor 79 Kommilitonen und einem Professor. Allein der Gedanke, im gefüllten Auditorium ans Pult zu treten, quälte mich unsäglich. Es schien mir absolut unmöglich, vor diesem Publikum zu sprechen. Ich aß nicht mehr, schlief nicht mehr. Ich dachte, ich würde, bevor sich noch die Tür zum Hörsaal öffnete, vor Lampenfieber tot umfallen. Und wie, bitte schön, sollte ich den gewaltigen Stoff ordnen? In dieser extremen Stresssituation erinnerte ich mich an meine Mutter: Ich sah ihre Wohnung vor mir, ihr Büro und das Lager, wo jeder Artikel in eine bestimmte Schublade gehörte und alles seinen logischen Platz hatte. So fand sie, unter den tausend verschiedenen Waren, vom Streichholz bis zum Briefumschlag, alles sogleich wieder, und das hatte mich schon als Kind beeindruckt.

Ich ordnete also den Stoff meines Referats wie ein übersichtliches Materiallager, deponierte die wichtigsten Gedanken in Schubladen, erinnerte mich auch an den klassischen Dreischritt, der mir schon bei der Aufnahmeprüfung geholfen hatte, und bekam dadurch einen klaren Überblick über die Datenmasse, deren Chaos mich zuvor noch in Panik versetzt hatte. Es half. Nachdem ich mein Thema in den Griff bekommen hatte, betrat ich einigermaßen ruhig das Auditorium, blickte zu den gefüllten Sitzreihen hinüber, die wie im Amphitheater emporstiegen, sah auch meinen Platz, letzte Reihe rechts außen, der während des gesamten Studiums für mich reserviert blieb. Und begann. Zwar war der Adrenalinspiegel hoch, zitterten die Hände leicht, doch dank der Ordnung, in die ich meine Gedanken gebracht hatte, ging alles problemlos über die Bühne. Ich hatte mein erstes Referat überlebt, und durch diese Stärkung meines Selbstbewusstseins blieb mir vergleichbares Lampenfieber seitdem erspart.

Unter den Koryphäen der Akademie, zu denen berühmte Männer wie der Rechtswissenschaftler Cappelle, der Ökonom Ortlieb und der Betriebswissenschaftler Witte gehörten, war einer, der schon damals einen wahren Starappeal hatte und uns Studenten allein schon durch sein Auftreten maßlos beeindruckte. Der Soziologieprofessor mit der imposanten Physiognomie war gerade dreißig Jahre alt und hatte neben seiner Professur eine ganze Reihe Aufsehen erregender Bücher vorzuweisen, zu denen ein Werk über den Marxismus und, 1957 erschienen, das Lehrbuch »Soziale Klassen und Klassenkonflikt« gehörten. Bevor er zum ersten Mal in unseren Hörsaal trat, schrieb ein wissenschaftlicher Rat für uns Ahnungslose seinen Namen mit Kreide an die Tafel: »Prof. Dr. Ralf Dahrendorf Ph.D.« Respektvoll schrieben wir mit und rätselten, was die seltsame Abkürzung am Ende bedeutete. Bald erfuhren wir, dass unser Professor seinen »Philosophy Doctor« in England erworben hatte. Wir vergingen vor Ehrfurcht.

Vorgefahren kam er in einem VW-Cabrio mit offenem Verdeck, seine hübsche Frau, ich glaube, sie war Engländerin, auf dem Beifahrersitz. Die souveräne Ruhe, mit der er ihr, seine Aktentasche unterm Arm, die Türe öffnete, dazu der bohrende Blick, in dem der ganze Ernst der Wissenschaft gebündelt schien – all das war phänomenal, ein deutscher Kennedy. Wenn Dahrendorf auftauchte, war der Mief weg. So müsste man sein, dachte ich.

Später fiel mir auf, dass er selbst großen Wert auf dieses Image legte. Warum nicht? Und so waren auch wir, seine Studenten, erschüttert von seiner unermesslichen Bedeutung. Schon damals im Stil eines Country Gentleman gekleidet, wirkt er heute wie die Inkarnation des Engländers. Er präsentiert die Merkmale dieses Landes mit einer Perfektion, wie ich sie an keinem echten Engländer je erlebt habe. Er ist sogar als Lord im Oberhaus gelandet. Das wäre damals ähnlich unwahrscheinlich erschienen wie die Möglichkeit, dass aus mir, seinem jüngsten Studenten, einmal der Präsident des BDI würde.

Als ich für ihn damals eine soziologische Arbeit abzuliefern hatte, schlug ich ein Thema vor, über das ich mir schon in Internatstagen Gedanken gemacht hatte: »Die soziale Herkunft der Diakone der Inneren Mission und Gründe für ihren Eintritt in die Diakonie«. Im »Rauhen Haus« war mir aufgefallen, dass die Diakone, denen wir anvertraut waren, aus eher einfachen Verhältnissen stammten. Sie waren nicht besonders gut ausgebildet, einige hatten sogar Schwierigkeiten mit der Rechtschreibung. Was also treibt sie zur Inneren Mission? Meine nüchterne, jedoch aus Erfahrung gewonnene Antwort lautete, dass dies weniger durch Idealismus als durch die Aussicht bewirkt werde, dort bestens versorgt zu sein. Wer geringe Ausbildung und wenig Berufschancen hat, so behauptete ich, erhält hier eine wunderbare Chance, sich für sein ganzes Leben abzusichern – die Innere Mission setzt nämlich keinen vor die Tür. Zum empirischen Beleg dieses gewagten Gedankens vervielfältigte ich fünfzig Fragebögen, mit denen ich bei den Diakonen meines alten Internats vorstellig wurde. Nach Auswertung der anonymen Antworten wurde meine These – überflüssig, es zu betonen – glänzend bestätigt. Professor Dahrendorf zeigte sich zufrieden.

In einer seiner Vorlesungen, die er gern mit aktuellen Beispielen illustrierte, wies uns der Professor auf eine Firma hin, in der die klassische Unterscheidung zwischen Arbeitern und Angestellten aufgehoben sei, also eine Art klassenlose Gesellschaft im Kleinen. So würden die Arbeiter nicht länger wöchentlich mittels Lohntüte bezahlt, sondern erhielten, wie die Angestellten, jeden Monat ihre Überweisung auf ein Gehaltskonto. Als ebenso vorbildlich strich er heraus, dass diese Firma ihre Arbeiter in die Angestelltenversicherung aufgenommen habe. Dies alles, so betonte Dahrendorf, stehe im krassen Gegensatz zur durch und durch reaktionären deutschen Wirtschaftspraxis und sei deshalb als höchst fortschrittlich zu loben.

Ich kannte diese Firma. Als Lehrling hatte ich ihre »machinas a escribir« nach Südamerika expediert und wusste seitdem, dass der Firmenname IBM für »Internationale Büromaschinen GmbH« stand. Dass IBM schon damals eine führende Position auf dem Gebiet der elektronischen Datenverarbeitung einnahm, wusste ich nicht. Man hat uns derlei in Betriebswirtschaft auch nicht beigebracht.

Rund 35 Jahre nach meinem Studium boten Ralf Dahrendorf und einige Absolventen aus jener Zeit unserer einstigen Akademie eine Ringvorlesung an, in der wir »alten Herren« den Studenten ein wenig von unseren Erfahrungen in der Praxis berichten würden. Die Leitung des Instituts, das, inzwischen gewaltig angewachsen, in »Hochschule für Wirtschaft und Politik« umbenannt war, stimmte begeistert zu. Leider nahm die extrem linke Studentenschaft unsere Geste weniger enthusiastisch auf. Ralf Dahrendorf, immerhin einer der weltweit renommiertesten Soziologen, wurde niedergeschrien, und was meinen eigenen Auftritt betrifft, kann ich mich bedanken, lebendig wieder herausgekommen zu sein.

Es sind die ersten Monate meiner BDI-Präsidentschaft, als ich, meinen Vortrag in der Tasche, den tobenden Hörsaal betrete. Fünfhundert Studenten, teilweise mit Trillerpfeifen ausgestattet, veranstalten einen Höllenlärm, dazu stinkt der Raum nach Buttersäure, dem widerwärtigsten Geruch, den man sich vorstellen kann. Während ich den seitlichen Gang zum Podium abwärts gehe, schwillt der Lärm ohrenbetäubend an, es wird gebrüllt und getrampelt, und ich formuliere bereits an einem sarkastischen Begrüßungssatz, da ich nicht vorhabe, klein beizugeben.

Ich habe noch nicht das Podium erreicht, als ein Professor mich am Mikrophon ankündigt, während ich, bis zum Ende seiner Einführung, in der ersten Reihe Platz nehme. Zu meinem Glück. Denn kaum ist mein Name gefallen, als rechts und links vom Podium Türen aufspringen, durch die eine schwarze Masse, Strumpfmasken über dem Gesicht, Ketten in der Hand, in den Saal eindringt und sich auf jenen armen Professor stürzt, den sie für den Präsidenten des kapitalistischen BDI hält. Ein Student neben ihm schreit noch, »das ist er doch gar nicht«, aber der Schlägertrupp, eigens aus dem Schanzenviertel angereist, ist schon sehr gründlich bei der Arbeit, schlägt äußerst brutal auf den Studenten ein und lässt sich nicht mehr ablenken, was den anwesenden Polizisten in Zivil die Gelegenheit gibt, mich im Tumult durch eine der offenen Türen ins Freie zu ziehen. Der Student, dem mein ganzes Mitgefühl galt, lag vierzehn Tage mit Gehirnerschütterung und anderen Blessuren im Krankenhaus. So viel zur Wiederbegegnung mit meiner alten Schule.

Obwohl die Akademie zu meiner Zeit aus Gewerkschaftsmitteln finanziert war, hat keiner der Professoren je versucht, uns in irgendeiner Weise zu indoktrinieren oder politischen Einfluss auszuüben, auch wenn einige von uns es nicht lassen konnten, die Akademie für Gemeinwirtschaft als »Akademie für gemeine Wirtschaft« zu bezeichnen. Natürlich hörten wir Vorlesungen über Karl Marx, aber eben im Sinn der Wissenschaft. Ich zehre, wie gesagt, noch heute als BDI-Chef von dem Wissen, das mir damals in Soziologie, Nationalökonomie oder Politikwissenschaft beigebracht worden ist und das ich durch Lektüre vertieft habe.

Meine damaligen politischen Überzeugungen sind denn auch nicht von der Akademie bestimmt worden, sondern vom Tagesgeschehen. Vor allem interessierte mich die amerikanische Politik, da in meinen Augen bei uns Stillstand, Restauration, kurz: Adenauer herrschte. In den USA dagegen war durch John F. Kennedy eine neue Zeit angebrochen, in der mit der Umsetzung von Demokratie und Bürgerfreiheit ernst gemacht wurde. Erst mit diesem charismatischen Mann schien die Nachkriegszeit endgültig abgeschlossen – die Zukunft, daran zweifelte bei uns niemand, gehörte Kennedy. Mit seinen vierzig Jahren konnte er auch die Jugend weit besser vertreten, und da er zudem noch Katholik war, fühlte auch ich mich ganz persönlich von ihm angesprochen.

Täglich verfolgte ich seinen Präsidentschaftswahlkampf, den er 1960 knapp gegen den Republikaner Nixon gewann. Wie in seinem Programm versprochen, verbesserte Kennedy das soziale Netz Amerikas, stärkte das Bildungswesen, kurbelte die Wirtschaft an, senkte die Steuern und erklärte den Wettlauf mit den Russen, nicht nur in Sachen Raumfahrt, zur Chefsache. Zudem bezog er in der leidigen Bürgerrechtsfrage eindeutig Stellung für die Gleichberechtigung der Schwarzen. Der politische Fortschritt, von dem wir träumten, schien in Amerika Realität zu werden. Ganz Deutschland war im Kennedy-Rausch.

Noch ein anderer Reformer prägte meine Weltsicht. 1958 löste Papst Johannes XXIII. den streng konservativen Pius XII. ab und brachte sogleich einen liberalen Wind in den seit langem ungelüfteten Vatikan. Johnny der Dreiundzwanzigste, wie wir ihn liebevoll nannten, vermittelte der Gemeinde ein neues, ebenso frohes wie zukunftsgewandtes Glaubensgefühl, indem er die Kirche nach innen reformierte und nach außen den Dialog mit anderen Religionen suchte. Leider blieb diesem tief menschlichen Papst nur eine relativ kurze Amtszeit, wodurch viele seiner Reformprojekte unvollendet blieben. Dasselbe gilt für John F. Kennedy, dessen gewaltsamer Tod 1963 die ganze Welt in einem Gefühl der Erschütterung vereinte. Auch ein dritter Reformer, auf den ich meine Zukunftshoffnungen setzte, wurde an der Verwirklichung seiner Vorstellungen gehindert: Nikita Chruschtschow, Staatschef der Sowjetunion, beendete die politische Eiszeit zwischen den Großmächten und rechnete 1956 mutig mit dem Menschen verachtenden Stalinismus ab. 1964 wurde ihm seine Liberalität zum Verhängnis, er verlor alle Parteiämter und musste dem orthodoxen Breschnew Platz machen.

Auch für Fidel Castro begeisterte ich mich, der praktisch im Alleingang seine Heimat Kuba befreite. Er war der große Gegenspieler des Putschgenerals Batista, dem er seit 1956 einen erbitterten Guerillakrieg lieferte. Drei Jahre später hatte der charismatische Rebell gesiegt und zog, als Ministerpräsident, sogleich gegen den Analphabetismus ins Feld. Das machte großen Eindruck auf mich: Ein Volksbefreier, der als erste Amtshandlung seinem Land Lesen und Schreiben beibrachte. Weniger gefiel mir allerdings, dass er sich ab 1961 zum Kommunismus bekannte und privates Eigentum verstaatlichte. Meine Begeisterung erhielt einen noch schwereren Dämpfer, als er Exilkubaner, die mit ihrer dilettantischen Invasion in der Schweinebucht gescheitert waren, hinrichten ließ. Dass es Morde gibt, ist schrecklich genug. Aber wenn der Staat tötet, dann macht mich das wahnsinnig.

An Silvester 1999, dem letzten Tag des alten Jahrhunderts, habe ich – zum zweiten Mal – mein einstiges Idol in Kuba besucht. Wir sprachen über die Schweinebucht, auch über die Raketenkrise, die Chruschtschow heraufbeschwor, als er 1962 Atomraketen in »Amerikas Hinterhof« aufstellte. Dass er sie, nach Kennedys Kuba-Blockade, wieder abzog, hat vielleicht den Dritten Weltkrieg verhindert. Castro sieht das heute ganz anders: Niemals, so sagte er, hätte der Russe nachgeben dürfen; er selbst, bis dahin treuer Gefolgsmann des Kreml, sei von dem Augenblick an, als die Raketen abgezogen wurden, mit der Sowjetunion fertig gewesen.

Nicht nur Castros Todesurteile empörten mich damals. Auch in Amerika wurde immer wieder die Todesstrafe vollstreckt, und besonders der Fall Caryl Chessman beschäftigte zu jener Zeit die Medien. Wegen einer Vergewaltigung, die er vehement abstritt, zum Tode verurteilt, kämpfte er in San Quentin jahrelang gegen seine Hinrichtung, schrieb Bücher über seine Unschuld und die Qualen der Todeszelle, um schließlich doch keine Gnade zu finden. Als die schreckliche Nachricht von seiner Hinrichtung kam, saß ich gerade in der St. Benedictstraße vor dem Radio. Ich weiß noch, wie ich, vor Trauer und Wut, in Tränen ausbrach. Vor einigen Jahren hat Amerika wieder mit diesem grauenhaften, staatlich sanktionierten Morden begonnen, und das war einer der Gründe, warum ich Amnesty International beigetreten bin.

Übrigens ist dies bis heute meine einzige Mitgliedschaft geblieben. Seit den Tagen in der Akademie bin ich keiner Partei, keinem Verein, keinem Club beigetreten, nicht einmal dem Buchclub. Die einzige Ausnahme stellt meine Mitgliedschaft in einem Segelclub dar, die jedoch unumgänglich ist, wenn man einen Bootsliegeplatz am Bodensee haben möchte. Diese Ungebundenheit ist meine Art von Liberalität. Ich habe immer großen Respekt vor Einzelgängern gehabt, die etwas bewegten; vorausgesetzt, dass ein überzeugendes Motiv sie leitete und nicht das Einzelgängertum an sich. Denn das ist, als Selbstzweck, ebenso unsinnig wie die Uniformität, die sich »dem Guten« verschreibt.

Jeder Gleichschritt, jede reglementierte Einbindung, jede Uniformierung ist mir fremd, jede Art von Aufmärschen und organisierten Kundgebungen ein Gräuel, egal, ob es sich um einen Massenaufzug in Peking, eine DGB-Kundgebung zum 1. Mai oder einen bundesrepublikanischen Parteitag mit Fahnen und Parolen handelt. Gerade was Parteien betrifft, bin ich sehr kritisch geworden. In der Verfassung steht, dass sie an der

Willensbildung mitwirken sollen. Heute glaube ich, sie haben sich unseren ganzen Staat, salopp gesprochen, unter den Nagel gerissen.

*

Seit Anfang der fünfziger Jahre hatte ich mich also von Amerika begeistern lassen, und es war vor allem die Musik, die mein Lebensgefühl mehr als alles beeinflusste. Aus dem Zusammenspiel der Bands leitete ich zudem eine wichtige Lebenserfahrung ab: Jeder Solist braucht eine Gruppe, die ihn unterstützt, und erst das Zusammenspiel der Instrumente ergibt den packenden Sound. Die Improvisation aber ist das Individuelle und eben auch Einmalige beim Jazz. Mit dem neuen Jahrzehnt begann sich nun mein musikalischer Geschmack zu erweitern. Eine neue Klangwelt kam aus England herüber, viel unkomplizierter, man könnte auch sagen, viel primitiver als der Jazz, aber sie gefiel mir und ich konnte sie live miterleben.

Nicht, dass ich dem Jazz abgeschworen hätte, als der »Beat« aus England herüberkam. Ich blieb ihm immer treu, besuchte sogar regelmäßig einen Plattenladen namens »Woddem« in den Colonnaden, wo ich dermaßen in eine Verkäuferin namens Monika verknallt war, dass ich, um ihr nahe zu sein, Platten sogar dann kaufte, wenn sie mir weniger gefielen. Ich frequentierte Jazzclubs wie den »New Orleans Club«, die »River Kasematten« oder das »Barett«, wo deutsche Musiker wie Wolfgang Schlüter, Michael Naura oder Albert Mangelsdorff spielten. Zwar musste ich regelmäßig beim Einlass zittern, da ich erst siebzehn war, wurde aber immer durchgewinkt, weil stets eine Freundin, älter als ich, ihren Personalausweis stellvertretend für uns beide vorzeigte.

Um die neuen Beatbands aus England zu hören, musste man in einen Stadtteil, in den ein normaler Hamburger freiwillig nicht ging, nach St. Pauli, wo die Puffs und Amüsierbetriebe ihre Kunden anlockten. Vermutlich gibt es in Deutschland keine Stadt, wo die soziale Herkunft so eindeutig nach dem Stadtteil definiert wird, in dem man wohnt, teilweise sogar nach der Art, wie man Hamburgisch spricht. Hatte man etwa eine Freundin aus Barmbeck, so wurde das nicht so gern in den

Vordergrund gerückt. Sie musste schon aus Othmarschen oder Harvestehude sein, oder meinetwegen aus Blankenese. Die Isestraße in der Nähe meiner Wohnung wurde von uns, je nach dem Stadtteil, durch den sie lief, in drei Teile zerlegt: die Isestraße, die noch in Harvestehude liegt, die »Miese Straße«, die sich durch Eppendorf zieht, und die »Fiese Straße«, die auf den S-Bahnhof Hoheluft stößt. In dieser Werteskala nahm St. Pauli den untersten Platz ein. Für Harvestehuder wie mich und meine Freunde war dieser Stadtteil eigentlich das Allerletzte. Gerade deshalb wurde er für uns so anziehend.

An jedem Samstagabend um sieben trafen wir uns im Dammtorbahnhof, wo wir uns zuerst in einem Passbildautomaten namens »Fotomaton« für eine Mark mit verschiedenen Grimassen ablichten ließen, um uns dann der Frage zuzuwenden, wo es denn diesmal hingehen solle. Also, welche Musik? Welcher Club? Wo treffen wir die besten Mädchen? Oder, so lautete meist die Antwort, gehen wir gleich auf die Reeperbahn und spielen Tischfußball. Wir fuhren mit der S-Bahn nach St. Pauli, das angenehm gruselige Gefühl im Bauch, etwas höchst Anstößiges zu tun, und suchten uns eine Spielhölle, in der wir Kickerturniere abhielten.

Danach zogen wir in die Live-Clubs. Am besten gefiel uns das »Top Ten«, mitten auf der Reeperbahn schräg gegenüber der Davidswache gelegen, in dem die coolsten Bands spielten und sich außerdem kein Kiezmilieu breit machte. Während vor allen Etablissements der Reeperbahn die Reinlocker standen, erwartete einen am Eingang des »Top Ten« ein Rausschmeißer. Der hatte darauf zu achten, dass gewisse Typen draußen blieben und Schlägereien ein schnelles Ende fanden. Drinnen standen die meisten Gäste um die Tanzfläche, andere saßen an Tischen oder der Bierbar. Den eigentlichen Mittelpunkt aber bildeten die Bands, die in der Mehrzahl, ich weiß nicht, warum, aus Liverpool kamen. Sie hießen »Jerry and the Pacemakers«, »The Undertakers« oder »Rory Storme and the Hurricanes« und was es sonst an phantasievollen Kombinationen gab. Sie waren die Stars der Reeperbahn.

Alle sahen übrigens gleich aus: Sie trugen zerknautschte schwarze Lederjacken mit hochgestelltem Kragen, Blue Jeans oder röhrenartige Lederhosen, dazu spitze hochhackige Stiefel. Vor allem aber hatten sie öliges Haar, das sie aus der Stirn zurückkämmten, so dass sich eine strähnige Tolle bildete, wie sie etwa Elvis Presley trug. Die war entscheidend. Ob das Haar ölig war, weil sie es nicht wuschen oder weil sie Pomade hineingaben, hat sich mir nie erschlossen.

Die Musik, die sie spielten, beschränkte sich auf einfache Griffe und Rhythmen und riss einen dennoch mit. Der Beat war ansteckend, die Musik irgendwo zwischen Rock 'n' Roll und britischer Folkmusic angesiedelt und zum Tanzen bestens geeignet. Aber die Musik war fast sekundär im Vergleich zu der Show, die von den jungen Musikern abgezogen wurde. Auch wenn sie keine Virtuosen auf ihren Instrumenten waren und ihre Künste nicht zur Improvisation wie etwa beim Jazz reichten, so waren sie doch echte Rampenstars, die über die Bühne tanzten, die Mikrophonstative herumwirbelten, mit den Hüften wackelten und sich dabei prächtig in Szene setzten. Ja, es waren Persönlichkeiten darunter wie Tony Sheridan, und es gab wahre Exzentriker, die mit dem Rücken zum Publikum ihre Gitarre zupften und gerade damit Furore machten. Jeder Bandleader entwickelte seinen eigenen Showstil, seine Gags, mit denen er die Stimmung anheizte. Wir saßen meist bei Cola oder Bier, ließen uns von den quirligen Engländern unterhalten und genossen die verruchte Reeperbahn-Atmosphäre. Gelegentlich mischten wir uns auch unter die Tanzenden. Damals bewegte man sich entweder Rock 'n' Roll-mäßig oder im Freistil oder in jenem bizarren Tanz namens »Madison«, bei dem sich alle in einer Reihe bewegten, gleichzeitig das Bein oder die Arme hoben, gemeinsam einen Schritt zurück und zwei nach vorne gingen, was bei Außenstehenden meist einen heftigen Lachreiz bewirkte.

Damals hatte ich mich sterblich in zwei Fotografinnen verliebt. Die eine hieß Astrid Kirchherr, war immer schwarz gekleidet und trug ihr Haar ganz kurz. Um sie kennen zu lernen, ließ ich mich von einem ihrer Kollegen, der im selben Atelier arbeitete, künstlerisch ablichten. Obwohl ich ahnte, dass er nicht nur an meinem Gesicht Gefallen gefunden hatte, saß ich vor seiner Kamera, immer in der Hoffnung, dadurch Astrid näher zu kommen. Es gelang auch. Sie lud mich in ihre Wohnung ein, wo, als kühnes Dekorationsobjekt, ein toter Baum seine kahlen, schwarz bemalten Äste in den Raum streckte. Das gefiel mir. Es war mein endgültiger Abschied von Mutters Barock.

Weniger gefiel mir, dass sie bereits vergeben war. Sie hatte sich mit einem jener englischen Musiker verlobt, die auf der Reeperbahn spielten, Lederjacken und ölige Tollen trugen. Er hieß Stuart Sutcliffe und spielte Bassgitarre bei den »Beatles«. Auf diese Band, die wie die anderen aus Liverpool kam, hatte mich schon mein Schwager Horst aufmerksam gemacht, als sie im »Indra« spielten. Sie waren im August 1960 erstmals über den Kanal gekommen und schliefen bei Tag über dem »Bambi«-Kino, während sie nachts im »Indra« oder dem »Kaiserkeller« auftraten und bis zu acht Stunden lang die Stimmung anheizten. Astrids Verlobter gehörte, neben dem »Beatles«-Drummer Pete Best, zu den Publikumslieblingen.

Als die »Beatles« ins »Top Ten« überwechselten, hörte ich sie zum ersten Mal. Ehrlich gesagt, bemerkte ich kaum einen Unterschied zu den anderen Bands. Dieselben Jacken, derselbe Haarschnitt, derselbe Liverpool-Dialekt. Auch dieselbe Musik. Gegenüber Tony Sheridan, dem Platzhirsch des Clubs, fielen sie sogar deutlich ab. Seiner persönlichen Ausstrahlung hatten die fünf »Beatles« nichts entgegenzusetzen. Ich sehe noch den jungenhaften Paul am Klavier sitzen und ganz manierlich spielen, einen schüchternen, aber talentierten George Harrison, über seine »Gretsch«-Gitarre gebeugt, rockige Soli zupfen, während John Lennon, ein mittelmäßiger Gitarrist, nur bei einem Lied sein zukünftiges Genie aufblitzen ließ: »Ain't she sweet«, eine fetzige Rock 'n' Roll-Nummer, die den Höhepunkt ihrer Auftritte bildete.

Noch etwas anderes als die Musik sollte mich mit den »Beatles« verbinden. Als ich damals im Fotostudio Modell saß, kam Astrid Kirchherr wirklich, wie erhofft, ins Atelier, und begann sogleich, von einer neuen Frisur zu schwärmen, die ihr Chef, der Fotograf Jürgen Vollmer, »entwickelt« habe. Das war der »Pilzkopf«. Natürlich ließ ich mich von ihr überreden. Da ich schon immer, meiner Mutter zuliebe, langes Haar trug, musste sie es nur in die Stirn kämmen und föhnen. Ich ahnte nicht, dass sie ihrem Verlobten dieselbe Frisur einredete, seine Schmalzlocke wusch und in die Stirn kämmte. Kaum lief Stuart als Pilzkopf herum, was im Land der öligen Haare einer Revolution gleichkam, schlossen sich die anderen »Beatles« an. Endlich konnten sie etwas vorweisen, das sie von den anderen Liverpooler Bands unterschied. Fortan wurde nicht mehr von ihrer Musik, sondern nur noch von ihren Pilzköpfen gesprochen.

Die andere von mir verehrte Fotografin hieß Brigitte. Sie war die Tochter der großartigen Theaterfotografin Rosemarie Clausen, die unvergessliche Bilder von Gustav Gründgens, Elisabeth Flickenschildt und Will Quadflieg, vor und hinter der Bühne des Hamburger Schauspielhauses, aufgenommen hat. Brigitte fotografierte mich damals mit der Pilzkopffrisur und dokumentierte damit Astrids Verwandlungskünste, die, auf die »Beatles« angewandt, weit reichende Folgen haben sollten.

1961 hatten diese, als Begleitband von Tony Sheridan, ihre erste Platte eingespielt, übrigens in der Aula eines Hamburger Gymnasiums, und so lässt sich noch heute John Lennons mit rauer Stimme vorgetragenes »Ain't she sweet« oder, von Sheridan gesungen, der »Top-Ten«-Hit »My Bonnie« bewundern. Als 1962 der Durchbruch der »Beatles« mit dem Hit »Love me do« kam, war ihr Bassist Stuart Sutcliffe schon tot, gestorben in Hamburg an einem Gehirntumor. Für Pete Best wurde als Drummer ein gewisser Ringo Starr engagiert, der von Rory Stormes »Hurricanes« kam. Zum Quartett verkleinert, begann ihre Weltkarriere, und ich zweifle nicht daran, dass sie ihren Erfolg zum großen Teil jenem Markenzeichen verdanken, das eine hübsche Hamburger Fotografin ihrem Verlobten, und zufällig auch einem gewissen Hans-Olaf aus der St. Benedictstraße, aufgeschwatzt hatte.

*

Als ich 1961 mein Abschlussexamen an der Akademie bestand, das die volle Hochschulreife einschloss, hatte ich endlich meine auf dem Gymnasium davongeeilten Freunde eingeholt. Ich hätte nun, wie sie, weiterstudieren können, drei Semester wären mir sogar angerechnet worden. Da die Einnahmen durch die Wohnungsvermietung jedoch nicht für das Studium und die anfallenden Gebühren reichen würden, sprach ich mit Mutter, und wir kamen zu dem Schluss, dass ich erst einmal einen guten Job suchen sollte. Falls sich keiner fand, konnte ich immer noch auf die Hochschule gehen und Betriebswirtschaft studieren.

In der Zeitung entdeckte ich eine Anzeige der »Schlieker-Werft«, die einen EDV-Spezialisten suchte. Ich verstand zwar nichts von diesem Gebiet, interessierte mich aber dafür. Auf meine Bewerbung erhielt ich prompt eine Zusage, mit 750 Mark Monatsgehalt. Da konnte es auch nicht schaden, dass ich mich noch auf eine Anzeige von »Infratest« meldete. Ich hatte mich ja bereits mit Statistik beschäftigt und wollte München, den Sitz des Instituts, schon lange einmal kennen lernen. So fuhr ich also im bitterkalten November 1961 mit meinem Citroen 2 CV, der so genannten Ente, in Richtung Süden und stellte mich bei dem bekannten Umfrageinstitut vor. Einige Stipendien würden vergeben, so erfuhr ich, und man stellte mir sogar eines in Aussicht.

Nun hatte ich also zwei Optionen in der Tasche, die es mir leicht machten, in aller Ruhe einer dritten Bewerbung nachzugehen. Ich hatte mich nämlich auch auf eine Anzeige der IBM beworben. Sie war mir durch ihre schiere Größe, eine ganze Zeitungsseite in der »Welt«, ins Auge gefallen, und das angebotene Management-Trainingsprogramm sagte mir auch zu. Dazu kam, dass die Firma die Reisespesen für das Vorstellungsgespräch bezahlte. Da ich ohnehin schon die Fahrt nach München und zurück durch »Infratest« finanziert bekam, ließ sich der Abstecher zu IBM nach Stuttgart als Zusatzerlös verbuchen. Bedingungen dort waren ein abgeschlossenes Hochschulstudium und Berufserfahrung. Beides, so dachte ich, hatte ich zu bieten, schließlich war ich auf der Akademie und vorher in der Lehre gewesen. Und am Ende konnte ich immer noch zu Schlieker gehen. Zum Glück kam es nicht dazu – die große Werft ging ein paar Monate später in Konkurs.

Ich komme also mit meiner Ente in Böblingen an. Das dortige IBM-Gebäude macht gewaltigen Eindruck auf mich, alles hochmodern, amerikanisch dimensioniert, Stahl und Glas und Aufzüge, und außerdem liebenswürdige Empfangsdamen, die mir aufs Verbindlichste den Weg zeigen. Ich denke an Dahrendorfs Lob und an meine »machinas a escribir« und fühle mich irgendwie schon zu Hause. Dann höre ich, dass sich um die fünf Traineestellen rund hundert Leute beworben haben, gute Leute, erfahrene und hoch gebildete Leute, alle weit älter als ich. Ich begreife, dass ich keine Chance habe, und denke mir, Hauptsache, ich kriege die Spesen.

An diesem Tag wird ein Riesentest mit den Bewerbern veranstaltet: Ein Rorschach-Test, bei dem man in Klecksen Figuren entdecken muss, Gedächtnistests, bei denen man sich Zahlen, die immer länger werden, einzuprägen und dann zu wiederholen hat, außerdem die ganze Reihe komplizierter, in den USA entwickelter Intelligenz- und Charaktertests, wie sie heute längst verboten sind. Man nimmt uns in die Mangel, aber irgendwie macht es mir Spaß. Ich entwickle sogar einen richtigen Ehrgeiz. Dass mir die anderen alle älter und klüger vorkommen, stachelt mich förmlich an.

Überraschend werde ich am nächsten Tag, da ich wohl in die engere Wahl gekommen bin, zur mündlichen Prüfung vorgeladen. Drei Topmanager, wie dem amerikanischen Managerlehrbuch entsprungen, erwarten mich. Einer öffnet meine Akte, stutzt, schaut mich ernst an. Diesen Film kenne ich schon, denke ich. »Wir haben da einen Riesenfehler gemacht«, beginnt er mit bedauerndem Achselzucken. »Zwar haben Sie die schriftliche Prüfung prima bestanden, aber mit Ihren 21 Jahren sind Sie viel zu jung. Wir haben das leider übersehen. Was wir suchen, sind berufserfahrene Leute mit akademischer Ausbildung.«

»Was heißt hier zu jung«, begehre ich auf, »ich habe Berufserfahrung als Lehrling gesammelt und kann eine abgeschlossene akademische Ausbildung vorweisen. Ich verstehe Sie wirklich nicht.« Während ich spreche, wird mir die Rollenverteilung des Gremiums klar. Einer führt das Gespräch, der Zweite beobachtet es als Psychologe und der Dritte hat das Sagen. Er wird die Entscheidung fällen. Und ich spüre förmlich, dass diesem Mann daran gelegen ist, sich vor den anderen beiden in Szene zu setzen.

Als Erstes fragt er mich, ob ich etwas von Betriebswirtschaftslehre verstehe. Ich stelle mich sofort auf die Situation ein und antworte so, dass den anderen deutlich wird, wie blendend er seine Fragen zu stellen versteht. Ich versäume auch nicht, dies eigens hervorzuheben. Mit jeder Antwort spiele ich ihm den Ball für seine nächste Frage zu, bis er sich befriedigt zurücklehnt und mich, nach Blickkontakt mit den anderen, einen Moment aus dem Raum bittet. Ich sitze also vor der Türe, Schlieker ist sicher, Infratest lockt und die Spesen sind bereits verdient. Das Spiel gefällt mir.

Man ruft mich herein, um mir zu eröffnen, dass ich zwar, aus den bekannten Gründen, nicht an dem gewünschten Managementprogramm teilnehmen könne, stattdessen aber für eine Vertriebslaufbahn infrage käme. Ich würde zwei Jahre lang ausgebildet, um dann in der Kundenbetreuung zu arbeiten. Ich könnte sogar in Hamburg bleiben, man wolle sogleich die dortige Niederlassung informieren.

»Nö«, sage ich. »Ich habe mich für das Management-Traineeprogramm beworben. Deshalb bin ich hier.«

»Aber begreifen Sie doch«, entgegnet der Wichtige, »Sie sind zu jung für die Position.«

Als ich den Kopf schüttle, fragt einer von ihnen, vielleicht um die Spannung abzubauen, welche Hobbys ich eigentlich habe.

Ich sage: »Musik.«

»Und welche Musik?« Vermutlich erwartet er, dass ich etwas von den »Beatles« oder »Elvis« erzähle.

Stattdessen sage ich: »Händel.«

»Und wieso gerade Händel?«, staunt er.

»Ja, Händel war der Lieblingskomponist meiner Mutter, und ich habe wohl alle Concerti und Oratorien von ihm einige Dutzend Mal gehört, wenn Mutter an Sonntagen ihre Schallplatten auflegte.«

»Und was gefällt Ihnen so an Händel?«

»Ich finde, er swingt.« In diesem Augenblick spüre ich, dass sich das Blatt endgültig gewendet hat. Man ist verblüfft, hört mir zu. Und ich ergreife die Chance. »Hier bei Ihnen gefällt es mir«, sage ich und lächle die drei an. »Die ganze Atmosphäre, die Freundlichkeit an der Rezeption, die aufmerksamen Sekretärinnen. Ich möchte hier bleiben.«

Wieder schickt man mich zur geheimen Beratung hinaus, wieder werde ich gerufen. »Uns gefällt, wie Sie sich hier eingesetzt haben«, sagt der Wichtige und strahlt. »Sie kriegen die Stelle.«

Im selben Jahr, in dem die vier »Pilzköpfe« von Hamburg aus ihre Weltkarriere begannen, packte in der St. Benedictstraße ein einsamer Pilzkopf seine Siebensachen in den 2 CV und überquerte die Elbbrücken in Richtung Böblingen.

3

Mit der schwer bepackten Ente quälte ich mich über die Autobahn, frierend, da die Heizung nicht funktionierte, doch ohne jenes vorgezogene Heimweh, das mich sonst bei solchen Gelegenheiten zu befallen pflegte. Im Gegenteil, ich fühlte mich auf Abenteuerfahrt: Etwas kam da auf mich zu, dessen Dimensionen nicht abzusehen waren und das, wer wusste es, vielleicht eine Nummer zu groß für mich war. Gerade das aber übte den größten Reiz auf mich aus. Ich würde zeigen müssen, was in mir steckte – oder was nicht.

Ich kam nach Böblingen, nahm mir ein bescheidenes Zimmer in Untermiete, das ich mir, so gut es eben ging, mit dem Kleinmobiliar aus der St. Benedictstraße gemütlich machte; besonders eine holzgeschnitzte Stehlampe, die noch aus Vaters Besitz stammte, ließ gewisse wehmütige Gefühle in mir aufkommen. Der Ort selbst, ausgestattet mit dem diskreten Charme der Provinzialität, hatte für einen verwöhnten Großstädter nicht allzu viel zu bieten, und die kalte Jahreszeit tat ein Übriges, um die Vorfreude auf das Trainingsprogramm der IBM ins Unermessliche anwachsen zu lassen.

Der erste Tag versetzte mir bereits den ersten Schock: Ich lernte die vierzehn Kollegen kennen, die das Programm mit mir durchlaufen würden, und ausnahmslos alle waren älter, erfahrener, gebildeter als ich. Manche waren schon über dreißig, hatten eine mehrjährige Ausbildung in der Firma hinter sich, und ganz abgesehen von gewissen Minderwertigkeitsgefühlen, die mich beschlichen, konnte ich in deren

Blicken lesen, was sie über mich dachten: Wie kommt ein 22-Jähriger, der gerade einmal ein Schmalspurstudium absolviert hat, dazu, sich in unseren elitären Kreis einzuschmuggeln? Das war mein erster Eindruck, und er war niederschmetternd.

Bald jedoch zeigte sich, dass mein Pessimismus voreilig war. Man betrachtete mich, den Youngster, mit freundlicher Neugier, ja kam mir mit fast väterlicher Jovialität entgegen. Hatten einige auch Reserven gegen mich, ließen sie es mich doch nicht spüren. Ernst hat mich natürlich keiner von ihnen genommen, und gerade das bot den unschätzbaren Vorteil, dass ich nicht in den Konkurrenzkampf hineingezogen wurde, der bald zwischen diesen ehrgeizigen Männern entbrannte. Ich lief sozusagen außer Konkurrenz, und das erleichterte mir den Start ins IBM-Leben beträchtlich.

Unser Programm bestand aus einer interessanten Mischung von »Classroom Training« und »Learning by doing« – nicht zufällig benutze ich hier die englischen Ausdrücke, denn die waren nun einmal üblich in unserem internationalen Unternehmen. Wir zogen uns also zunächst für eine Woche in ein Konferenzzimmer zurück, wo uns die verschiedenen Bereichsleiter die Funktionsweise ihrer Abteilungen in so genannten Präsentationen erklärten; die folgende Woche wurden wir diesen Bereichen zugewiesen und nacheinander von der Produktionsplanung über die Betriebswirtschaft zur Personalabteilung und von dort in die Produktion weitergereicht. Zwischendurch kehrten wir immer wieder ins Klassenzimmer zurück. Der ständige Wechsel von Theorie und Praxis ließ keine Langeweile aufkommen, und bald erfuhren wir, dass sich unser Programm nicht auf die ländliche Idylle Böblingens und Sindelfingens beschränkte.

Berlin war meine erste auswärtige Station, eine Stadt ganz nach meinem Geschmack, in der ich die Jazzkeller und Kneipen noch von früher kannte und jene Bewegungsfreiheit wieder fand, die ich im Süden so schmerzlich vermisst hatte. Hier lernte ich endlich meinen ersten Computer kennen. Das war eine IBM 650, mit Röhren bestückt wie ein Radio, deren »Gehirn« aus einer Trommel bestand, die zweitausend Worte gespeichert hatte. Dieses Gehirn begann zu »denken«, sobald die Trommel sich drehte, und zwar mit einer Geschwindigkeit von zweitausend Umdrehungen in der Minute, was meine größte Bewunderung weckte. Der Computer, den man beliebig programmieren konnte, indem man die Worte veränderte oder neue Verbindungen herstellte, hatte übrigens die bescheidenen Ausmaße eines durchschnittlichen deutschen Gästezimmers. Staunend stand ich vor dieser geballten Masse künstlicher Intelligenz und brannte darauf, sie zu beherrschen.

Der erste Schritt, den ich auf diesem ebenso rätselhaften wie faszinierenden Gebiet unternahm, war die Schaltung von Tabelliermaschinen. Mehrere Wochen lang gingen wir in die harte Schule der Informationstechnik und hatten schließlich eine Abschlussprüfung zu bestehen, die darin bestand, dass ein vorgegebener Bestand an Lochkarten durch Verdrahtung neu organisiert werden musste. Ich lernte damals alles über diese Tabelliermaschinen, die Rechnungen schreiben oder verschiedene Datenbestände auf Lochkarten zusammenmischen konnten, etwa die Kundendatei eines Elektrizitätswerks, wo der jeweils abgelesene Stromverbrauch einzugeben war. In einem Extrarechner wurde die Differenz zwischen altem und neuem Zählerstand festgestellt und am Ende als Rechnung ausgedruckt.

Ehrlich gesagt, es fiel mir nicht leicht. In meiner Gruppe war ich zum Glück nicht der Einzige, es gab Überflieger und Versager, und zu meiner großen Beruhigung stellte ich fest, dass keine erkennbare Korrelation bestand zwischen einer normalen geistigen Kapazität, wie ich sie für mich in Anspruch nahm, und der Fähigkeit, einen Computer zu programmieren. Dazu bedurfte es offensichtlich einer Sonderbegabung, die sich, unabhängig von Ausbildung oder erlernter Qualifikation, quer durch alle Bevölkerungsschichten bemerkbar machte. Die IBM trug dem mit einem so genannten »Aptitude Test«, einer höchst komplizierten Eignungsprüfung, Rechnung, die alle Bewerber zu durchlaufen hatten, damit sich schon im Vorfeld die Naturbegabungen von den gewöhnlichen Sterblichen unterschieden.

Durch besonderen Fleiß machte ich mit der Zeit mein genetisches Manko wett und brachte es sogar zu einer gewissen Fertigkeit im Umgang mit den Denkmaschinen, wobei es immer darauf ankam, mit den gegebenen knappen Speicherplätzen ein Maximum an Leistung zu erzielen. Die heute gängigen Programmiersprachen, die einem die Arbeit erheblich erleichtern, gab es damals noch nicht. Alles musste »von Hand« gemacht werden.

1962 wurde ich, zur Zeit des Oktoberfests, nach München delegiert, um mich an der legendären »IBM 1401« zu versuchen. Sie war der damals verbreitetste und auch ökonomisch erfolgreichste Computer, ein richtiges Arbeitspferd, das außerdem gegenüber der riesenhaften »IBM 650« den Vorteil hatte, von seinen Ausmaßen her in ein durchschnittliches deutsches Kinderzimmer zu passen. Der neue Computer hatte als Standardausrüstung viertausend Kernspeicherzellen aufzuweisen, die auf sechzehntausend erweitert werden konnten, womit, was mir persönlich wie ein wahres Weltwunder erschien, eine ungeheure Zahl an Prozessen abgewickelt werden konnte. Damals ahnte man noch nicht, dass sich einmal auf jeder Festplatte eines modernen PCs Millionen solcher Speicherplätze befinden würden und ein einziger Pentium-III-Prozessor, klein genug für den kleinsten Laptop, die Kapazität sämtlicher damals in Bayern installierter Computer übertreffen würde.

Die »IBM 1401« bestand aus einer Zentraleinheit mit wunderbar leuchtenden Lämpchen und arbeitete mit Magnetbändern, wie man sie von der Musikaufzeichnung her kennt. Außerdem hatte sie die ersten Platteneinheiten, so genannte »Direct Access Storage Devices«, die den Vorteil boten, direkten Zugriff auf die Daten zu bieten, ohne die Bänder hin- und herspulen zu müssen. Technisch glichen diese Platten einer modernen CD, nur mit wesentlich geringerer Speicherkapazität. Neben dieser Zentraleinheit gab es eine Leseeinheit für die Lochkarten.

Doch mehr als alles andere faszinierte mich der Drucker. Im Gegensatz zur Mikroelektronik, deren Fortschritte man nie sieht, da sie gegebene Daten nur immer kleiner zusammenpackt, lassen sich die Fortschritte der Mikromechanik sehen und hören. Allerdings ist mir fast Hören und Sehen vergangen, als ich zum ersten Mal vor einem solchen Drucker stand: Groß wie ein Aktenschrank, gab er einen infernalischen Lärm von sich und spuckte dabei bandwurmlange Papierbahnen aus, auf denen so genannte Druckerketten, die blitzschnell um das Papier wirbelten, sechshundert Zeilen, bald sogar zwölfhundert pro Minute hinterließen. Mehr noch als die ständig anwachsende Speicherkapazität verblüffte mich, dass es möglich war, die unendlichen Zahlenketten, die im Computer aufbereitet wurden, in dieser ungeheuren Geschwindigkeit fehlerfrei auszudrucken. Vermutlich lag es an der maßlosen Bewunderung, die ich für diese technischen Revolutionen empfand, dass ich dieser meist sehr anstrengenden und akribischen Arbeit nie müde wurde. Hier, so spürte ich jeden Tag mehr, entschied sich unsere Zukunft.

*

Dass IBM nicht hauptsächlich mit »machinas a escribir« befasst war, bekam ich natürlich sehr schnell mit. IBM, das war eine Lebensart, ja geradezu der zum Unternehmen gewordene Menschheitsfortschritt. Alles, was diese Firma anpackte, so lernte ich, brachte der ganzen Welt Gewinn, jede neue Entwicklung konnte in jedem Land der Erde Früchte tragen. IBM war international in jeder Hinsicht. Die Internationale Büro-Maschinen GmbH war 1910 von dem deutsch-amerikanischen Ingenieur Hermann Hollerith in Berlin gegründet worden, und zwar als »Deutsche Hollerith Maschinen GmbH«. Hollerith war der Erfinder der Lochkarte und damit der Datenverarbeitung. Schon 1890 hatte er das System der Lochkarten bei der großen Volkszählung in Amerika erfolgreich angewandt, und nun, in der Heimat seiner Vorfahren, eine Fabrik zur Datenverarbeitung gegründet.

Erst 1914 kaufte der amerikanische Vorläufer der IBM – die »International Business Machines Corporation« – dieses Unternehmen, wodurch paradoxerweise die Tochter älter als die Mutter war; ein Umstand, den ich als Chef der IBM Deutschland den Amerikanern immer wieder in Erinnerung brachte. 1953, als in Ostberlin der Arbeiteraufstand von sowjetischen Panzern niedergewalzt wurde, war die Hauptverwaltung nach Stuttgart verlegt worden, und die Kombination aus amerikanischer Methodik und schwäbischer Gründlichkeit und Schläue sollte erheblich zum Erfolg der IBM im Nachkriegsdeutschland beitragen. Man war damals aus Berlin mit dem Versprechen weggezogen, im Fall der Wiedervereinigung in die Hauptstadt zurückzukehren. Ich hörte von diesem Versprechen und habe es 1991, noch vor dem Hauptstadtbeschluss des Bundestages, eingelöst.

Auch in der Unternehmenskultur war IBM damals vorbildlich. Wie Dahrendorf schon auf der Akademie hervorgehoben hatte, waren die für die Wirtschaft typischen Kastenunterschiede hier fast aufgehoben. Mich begeisterte zum Beispiel, dass die Topmanager, vor denen man sonst ehrfürchtig in den Staub sank, gegenüber allen Mitarbeitern ganz unkompliziert, ja kameradschaftlich auftraten. Bei uns gab es nur eine Kantine, und es war selbstverständlich, dass der Generaldirektor mit seinem Tablett in derselben Warteschlange stand wie der 22-jährige Trainee Hans-Olaf Henkel.

Unter den diversen personalpolitischen Maßnahmen der IBM gab es auch ein »Open Door Program«, das jedem Mitarbeiter, unter Umgehung des Dienstweges, das Recht einräumte, jeden beliebigen Vorgesetzten, und zwar bis zur Unternehmensführung hin, aufsuchen zu können, um sich, wenn nötig, bei ihm über seinen direkten Vorgesetzten zu beschweren. Da dies dem Untergebenen keine Nachteile bringen durfte, wurde von diesem Programm fleißig Gebrauch gemacht. Allein das Wissen um dieses Instrument hat die Vorgesetzten zu vernünftigem Verhalten angeregt. Mobbing, wie es heute manchmal passiert, war durch diese Transparenz praktisch ausgeschlossen und wurde, wenn es trotzdem passierte, sanktioniert.

Alle zwei Jahre wurde den Mitarbeitern ein Fragenkatalog vorgelegt: Was sie von den Produkten des Hauses hielten, was von den Vorgesetzten und den Vorgesetzten der Vorgesetzten. Alles wurde thematisiert und hinterfragt, und jeder durfte die Ergebnisse dieser Umfrage einsehen. Ein weiteres Programm hieß »Offen Gesagt« und bot die Möglichkeit, Ideen, Vorschläge oder Beschwerden einzubringen. Bevor der »Offen-Gesagt«-Koordinator diese Eingaben an die Verantwortlichen weiterreichte, tilgte er den Namen des Schreibers und sorgte dafür, dass er innerhalb von zehn Tagen Antwort erhielt – eine unerschöpfliche Quelle von Ideen und außerdem ein wichtiges Ventil, um angestauten Druck abzulassen.

Ideen waren bei der IBM immer willkommen. Jeder Mitarbeiter hatte die Möglichkeit, zur Verbesserung von Abläufen und Produkten beizutragen und sich damit erhebliche Prämien zu verdienen. Von den Einsparungen, die sich durch einen Vorschlag ergaben, erhielt der Ideengeber fünfzehn Prozent, was oft sechsstellige Beträge ausmachte. Überhaupt gab es ein verfeinertes System, die jeweilige Leistung der Mitarbeiter feststellen und angemessen honorieren zu können. Dabei standen weder Ausbildung oder Dienstposition noch Länge der Unternehmenszugehörigkeit im Vordergrund. Was zählte, war die Leistung. Diese wurde einmal im Jahr beurteilt, und zwar gemäß Kriterien, wie sie zwischen Vorgesetztem und Mitarbeiter in einem gemeinsamen »Beratungs- und Förderungsgespräch« erarbeitet worden waren. Die Beurteilung erfolgte wie in der Schule mit Noten von eins bis fünf, und nach diesem »Ranking« war jedem klar, wo er stand und was er von der IBM erwarten konnte: Wer sich eine Eins erarbeitet hatte, erhielt eine saftige Gehaltserhöhung, während die Fünf bedeutete, dass nichts über das Tarifgehalt hinaus bezahlt wurde.

Durch diese transparente Einstufung wussten alle Mitarbeiter, dass Leistung sich lohnt und Nichtstun eben auch bestraft wird. Noch heute halte ich dieses System für das Idealmodell eines funktionierenden Bezahlungssystems, was allerdings, wie damals, relativ niedrige Mindesttarife voraussetzt. Leider ist dieses, wie ich finde, faire und anspornende System durch die derzeitigen Flächentarifverträge kaum noch anwendbar, die nur noch Höchstabschlüsse darstellen und das gesamte Gehaltsvolumen nach dem Gießkannenprinzip auf alle verteilen.

Alle diese Programme dienten einem wesentlichen Ziel: Die Verantwortung für die Moral und die Zufriedenheit der Mitarbeiter war in die Hände der Führungskräfte gelegt. Deshalb wurden nur Manager ausgewählt, die mit Menschen umgehen konnten. Die Einwirkungsmöglichkeiten von Gewerkschaften wurden dadurch gegen null reduziert, und einen Betriebsrat gab es nur, weil er gesetzlich vorgeschrieben war. Eine Notwendigkeit für ihn bestand nicht, da IBM schon sehr früh entdeckt hatte, dass das Hauptkapital eines Unternehmens in seinen Mitarbeitern besteht. Deren Motivation sollte deshalb auch nicht Aufgabe der Gewerkschaften oder Betriebsräte sein, sondern ureigenstes Anliegen eines guten Managements. Dass diese Aufgabe, gerade durch die ausufernde Mitbestimmung, von ihm abgetrennt wurde, ist auch ein Grund für einige der Probleme, mit denen sich heute Unternehmen in Deutschland konfrontiert sehen.

Nicht zufällig war IBM damals Synonym für alles Moderne, für den »American Way of Management«, für den Aufbruch in die Zukunft. Und ich kann sagen, ich war mit Feuereifer dabei. Drei Aspekte faszinierten mich: die Personalpolitik, durch die eine kreative Atmosphäre geschaffen wurde; die Produkte, bei denen als oberste Kriterien galten »High End, Leading Edge, High Growth«; und schließlich der für mich vielleicht entscheidende Aspekt, das internationale Engagement. Ich war Teil eines Weltunternehmens, das die geographischen und politischen Schranken schon längst überwunden hatte. IBM umspannte die Welt mehr als irgendeine andere Organisation. Und wo es seine Rechner installierte, brachte es den Fortschritt mit.

Außerhalb des Firmengeländes, in der Umgebung von Stuttgart also, herrschte allerdings provinzielle Eintönigkeit. Bei allem landschaftlichen Liebreiz konnte man sich dort zu Tode langweilen. In den Städten war nichts los, keine interessanten Kneipen, keine Beatschuppen wie auf der Reeperbahn, wo ich meine siebenhundert Mark Gehalt hätte verjubeln können. Ich sehnte mich nach den frivolen Reizen Hamburgs. Wenn ich mir abends mein karges Mahl zubereitete, denn an Essengehen war nicht zu denken, stellte ich mir Mamas extravagante Menüs oder Omas Hühnersuppe vor. Zusammen mit einer anderen einsamen Seele, ebenfalls aus Hamburg stammend, schlich ich durch Stuttgart und Sindelfingen, immer auf der Suche nach Mädchen oder sonstigem Spaß, wir gingen sogar auf lärmende Faschingsbälle, und blieben doch immer zwei heimatlose Hamburger, verloren in einer Welt, in der man seltsamen Dialekt sprach. Zusätzlich wurmte mich, dass Hans-

Joachim, der als Diplomkaufmann gleichzeitig mit mir in die Firma eingetreten war, fünfhundert Mark mehr verdiente. Hatte ich mich etwa unter Wert verkauft? Andrerseits war Geld mir egal, hier konnte ich ohnehin nichts damit anfangen.

Das änderte sich, als wir beide, in einem Anfall von Fernweh, an den Bodensee fuhren. Ich sah die Segelboote auf dem Wasser und wurde gleich von einem Heimatgefühl überwältigt: Längst hatte ich ja auf der Außenalster bei »Bobby Reich« Segeln gelernt und konnte mit O-Jollen oder Piraten umgehen, fühlte mich auf dem Wasser wie zu Hause. So gingen wir schnurstracks zu einer Werft am See und kauften uns ein Holzboot vom Typ Pirat, das, auf einer volkseigenen DDR-Werft gefertigt, 2960 Mark kostete und für eine Anzahlung von sechzig Mark zu haben war. Da meine Ersparnisse für die Ratenzahlung nicht genügten, bediente ich mich einer der sozialen Errungenschaften der IBM, des so genannten »Möbeldarlehens«, und lieferte zwei Jahre lang meine Raten ab. Nachdem wir uns damit sozusagen ein Standbein am Bodensee erworben hatten, beschlossen wir, jedes Wochenende vor dem Panorama der Berggipfel zu verbringen und uns die frischen Alpenlüfte um die Segel wehen zu lassen.

Das Segelfieber hatte mich wieder voll gepackt. Auf einer meiner »Abordnungen« nach Berlin stach mir am Wannsee ein prächtiges Segelboot ins Auge, ein 45er Nationaler Kreuzer, ein Holzschiff mit einer Länge von zehneinhalb Metern, das mit seiner großen Segelfläche von 45 Quadratmetern besonders gut für die leichten Winde Berlins geeignet war. Aber das, so dachte ich, galt auch für den Bodensee. Das Schiff, über dessen Planken ich mit vorweggenommenem Besitzerstolz spazierte, war nach dem Krieg von den Engländern beschlagnahmt worden, da sie auf jedes Boot, das über zehn Meter maß, Anspruch erhoben. Viele Eigner hatten damals schweren Herzens einen halben Meter von ihrem Nationalen Kreuzer abgesägt, um der Konfiszierung zu entgehen. Zum Glück war diesem Schiff das traurige Schicksal erspart geblieben, und ich konnte es unversehrt in Empfang nehmen. Was mir in der Firma noch nicht gelungen war, hatte ich nun auf dem Wasser erreicht: Ich war vom kleinen Piraten zur schnellen Segeljacht aufgestiegen.

Fast an jedem Wochenende kreuzten wir nun über das »Schwäbische Meer« und warfen dabei alle Steifheit über Bord, die einem als Angestelltem zur zweiten Natur wird. Natürlich befleißigten wir uns bei IBM eines bestimmten Benehmens, und auch wenn es keinen offiziellen »Dress-Code« gab, wäre man ohne weißes Hemd und Krawatte doch aufgefallen. Im Außendienst wurde früher sogar erwartet, dass man zum Kunden nur mit Hut ging – in meiner Zeit war das allerdings schon nicht mehr üblich. Ich kann diese spezielle Spielart der Uniformierung, wie sie auch auf englischen Schulen üblich ist, akzeptieren, da sie verhindert, dass Wohlhabendere sich von den anderen durch bessere Kleidung unterscheiden. Der Disziplin bei IBM habe ich mich gerne unterworfen, zumal wir spätestens am Wochenende den angestauten Druck loswerden konnten. Auf unserem Kreuzer waren wir die Herren, veranstalteten Wettfahrten oder, bei Flaute, Schachturniere, wenn auch meist ohne Damen, da sich das Anbandeln im Schwabenlande schwierig gestaltete. Mit unserer lockeren Art, fürchte ich, haben wir die Bodensee-Schönheiten mehr verschreckt als angezogen.

*

Mit den Wochenendausflügen war mein Fernweh allerdings noch nicht gestillt. Ich wollte weg, so bald und so weit wie möglich. Aber, wohlgemerkt, nicht weg von IBM. Denn dieses Unternehmen, das spürte ich, bot mir eine Zukunft: Das »International« im Firmennamen kam mir wie ein Versprechen vor. Durch Zufall hörte ich, dass die IBM auf der Weltausstellung in New York 1964 einen eigenen Pavillon, ein Riesenbauwerk mit modernster Technologie, errichten wollte und für die Betreuung der ausländischen Gäste junge IBMer aus allen Ländern suchte. Ein amerikanischer Manager kam eigens nach Deutschland, um sich unter den Interessenten drei auszusuchen. Ich war Feuer und Flamme und konnte meinen Vorgesetzten, obwohl mein Traineeprogramm 1963 noch nicht abgeschlossen war, davon überzeugen, dass ich unbedingt an den Interviews teilnehmen musste.

Der Amerikaner kam nach Böblingen, sprach kein Wort

Deutsch, und ich konnte kaum Englisch. Zwar hatte ich mir einen gewissen Wortschatz durch den Jazz und die IBM-Lehre angeeignet, doch war ich von flüssigem Sprechen weit entfernt. Keine guten Voraussetzungen für ein Einstellungsgespräch. Ich ahnte, dass die anderen Interviewkandidaten hervorragendes Englisch sprachen, und so führte ich die Unterhaltung mit dem Mut der Verzweiflung. In meiner holprigen Aussprache erklärte ich, wie gewaltig mein Interesse am Auslandsgeschäft sei und dass ich bereits einschlägige Erfahrungen bei der berühmten Firma Kühne & Nagel in Hamburg gesammelt hätte.

Mister Ed hörte aufmerksam zu und gab mir dann, auf typisch amerikanische Weise, die ebenso freundliche wie unverbindliche Auskunft, er sei angetan, könne sich aber noch nicht festlegen. Tatsächlich war ich erst sein zweiter Gesprächspartner, während draußen noch zwei Dutzend Kandidaten warteten. Da ich wild entschlossen war, nach Amerika zu reisen, griff ich zu einer List.

Ganz harmlos fragte ich: »Mister Ed, einmal ehrlich, welchen Eindruck haben Sie von mir?«

Er zögerte natürlich, da es gegen seine Überzeugung war, sich derlei entlocken zu lassen, wollte mich aber andererseits, auch dies typisch amerikanisch, nicht vor den Kopf stoßen: »Großartig, Hans-Olaf«, antwortete er erwartungsgemäß. »Sie haben mir hervorragend gefallen.«

Mir war klar, dass er dies nur aus Höflichkeit sagte, und so zog ich die Schraube weiter an. »Wenn dem so ist«, begann ich erneut und lächelte ihn freundlich an, »dann steht doch einer Zusage nichts im Weg, oder?«

Und er, unversehens in die Enge getrieben, nickte. »Da haben Sie eigentlich Recht, Hans-Olaf«, sagte er und drückte mir die Hand. »Ich nehme Sie, congratulations.« Für die anderen Kandidaten stand nun ein Platz weniger zur Verfügung.

So betrat ich im Februar 1964 zum ersten Mal das Land meiner Sehnsucht, das Land des Jazz und der Kennedys, das auch das Land meiner Firma war. Und dementsprechend wurden wir drei deutschen Emissäre vom ersten Tag an auch behandelt: Mit großem Bahnhof und Chrom blitzendem Straßenkreuzer wurden wir durch Vertreter der IBM am Flughafen abgeholt und in ein kleines, luxuriöses Hotel in Manhattans vierzigster Straße gebracht, wo schon Kollegen aus anderen Ländern darauf warteten, zu »Hosts« der Weltausstellung ausgebildet zu werden. Man lud uns anschließend ins Hauptgebäude der IBM »World Trade«, direkt gegenüber der UN gelegen, ein, führte uns großartig zum Essen aus, und ich erinnere mich, wie wir, schlaflos wegen des Zeitunterschieds, morgens um fünf durch die noch leeren Straßenschluchten wanderten und uns vor den Wolkenkratzern die Hälse verdrehten. Wir lachten, wir staunten. Kein Zweifel, wir waren angekommen in der Neuen Welt.

Der Pavillon auf dem Messegelände erschien mir wie das überdimensionale Aushängeschild unserer Weltfirma, eine Kathedrale der Hochtechnologie. Man kam nicht an ihm vorbei, ohne sich von den dreidimensionalen Präsentationen und Shows anlocken zu lassen, die auf verschiedenen Stockwerken und Dutzenden Filmleinwänden abliefen. Oft bildeten sich vor unseren Eingängen nicht enden wollende Warteschlangen, sodass wir am Weg Schilder aufstellen mussten, an denen die verbleibende Zeit abzulesen war: »Noch zwei Stunden, noch eine Stunde bis zur IBM-Show.« Doch das hielt die Menschen nicht ab, im Gegenteil. Ich beobachtete damals so etwas wie einen Massenreflex, der den Amerikanern eigen zu sein scheint: »Wo alle stehen, muss auch ich mich anstellen.« Denn am nächsten Tag konnte sich dieselbe monströse Schlange vor einem anderen Pavillon bilden, etwa vor »Howard Johnson« oder »Texaco«, und wir standen fast allein vor unseren Wundermaschinen. »Wo nichts los ist«, so will es die Kehrseite jenes Herdentriebs, »da kann auch nichts Gutes sein.«

Die Wundermaschine, der ich als »Host«, als Gastgeber also, zugeordnet war, hieß »IBM 7090« und war damals der schnellste und leistungsfähigste Computer der Welt. Das Demonstrationsobjekt im Pavillon konnte, als erster Sprachcomputer überhaupt, Russisch ins Englische übersetzen, und dazu stand ihm ein Wortschatz von 200 000 Wörtern zur Verfügung. Diese Weltsensation war von uns im Auftrag der amerikanischen Luftwaffe entwickelt worden, um den technologischen Vorsprung Moskaus irgendwie ausgleichen zu helfen. Man stand unter dem Sputnik-Schock, fühlte sich von den Sowjets in Sachen Raumfahrt und Raketentechnik überflügelt, und um ihnen Paroli bieten zu können, musste man zuallererst deren wissenschaftliche Errungenschaften verstehen, und zwar auf schnellstem Weg. Das war der Sinn dieser IBM 7090.

Und ich durfte dieses Wunderwerk unseren Besuchern präsentieren. Die Bedienung war kinderleicht: Über eine Tastatur mit kyrillischen Buchstaben gab man die Sätze ein, worauf blitzschnell die englische Übersetzung, für alle sichtbar, über ein großes Lichtbahn lief, wie man sie etwa vom Times Square her kennt – Computerbildschirme gab es damals noch nicht. So konnten die Besucher miterleben, wie nahe die Amerikaner bereits an die Russen herangekommen waren. Der Computer selbst stand allerdings nicht im Pavillon, sondern im neunzig Meilen entfernten Kingston und war mit der Tastatur durch eine Standleitung verbunden. Bedient wurden die kyrillischen Tasten von meiner Kollegin Sheila, die zwar kein Wort Russisch sprach, die Schrift aber flüssig eingeben konnte.

Der Bürgermeister von Moskau, umgeben von einer Delegation finster blickender Herren, schaute sich diese Wundermaschine lange an und schüttelte dann, im Bewusstsein der technologischen Überlegenheit seines Landes, den Kopf. Er hielt das Ganze vermutlich für einen Propagandatrick. Von uns ermuntert, die Probe aufs Exempel zu machen, notierte er etwas auf einen Zettel und reichte es Sheila, die seine kyrillische Botschaft eingab. Sekunden später brach die russische Delegation in fröhliches Lachen aus, denn über unsere Köpfe hinweg lief in Leuchtbuchstaben folgender Satz: »Communists all over the world, would you please unite – Kommunisten aller Länder, würdet ihr euch bitte vereinigen.« Offenbar beherrschte unser IBM 7090 nicht nur die fremde Sprache, sondern auch die höflichen Umgangsformen der Diplomatie.

Nebenbei bemerkt: Die Entwicklung eines solchen Computers konnte nur vom Staat finanziert werden – als Produkt auf dem Markt wäre er viel zu teuer gewesen. Das heißt aber auch, dass es ohne einen offiziellen Auftrag diesen Sprachcomputer, durch den wiederum die gesamte technologische Entwicklung einen Schritt weitergebracht wurde, vielleicht nie gegeben hätte. Heute kommen viele Projekte nur deshalb nicht zur Ausführung, weil sie sich »nicht rechnen«. Was nicht auf dem Markt besteht, wird auch nicht angefasst. Die Gefahr dieser Einstellung liegt auf der Hand. Ließe man ausschließlich die Industrie über alles entscheiden, würde es zu vielen Durchbrüchen in Forschung und Technik gar nicht kommen. Gerade deshalb ist eine staatliche Forschungsförderung unverzichtbar. Eine technologische Vorausplanung für lange Zeiträume, wie man sie von einem für wenige Jahre gewählten Vorstandsvorsitzenden kaum erwarten kann, müsste für Politiker eigentlich eine Selbstverständlichkeit sein.

Zurück zu unserem Pavillon: Insgesamt waren wir hundertzwanzig IBMer, die sich als »Hosts« und »Hostesses« um die Besucher kümmerten – die eine Hälfte der jungen Leute stammte, wie ich, von ausländischen Firmenzentren, die andere Hälfte waren Amerikaner. Unter ihnen gab es auffällig viele Schwarze, was in Amerika damals noch, auch verglichen mit anderen Pavillons, sehr ungewöhnlich war. Während überall um die Anwendung der im Gesetz verankerten Bürgerrechte gekämpft wurde, waren sie von der IBM längst eingeführt worden: Hier gab es eine völlige Gleichstellung aller Menschen. Das war die Unternehmensphilosophie, und ich war stolz darauf.

Bei aller sonstigen Großzügigkeit der Amerikaner blieb mir diese Schattenseite ihrer Gesellschaft nicht lange verborgen. Das Rassenproblem, das Kennedy einst zur Chefsache erklärt hatte, kochte immer wieder hoch, und trotz des Goodwills der meisten Politiker und eines großen Teiles der weißen Bevölkerung hielten doch viele von ihnen an der alten Rassentrennung fest und machten ihren Mitbürgern nach Kräften das Leben schwer. Ich war damals mit einer sehr hübschen Schwarzen, Barbara Warren, befreundet, die als Hostess im Pavillon beschäftigt war – damals sagte man übrigens nicht »Schwarze«, sondern »Negro« und »Negress«, Wörter die heute als »politically incorrect« verpönt sind. Unter vier Augen erzählte sie mir, dem unbefangenen Ausländer, wie sie, außerhalb der IBM, überall diskriminiert und als Mensch zweiter Klasse behandelt wurde, ja nicht einmal in eine Wohngegend ihrer Wahl ziehen konnte, wenn Weiße dies nicht zuließen.

Barbara erzählte mir auch die Geschichte von Nat King Cole, einem meiner Jazz-Idole, dessen Platten ich seit meiner Kindheit gelauscht hatte. Der große Sänger, berühmt und wohlhabend, wollte damals in Kalifornien ein Haus kaufen, doch die weißen Nachbarn setzten den Makler so unter Druck, dass er das Angebot zurückzog. Erst nachdem der »King« einen Anwalt zu Hilfe gerufen hatte, konnte er sein verfassungsmäßiges Recht durchsetzen. »Nat King Cole kann das«, schloss Barbara die traurige Story, »aber unsereins kann das nicht.« Auch Barbara, die in der Firma gleichberechtigt war, verwandelte sich nach Dienstschluss wieder in eine Schwarze, die nach Hause ins Ghetto ging. Auf die Idee, sie dorthin zu begleiten, wie ich dies gelegentlich getan habe, wäre ein amerikanischer Weißer kaum gekommen.

Als ich einmal mit dem großen Jazz-Impresario Norman Granz, der übrigens auch »Jazz at the Philharmonic« organisiert hatte, über den Rassenkonflikt sprach, erzählte er mir von seinen Problemen, weiße und schwarze Musiker zusammen unterzubringen. Auf der Bühne durften sie gemeinsam spielen, aber nicht im gleichen Hotel übernachten. Das war tabu. Hatte er etwa, ganz neutral, für Mr. Philipps und Mrs. Fitzgerald zwei Zimmer gebucht, so hieß es, sobald die große Ella in der Lobby auftauchte, ihr Zimmer sei leider schon vergeben oder einfach »we are booked out«. Dann half nur noch der Rechtsanwalt. So etwas sei ihm übrigens Anfang der Fünfziger beinahe auch in Hamburg passiert, als Ella Fitzgerald in der Ernst-Merck-Halle auftrat, damals, als auch ich im Publikum begeistert zuhörte und nichts ahnte von den Problemen, die man ihr hinter der Kulisse bereitete.

Nach Dienstschluss bin ich oft durch Manhattan gestreift, immer auf der Suche nach Jazzclubs und berühmten Musikern, pilgerte sogar einmal, gegen den Rat meiner amerikanischen Freunde, zum legendären »Apollo-Theater« in Harlem, wo ich, als einziger Weißer im hundertköpfigen Publikum, ein phantastisches Jazzkonzert hörte. Am Times Square, im Herzen der Stadt, entdeckte ich das kleine »Metropol Café«, aus dem zu meiner Überraschung vertraute Klänge tönten. Ich trat ein, und in dem dunklen, nur handtuchbreiten Raum spielten, aufgereiht hinter der Theke, Lionel Hampton und sein Orchester. Es tat mir in der Seele weh, diesen bedeutenden Musiker, der auch in Hamburg Triumphe gefeiert hatte, in der kleinen Bar wieder zu sehen. Aber seine große Zeit lag damals eine Dekade zurück, und deshalb mussten er und andere Größen so lange durch Kneipen tingeln, bis sie, ein Jahrzehnt später, wieder in Mode kamen.

1964 aber war nur noch eine Band »in«. Ihre Songs drangen aus allen Lautsprechern, ihr Name stand in den Schlagzeilen der Tageszeitungen, und die Fernsehnachrichten überschlugen sich mit Sensationsmeldungen. Die »Pilzköpfe« waren auch in Amerika im Anmarsch. Wie klein die Welt doch ist, dachte ich. Und wie schnell es mit dem Erfolg gehen kann. Nun schien ein ganzer Kontinent in Hysterie zu verfallen wegen der vier Knaben aus Liverpool. Überall herrschte »Beatlemania«, überall wuchsen der Jugend die Haare in die Stirn, und als die vier das Millionenpublikum der Ed-Sullivan-Fernsehshow entzückt hatten, war auch New York nicht mehr zu halten. Während der beiden Konzerte, die sie im Forest Hills Tennis Stadium, nicht weit von unserem Ausstellungsgelände, gaben, war die Weltausstellung so gut wie abgemeldet. Immerhin konnte ich bei den Mädchen erheblichen Eindruck machen, indem ich ihnen von meinen persönlichen »Beatles-Erfahrungen« berichtete. Etwas von der Aura der vier Götter schien auf mich überzugehen, und man hing mit leuchtenden Augen an meinen Lippen. »Oh yeah«, hieß es immer, »tell us about them.« Wenn ich dann erzählte, wie mein Schwager ihnen ein Bier ausgegeben hat, damit sie für uns »Ain't she sweet« spielen, und dass das noch keine drei Jahre zurücklag, wurde ich selbst fast wie ein Star behandelt.

Das Honorar für meine Arbeit im Pavillon war sehr großzügig. Auch die Überstunden wurden angerechnet, dazu bezahlte man für jeden Sonnabend »double time« und für Sonntage »triple time«. Das Geld kam mir förmlich aus den Ohren heraus. Aber in Amerika hat man schließlich auch reichlich Verwendung dafür. Wir mieteten uns ein Auto für 99 Dollar im Monat mit unbegrenzter Kilometerzahl, suchten uns in der Nähe der Messe eine schöne Wohnung, wo wir uns mit allen

Segnungen der Moderne, wie Kühlschrank samt Eiswürfelspender, Eistruhe, elektrischer Zitruspresse und Riesentoaster umgaben, und mieteten für die Wochenenden, zusammen mit anderen »Hosts«, ein Strandhaus auf Fire Island. Dort war, bei Tag und Nacht, Party angesagt, wir schwammen, spielten Volleyball, und wenn der Abend kam, grillten wir und tanzten die Hitparade rauf und runter, wobei, neben Bob Dylan und den Beach Boys, natürlich wieder die vier Unvermeidlichen die musikalische Untermalung lieferten.

Die Prüderie war damals in Amerika noch ziemlich ausgeprägt, und so musste ich die leidvolle Erfahrung machen, dass man nicht mal so eben ein Mädchen zum Essen ausführen konnte, um hinterher ein wenig zu knutschen und den bestirnten Nachthimmel zu betrachten. Zumindest mit Sheila, der flüssigen Kyrillisch-Schreiberin, erging es mir so. Sie entsprach in fast allem meinem Idealtyp – schwarzhaarig, blauäugig und von blassem Teint –, stammte aber aus einer irisch-katholischen Familie, die Wert darauf legte, dass Sheilas Unberührtheit ständig von einem älteren und einem jüngeren Bruder überwacht wurde. Beide erwiesen sich als äußerst hartnäckig. Offenbar hatten sie sich geschworen, Sheila nie aus den Augen zu lassen, und stellten dadurch für meinen Einfallsreichtum eine erhebliche Herausforderung dar.

Was mich an Amerika am meisten faszinierte, war die fast unbegrenzte Freiheit: Man konnte hier alles machen, solange es im Rahmen des Schicklichen blieb; man konnte um zwei Uhr morgens eine Jeans kaufen oder um sieben Uhr früh ins Kino gehen, mittags zu Abend essen und zu jeder Tageszeit in einem Diner ein Frühstücksomelett bestellen. Und alles war so herrlich unkompliziert: Ein Auto mieten? Was in Deutschland erheblichen bürokratischen Aufwand verursachte, war hier eine Sache von wenigen Minuten. In eine andere Stadt ziehen? Kein Problem, man musste sich nicht einmal ummelden. Als wir von Manhattan nach Woodside zogen, fragten wir, als brave deutsche Staatsbürger, wo wir das Einwohnermeldeamt fänden. Man lachte uns aus.

An dieser Freiheit, die mir Flügel zu verleihen schien, hatten allerdings nicht alle gleichen Anteil. Die Ungleichheit zwischen den Menschen war hier besonders auffällig, die Trennung zwischen Arm und Reich, und eben auch die Kluft zwischen Weiß und Schwarz machte sich fast überall bemerkbar. Besonders drastisch trat mir dies bei einer Floridareise vor Augen. An einer Tankstelle ging ich, während der Wagen voll getankt wurde, zur Toilette. Noch bevor ich die Tür öffnete, rief der Tankwart barsch: »Hey, this is for blacks only«, und deutete auf eine Toilette daneben, die den »Whites« offen stand. Das dämpfte vorübergehend meine Amerikaeuphorie.

Als IBM-Manager konnte ich später erleben, wie sehr diese große Nation dazu neigt, von einem Extrem ins andere zu fallen. Dieselben Amerikaner, die 1964 ungerührt die Rassentrennung praktizierten, setzten sich wenige Jahre später geradezu fanatisch dafür ein, dass unsere Firma aus Südafrika abgezogen wurde, und zwar wegen der dort praktizierten Apartheid. Ich zeichnete damals auch für diese Niederlassung verantwortlich, die selbstverständlich der freiheitlichen IBM-Philosophie verpflichtet war, und hatte große Mühe den »Pressure Groups« klarzumachen, dass unsere Anwesenheit am Kap für die Schwarzen und ihren Kampf um Gleichberechtigung höchst nützlich war.

Als unser IBM-Pavillon seine Pforten schloss und damit mein Amerikaabenteuer zu einem vorläufigen Ende kam, stand mir eines glasklar vor Augen: Amerika war mein Land. Seine Freiheit, seine unermessliche Weite, seine Großzügigkeit – wie sollte ich ohne sie auskommen? Und warum konnte ich nicht gleich hier bleiben? Ich fragte, ich bat. Aber nein, man hatte leider keine Verwendung für mich. Im Dezember 1964 bestieg ich schweren Herzens den Flieger, wurde am Flughafen Fuhlsbüttel von Mama und »Papsi« Germer und Karin samt Schwager Horst abgeholt und wusste, dass ich in Böblingen und Sindelfingen bereits erwartet wurde. »Meine Güte«, dachte ich, »was will ich hier eigentlich noch? Und was mach ich bloß, um möglichst schnell wieder zurück nach Amerika zu kommen?« Meine Vorgesetzten, die wahrscheinlich dachten, sie hätten einen Ausreißer wieder eingefangen, teilten meine Gefühle nicht. »Kommt gar nicht in Frage«, hieß es. Man steckte mich in eine Abteilung für Computer Services, und ich sauste wieder an jedem Wochenende mit einem schwarzen VW-Cabrio, das die Ente ersetzt hatte, zu meinem 45er Nationalen Kreuzer. Wenigstens er gab mir ein wenig von der vermissten Freiheit zurück.

Nicht nur das schöne Segelboot, auch meine Freundin erwartete mich. Ich hatte sie schon vor meiner Amerikareise kennen gelernt, bei einem Maskenball in Stuttgart, im ersten Stock des Lokals »Tabaris«. Eine Band lärmte, es wurde getanzt, und plötzlich ging ein Wesen an mir vorbei, das meinem Idealtyp am nächsten kam: blaue Augen, blasser Teint und tiefschwarze, fast ins Bläuliche spielende Haare. Wahrhaftig, eine prächtige Mähne wippte da an meinen Augen vorbei. Ich war gefesselt. Um ihr näher zu kommen, bat ich sie zum Tanz, und nachdem man sich tatsächlich näher gekommen war, wagte ich es, ihr mein Auto für die Heimfahrt anzubieten. Sie nahm dankend an, ging noch schnell zur Garderobe, und als sie wiederkam, da war sie blond und trug eine schwarze Perücke in der Hand. Sie hieß übrigens Marlene und wurde ein paar Jahre später meine Frau.

*

Dass es so nicht weitergehen konnte, wusste ich mit Bestimmtheit. Der Sindelfinger Trott würde mich einholen, Herbst und Winter, immer noch in trauriger Erinnerung, würden mich sogar von der Fluchtmöglichkeit Segeln abschneiden. Und so begann ich wieder, Ausschau zu halten. Zufällig erfuhr ich, dass ein »Area General Manager«, der für die IBM in Indien verantwortlich war, einen Mitarbeiter für den Einsatz in Kalkutta suchte. Ich kannte Kalkutta nicht, aber alles schien mir besser als Böblingen und Sindelfingen. Da der Herr, gerade auf Deutschlandreise, auch bei uns Station machte, ging ich schnurstracks zu ihm hin, um meine Dienste anzubieten. Der Auftrag lautete, bei der »Dum Dum Armaments Factory«, einer Waffenfabrik in der Nähe des gleichnamigen Flughafens, auf einem Computer »IBM 1401« einen so genannten Stücklistenprozessor zu installieren. Da es sich dabei um den ersten Computer überhaupt in Westbengalen handelte, waren Mut und Pioniergeist gefragt. Ich verstand zwar, ehrlich gesagt, nichts von Stücklistenprozessoren, aber ich sprach, dank meiner Amerikazeit, fließend Englisch, und das gab den Ausschlag. Ich bekam den Job.

Silvester 1965 fand ich mich im Hexenkessel von Kalkutta wieder. Millionen Inder um mich herum, und weit und breit keine Menschenseele, die ich kannte. Ich saß allein in meinem Zimmer im kolonialen »Grand Hotel«, unschlüssig, ob ich mich hinauswagen sollte ins Jahresendgetümmel, und zog dann doch vor zu bleiben. Um zehn ging ich mit dem Vorsatz ins Bett, das ganze Fest, das ich sonst immer mit Familie und Freunden gefeiert hatte, einfach zu vergessen. Punkt zwölf weckte mich ein Höllenlärm, das Hotel erdröhnte von Feuerwerkskrachen, Musik und Gelächter, drunten im Hof schrie alles »Happy New Year« und lag sich in den Armen. Nur ich saß allein da, im fremden Bett in einem fremden Kontinent, und dachte mir, was bist du doch für ein armes Schwein.

Zwei Tage später wurde ich in der »Dum-Dum«-Waffenfabrik wie ein großer Fachmann empfangen. Man bestaunte mich als einzigen Ausländer in der Firma, und ich verschwieg geflissentlich, dass ich das, was man von mir erwartete, erst selbst noch lernen musste. Zwar hatte ich bereits auf dem langen Flug und dann im Hotel die theoretischen Grundlagen studiert, aber über die Anfangsschritte war ich dabei nicht hinausgekommen. Nun hieß es »learning by doing«. Ich bereitete mich an jedem Abend auf die Arbeitsschritte des nächsten Tages vor und fühlte mich wie ein Professor, der erst kurz vor der Vorlesung lernt, was er den Studenten im Hörsaal vortragen soll. Ich erhielt eine eindrucksvolle Visitenkarte mit dem Aufdruck »Products and Systems Advisor« und wurde im Handumdrehen zum Computerguru der Fabrik. Während ich mich selbst durch diesen Crashkurs prügelte, begriff ich, dass vermutete Autorität Unglaubliches bewirken kann. Zwar hatte ich nie vorgegeben, mehr zu können, als ich wirklich konnte, und was an jedem Tag nötig war, das habe ich auch gemeistert – doch der Spezialist für Stücklistenprozessoren, für den man mich hielt, war ich deshalb noch lange nicht. Aber es funktionierte. Und das genügte. Ich war der Computerheld aus Germany.

In einem vierstöckigen, von Palmen umstandenen Gebäude,

aus dessen Fenstern kastenförmige Klimaanlagen ragten, richtete ich mir, mit dem gewohnten dekorativen Eifer, eine Wohnung ein. Ich legte Wert auf eine gewisse Eleganz und Bequemlichkeit, ließ mir sogar von einem lokalen Möbeltischler, nach Fotovorlagen, einen Charles-Eames-Chair nachbauen. Als Marlene im Februar 1966 in Kalkutta eintraf, konnte ich ihr ein liebevoll ausgestattetes Domizil bieten, zu dessen Vervollkommnung sie durch eigene Ideen beitrug. Es konnte nicht ausbleiben, dass ich mir, um meinem liebsten Wochenendhobby frönen zu können, auch ein Segelboot kaufte. Auf dem Hooghly, einem Nebenfluss des heiligen Ganges, mit seinen tückischen Strömungen und Gezeiten skipperte ich im Barrackpore-Jachtclub, dessen teils indische, teils britische Mitglieder auf alte Kolonialtradition Wert legten. Wir fuhren Regatten, und einmal gewannen wir sogar den »Monsoon Cup«, dessen Name auf eine Besonderheit des dortigen Klimas hinweist. Doch störte ich mich nicht weiter an Schwüle und tropischem Regen, sondern fühlte mich sogar ausgesprochen wohl.

Täglich fiel mir auf, wie viel menschliches Potential dort, sprichwörtlich in der Gosse, zu finden war. Die Inder sind ein hoch begabtes Volk, das uns Europäern in vielerlei Hinsicht überlegen ist. Sie besitzen einfach Talente, die man nicht durch Ausbildung erwerben kann, und es wundert mich nicht, dass sie heute, gerade auf dem Gebiet der Computerprogrammierung und des Softwaregeschäfts, weltweit so erfolgreich sind.

Bei all ihrer Überlegenheit auf diversen hoch modernen Feldern, lassen sie sich jedoch nicht davon abbringen, an gewisse Dinge zu glauben, die, jedenfalls für uns Europäer, jenseits der Vernunft liegen. Es gab damals einen indischen Guru, der behauptete, er könne auf Wasser laufen. Wir diskutierten heftig darüber in unserer Geschäftsstelle, und selbst der »Systems Engineering Manager« der IBM von Indien meinte, das sei durchaus vorstellbar. Schließlich sei der Heilige mehrmals über glühende Kohlen gewandelt, weshalb solle er nicht auch über Wasser gehen können? Um der ungläubigen Menschheit seine übernatürlichen Fähigkeiten zu beweisen, lud der Guru die Weltpresse nach Bombay ein, wo er eigens ein für sein Unterfangen geeignetes Becken hatte anlegen lassen. Ganz Indien verfolgte das angekündigte Wunder. Allerdings kam es, wie es nach Lage der Gravitationsgesetze kommen musste: Der Guru, in tiefe Meditation versunken, erhob sich, setzte einen Fuß aufs Wasser und versank mit einem gewöhnlichen Platschen. Wieder an Land erklärte er den Fehlschlag damit, dass er in seiner Meditation durch das Klicken der Kameras gestört worden sei.

Da unser Jachtclub über einen kräftigen Johnson-Außenbordmotor verfügte, kam ich auf eine Idee. Ich behauptete vor den Indern, dass ich das, woran der Guru so kläglich gescheitert sei, ebenfalls versuchen wolle, hier, auf dem Ganges. Meine kühne Ankündigung verbreitete sich schnell, und bald sprach die ganze Gegend davon, dass ein Deutscher behaupte, er könne auf dem Wasser laufen. Ich ging zu meinem Tischler, der sich schon beim Eames-Chair bewährt hatte, und ließ ihn ein paar geschnäbelte Bretter hobeln, auf die ich Fußschlaufen aus zerschnittenen Gummireifen nagelte. Nachdem die Presse Ort und Zeitpunkt meines großartigen Versuchs bekannt gemacht hatte, versammelten sich tausende Zuschauer an den Ufern, um mitzuerleben, wie der Deutsche untergehen würde. Ich ließ den 25-PS-Motor starten, das Boot zog an, und ruckartig entstieg ich den Fluten, um das Wunder zu vollbringen. Unter dem Jubel des Publikums fuhr zum ersten Mal ein Mensch Wasserski auf dem Ganges. Vorbei an aufgedunsenen Tierkadavern, die in der Strömung trieben, und den Feuerstätten, an denen die Inder ihre Toten verbrannten und die Asche in den Fluss streuten, rauschte ich im Triumph hinter dem knatternden Motorboot her, nahm winkend die Ovationen entgegen und wurde anschließend wie ein Held in der IBM-Geschäftsstelle empfangen. Der »Systems Engineering Manager« hatte Recht gehabt – es ging doch.

Ende des Jahres meldete sich, wie nicht anders zu erwarten, die IBM Deutschland. Ich sollte zurückkehren, um mir beim Verkauf von Computern in deutschen Landen meine Sporen zu verdienen. Dass ich im Ausland Karriere machte, schien meinen Vorgesetzten eine beunruhigende Vorstellung. Ich sah mich bereits mit dem Aktenkoffer durch Braunschweig oder

Castrop-Rauxel eilen und fühlte Horror aufsteigen. Wieder kam mir der Zufall zu Hilfe. Der »Director of Census and Statistics« von Ceylon, wie Sri Lanka damals hieß, hatte einen Beschwerdebrief an den IBM-Boss Thomas J. Watson in New York geschickt, in dem er sich darüber beklagte, dass ein von IBM Indien installierter Tabellenrechner vom Typ »IBM 101« nicht ordentlich funktioniere. Man hatte die Rechen- und Sortiermaschine zur Bearbeitung der Volkszählung von 1961 angeschafft, inzwischen seien fünf Jahre vergangen und ein Endergebnis noch nicht abzusehen. Das wiederum sei allein die Schuld des Computers, der ständig kaputtgehe. Da er mit einem Darlehen der UN finanziert worden war, wolle man dort ernstliche Beschwerde führen. Watson gab den Brief an den Indien-Chef der Firma weiter, und ich hatte einen neuen Auftrag. Ich frohlockte. Zwar verstand ich nichts von statistischen Sortiermaschinen, doch die Rückkehr nach Deutschland war damit fürs Erste in weite Ferne gerückt.

Begleitet von einem technischen Außendienstmann flog ich umgehend nach Colombo, um die Maschine mit ihren zehn Millionen Lochkarten, auf denen die gewünschten Daten von zehn Millionen Ceylonesen standen, in Augenschein zu nehmen. Uns fiel sofort auf, dass die Isolierungen der Drähte schadhaft waren. Man bestätigte uns das, man käme gar nicht mit dem Reparieren nach. Kaum habe man neue Drähte angebracht, seien sie schon wieder defekt. Und keiner wisse, woran das liege.

Ich fragte also meinen Techniker, der mir lachend erklärte, dass in den Computerraum offenbar Mäuse eindrangen: Mäuse lieben nämlich Isolierungen von Drähten. Da das ceylonesische »Department of Statistics« nicht dem Rat von IBM gefolgt war, eine Klimaanlage zu installieren, hatte man wegen der Hitze immer die Fenster offen gelassen. Sobald man diese schließen könnte, würde es auch keine Mäuse mehr geben. Ich schrieb an Direktor Watson, dass eine Lösung für das Computerproblem gefunden sei: »A cat for now and in the future an air condition.«

Ceylon gefiel mir. Das Land wies einen wesentlich höheren Lebensstandard als Indien auf, verfügte über eine gut entwickelte Infrastruktur, hatte sehr viel begabte Menschen und außerdem eine wundervolle Landschaft mit Teeplantagen, Bergen, Urwäldern und Stränden. Ceylon besaß praktisch alles – nur keine Computer. Genau hier war mein Ansatzpunkt. Nach Neu-Delhi zurückgekehrt, schlug ich vor, eine Geschäftsstelle in Colombo aufzubauen. Ob das nicht zu kostspielig sei, fragte man. »Nehmen Sie doch einfach mich«, antwortete ich. »Was ich koste, wissen Sie. Der Rest wird sich nach einem Jahr selbst tragen.« »Why not?«, hieß es. Man trug meine Idee dem Präsidenten vor, und der stimmte zu. Genau das war entscheidend für mich: Da der Chef selbst mich entsandte, war ich für die IBM Deutschland nicht mehr verfügbar. Sie konnten mich nicht mehr zurückholen, so einfach war das.

Als Erstes bekam ich eine neue Visitenkarte. Ich war zum »Country General Manager« ernannt, der mit fünf, später zehn Mitarbeitern die neue Organisation aufbaute. Zum ersten Mal im Leben war ich vollständig für ein Unternehmen verantwortlich: für die Werbung und den Verkauf unserer Produkte, für die Einfuhr von Computern und Ersatzteilen, für das Einholen der Importgenehmigungen, für die Schulung von Mitarbeitern und Technikern, die mit der Bedienung der Rechenanlagen betraut waren, nicht zu vergessen die Buchhaltung, das Auszahlen der Gehälter und die Steuererklärung. Einmal im Jahr musste ich zudem eine Revision über mich ergehen lassen – von der wunderschönen Insel bekam ich deshalb nicht allzu viel zu sehen.

Meine Leistung wurde an der jährlichen Steigerung der Mietumsätze gemessen. Das gehörte damals zu unserer Konzernphilosophie. Die Anlagen wurden von uns nicht verkauft, sondern vermietet, und das erwies sich als höchst rentables System. Hatte man erst einmal einen Fuß in der Tür, bezahlte der Kunde immer brav seine Miete, und jede technische Neuerung konnte sofort eingebaut werden, wodurch unsere Rechnung sich erhöhte und die ganze Anlage von Jahr zu Jahr profitabler wurde. Leider hat das amerikanische Kartellamt dieser lieb gewordenen Tradition später ein Ende bereitet.

Meine wichtigste Tätigkeit war eine missionarische. Wie ein Wanderprediger zog ich durch das Land, um Behörden wie

Unternehmen von den Segnungen der Computertechnik zu überzeugen, für die Ceylons Regierung einfach keine wertvollen Devisen herausrücken wollte. Ohne Computer, so lautete mein Hauptargument, würde die Insel den Anschluss an die Welt verlieren. Es ging nicht um Rationalisierung – Arbeitskräfte standen genug zur Verfügung –, sondern um eine Steigerung von Effizienz und Qualität: Komplizierte Arbeitsprozesse wurden überschaubar, gewaltige Datenmassen konnten bewältigt werden, was wiederum Geld sparte. In der »Times of Ceylon« wurde ich mit dem Satz zitiert, dass eine Magnetscheibe von der Größe einer gewöhnlichen Schallplatte mehr Daten aufnehmen kann als in einem Telefonbuch stehen, und die »Ceylon Daily News« druckte im Oktober 1967 einen ganzen Artikel von mir zum Thema: »Brauchen wir wirklich Computer?«

»Rund fünfzigtausend Computer sind bereits auf der Welt installiert«, warb ich, »und jedes Jahr kommen zehntausend hinzu. In Japan stehen bereits zweitausend, in Deutschland wäre das riesige Wirtschaftswachstum nicht möglich ohne die dreitausend Computer, zu denen weitere zweitausend bald hinzukommen werden. Die Nutzung dieser Technologie ist durchaus kein Privileg der reichen Länder. Das winzige Neuseeland benutzt bereits über hundert von ihnen.« Zugleich trat ich Befürchtungen entgegen, wonach die Elektronengehirne irgendwann den Menschen die Macht aus der Hand nehmen könnten. »Nie wird ein Computer«, so beruhigte ich meine Leser, »auch nur in die Nähe der Komplexität des menschlichen Gehirns kommen, geschweige denn es überflügeln. Der Computer besitzt ein paar Millionen Schaltstellen, aber verglichen mit den fünfzehn Milliarden des Gehirns ist er immer noch ein Idiot. Dennoch – er arbeitet mit unglaublicher Geschwindigkeit und zudem, wenn korrekt bedient, ohne Fehler.« Mein eindeutiges Resümee war: »Wer gegen Computer ist, stellt sich gegen den Fortschritt«, und stützte mich dabei kühn auf einen Gedanken Pandit Nehrus. Hatte dieser allseits bewunderte Staatspräsident Indiens gesagt, »obwohl wir noch Ochsenkarren brauchen, können wir auf Flugzeuge nicht verzichten«, so schrieb ich, dass »wir in Ceylon Ochsenkarren ebenso dringend brauchen wie Computer – sie helfen uns eine bessere Gesellschaft aufzubauen«.

Von den Spannungen zwischen Tamilen und Singhalesen habe ich damals kaum etwas bemerkt. Ich war schockiert, als einer meiner tamilischen Mitarbeiter, der nach Australien auswanderte, seinem Land prophezeite, es werde zu einem Blutbad zwischen den verfeindeten Bevölkerungsgruppen kommen. Bis dahin hatte ich die Ceylonesen für das friedfertigste Volk der Welt gehalten. Allerdings spürte ich, dass die tamilische Minderheit von den Singhalesen unterdrückt wurde. Bei einem »Aptitude Test«, dem ich alle IBM-Bewerber unterzog, bemerkte ich außerdem, dass die Tamilen, die südindischer Abstammung sind, meist besser abschnitten als die Singhalesen, weshalb sie in meiner Firma auch in der Überzahl waren. Bis mich eines Tages ein wichtiger Kunde darauf hinwies, dass eine solche Bevorzugung sehr heikel sei ...

Ich lebte damals, was die IBM nicht erfahren durfte, mit Marlene in »wilder Ehe« zusammen. In diesen Dingen war man amerikanisch prüde, und es hätte auch in der kleinen Ausländergemeinde einen Skandal gegeben, wäre es bekannt geworden. Auf Dauer war dieser Zustand natürlich nicht haltbar, und er wurde, durch einen dummen Zufall, ruchbar. Als Bundeskanzler Kurt Georg Kiesinger die Insel besuchte, waren auch wir zum Empfang geladen, und das Pressefoto, auf dem wir beide am nächsten Tag in der Zeitung zu sehen waren, nannte ganz korrekt unsere Namen, Hans-Olaf Henkel und Marlene Labarbe. »Wie bitte«, stutzte eine Nachbarin. »Dann seid ihr gar nicht verheiratet?« Es musste etwas geschehen.

Als Freund von Überraschungen hielt ich den Tag unserer Heirat, vor unseren Bekannten ebenso wie vor Marlene selbst, geheim. Auch für mich sollte es eine Überraschung werden, da ich nicht einmal genau wusste, wie sie reagieren würde. Ich besuchte das Standesamt, bestellte mit Hilfe eines ceylonesischen Mitarbeiters das Aufgebot auf Singhalesisch und bat den Beamten, was auf der Insel durchaus üblich ist, für die Zeremonie zu mir nach Hause zu kommen. Nur gab es keine Zeremonie. Nachdem ich für den festgesetzten Abend zwei Bekannte zum Essen eingeladen hatte und wir alle hemdsärmelig bei

Tisch saßen, da brütende Hitze herrschte und unser Schweiß in Strömen lief, stand dem Vollzug nichts mehr im Wege.

Es klopfte, vor der Tür wartete in weißer Festkleidung der Standesbeamte, der mich mit ungläubigem Staunen betrachtete. Er hatte ein rauschendes Fest erwartet, auf dessen Höhepunkt er mit der Trauungsurkunde auftreten wollte – stattdessen schien es sich um ein gewöhnliches Abendessen in recht zwangloser Bekleidung zu handeln. Während er umständlich seine Aktentasche öffnete und das vorbereitete Papier entnahm, erklärte ich Marlene, der Herr sei vom Elektrizitätswerk und erwarte, dass wir beide den Zählerstand mit unserer Unterschrift beglaubigten. Sie nahm den Füller und tat wie geheißen. Auch ich unterschrieb, und unsere Ehe war so gut wie vollzogen.

Erst als die beiden Gäste verwundert fragten, weshalb auch sie gegenzeichnen sollten, rückte ich mit der Wahrheit heraus: »Ihr seid die Trauzeugen, deshalb.«

*

Während alles in meinem Leben auf Erfolg programmiert und der nächste Karriereschritt auf der IBM-Leiter nur noch eine Frage der Zeit schien, erinnerte mich ein tragisches Ereignis daran, wie schnell jede Entwicklung zu einem abrupten Ende kommen kann. An jenem Tag im Frühjahr 1967, als ich mit meinem Freund Raimund in Bangkok die Abrechnungskarte an den sadistischen Lehrer Gniech in der Oberstraße schickte, fiel mir eine Ausgabe der »Herald Tribune« in die Hände. In dicken Lettern stand da zu lesen, dass drei amerikanische Astronauten auf der Startrampe von Cape Kennedy in ihrer Raumkapsel verbrannt waren. Ich war so schockiert, dass sich deren Namen – Grissom, White und Chaffee – sprichwörtlich in mein Gedächtnis eingebrannt haben. Als Mitarbeiter eines Unternehmens, das fast synonym war mit Amerikas technologischer Führungsrolle, hatte ich den Aufstieg der NASA als weiteren Beweis für die Überlegenheit des Westens gesehen. Nachdem man durch den Sputnik ins Hintertreffen geraten war, hatte man, seit Kennedy, mächtig aufgeholt und schließlich die Sowjetraumfahrt beinahe überholt. Man war dabei, den Russen die Show zu stehlen, als die Katastrophe passierte: Drei Menschen verbrannten elendig in ihrer Kapsel, umgeben von einer ganzen Armee aus Wissenschaftlern und Technikern, die ihnen doch alle nicht helfen konnten. Eine dramatische Kette von Schlampereien hatte – wie Jahre später beim Absturz des Spaceshuttles »Challenger« – das Unglück herbeigeführt. Es wurde für mich zum elementaren Erlebnis, aus dem ich meine Schlüsse zog.

Diese Katastrophe bestätigte mir eine alte Lebenserfahrung, die mir aber erst in diesem Augenblick deutlich vor Augen trat – eine Erfahrung, die sowohl für mich selbst gilt als auch für andere Menschen, ich behaupte, sogar für Unternehmen und ganze Nationen. Sie lautet: Auf der Höhe des Erfolgs bringt man unbemerkt die Saat des nächsten Misserfolgs aus. Im Hochgefühl des Triumphs arbeitet man bereits an der kommenden Niederlage. Man wird schlampig, vernachlässigt die Sicherungssysteme, nimmt das Gelingen jeder Operation für selbstverständlich, weil man glaubt, was einmal gut ging, werde immer gut gehen. Man läuft, geblendet von der eigenen Überlegenheit, in die sichere Katastrophe. Die alten Griechen warnten vor der »Hybris«, jenem Hochmut, der dem Menschen das trügerische Gefühl verleiht, ein Gott zu sein. Die Götter, so lehren die klassischen Mythen, bestrafen derlei Selbstüberhebung grausam.

Auch meine erfolgsverwöhnte Firma IBM musste, Anfang der neunziger Jahre, eine schwere Niederlage einstecken und, als ihre Aktien in den Keller stürzten, den Preis für ihre Hybris bezahlen. Diese Erfahrung, die mir wie eine Gesetzmäßigkeit der menschlichen Natur erscheint, bestätigt sich immer wieder, und wenn heute ein Wirtschaftsführer zum »Manager des Jahres« gewählt wird, empfehle ich meinen Freunden, die Aktien seines Unternehmens schnell zu verkaufen.

4

Was ich immer befürchtet hatte, trat 1969 ein: Ich wurde endgültig nach Deutschland zurückgerufen. Nachdem ich die IBM-Geschäftsstelle in Colombo erfolgreich aufgebaut hatte und zum Chef eines von mir selbst ausgebildeten Teams geworden war, sollte ich nun wieder ins Glied treten. Aber ich wollte nicht und wehrte mich mit Händen und Füßen. Ein für alle Mal musste ich Stuttgart klarmachen, dass Henkel nicht mehr zu haben war. Schon sammelte ich Befürworter bei der IBM, die sich für mein Verbleiben in Asien einsetzten. Denn hier wurde ich gebraucht, und längst träumte ich davon, die Geschäftsstellen in Thailand oder Hongkong zu übernehmen.

Doch der Traum war ausgeträumt. Der Personalchef der IBM Deutschland ließ nicht locker, offenbar sollte ich nun in meinem »Home Country« beweisen, was in mir steckt. Ich kehrte schweren Herzens zurück. Wie unglücklich war ich damals, als ich die Zelte in Colombo abbrechen musste – und dennoch, wie dankbar war ich jenem Verantwortlichen, der vor Jahren bei jenem ersten Interview meine Einstellung durchgesetzt hatte. Denn was er mir nun anbot, war nicht der von mir befürchtete Routinejob in der Provinz, sondern eine höchst anspruchsvolle Aufgabe, bei der ich zudem mit der internationalen Organisation Verbindung halten konnte. Nicht unwesentlich trug zu meiner Freude bei, dass meine neue Arbeitsstelle in München lag, damals meine deutsche Lieblingsstadt.

Der neue Auftrag bestand darin, ein weltweit operierendes Beratungszentrum der IBM für die Fertigungsindustrie zu gründen. Sämtliche internationale Unternehmen in diesem Industriezweig konnten sich von diesem »Manufacturing Industry Center« (MIC) beraten lassen, weshalb auch seine Mitarbeiter aus aller Welt kamen. Der Aufbau des Zentrums, das aus mehreren Abteilungen bestand, die sich um die Grundstoffindustrie, die Bauindustrie, die Automobilindustrie und andere Bereiche kümmerten, war einer der ersten Versuche der IBM, die Grenzen zwischen den nationalen Unternehmen zu sprengen und Problemlösungen, die für ein Land erarbeitet worden waren, auch für andere nutzbar zu machen. Darüber hinaus sollte ich ein Konzept erarbeiten, das als Basis für die Anwendungsentwicklung in der gesamten Fertigungsindustrie dienen sollte. Das Konzept erhielt den schönen Titel »Communication Oriented Production, Information and Control System«, kurz COPICS, und sollte bald in allen Ländern zur Anwendung kommen.

Zwar lebte ich mit meiner Frau in München, war aber ständig mit dem Flieger unterwegs, da rund um den Erdball Kunden beraten sein wollten. Meine Reisen führten mich auch nach Japan, ein Land, das damals von uns noch völlig unterschätzt wurde. Wir hielten die Japaner für reine Nachahmer, die nur kopieren konnten, was im Westen entwickelt wurde. Dabei hätte man längst bemerken können, dass sie das, was sie sich vornahmen, auch sehr gründlich zu Ende führten. In jeder Branche, auf die sie sich konzentrierten, brachten sie es irgendwann zur Marktführerschaft, und gerade wir Deutschen hatten meist das Nachsehen. Gebiete, auf denen wir stark gewesen waren, wurden zu ihrer Domäne. Nach dem Krieg etwa waren wir die größte Schiffbaunation der Welt; die Japaner sagten, dass sie das gerne selbst sein wollten, und prompt gelang es ihnen. Dasselbe galt für die Stahlproduktion, aber auch die Konsumelektronik, also Fernseher, Radios, Musikanlagen oder Kameras, bei denen Deutschland einmal Weltruf genoss. Auch hier fegten sie uns von der Karte. Bei meinen damaligen Besuchen wurde mir klar, dass die Japaner bereits einen gewaltigen Anlauf nahmen, um uns auch auf dem Gebiet der Computertechnologie den Rang abzulaufen. Wie sich später herausstellte, hat das jedoch nicht so geklappt, wie sie es sich vorstellten.

Als ich das Beratungszentrum in München aufbaute, konnten wir unseren Besuchern die weltweit modernsten Entwicklungen präsentieren: Wir hatten die ersten Bildschirme laufen, wir installierten die ersten Computergrafik-Programme im weltweit fortschrittlichsten »Grafics Design Demonstration Center«. Nachdem wir das COPICS-Konzept fertig gestellt hatten, flog ich damit zur IBM-Corporation nach Amerika, um es dort zu präsentieren. »Jetzt lasst uns das programmieren«, empfahl ich, »damit wir die Software davon haben und sie überall in unseren Computern einsetzen können.« Aber das wollte man nicht. Man war der Meinung, dass die IBM sich darauf beschränken sollte, Hardware zu verkaufen – das konnte man, da hatte man unumstrittene Marktführerschaft. Wozu sich mit Software abgeben? Seine Anwendungen sollte der Kunde gefälligst selbst programmieren. Obwohl ich, gerade in der IBM Deutschland, viele Mitstreiter hatte, die sich auf dieses Neuland – ein Neuland von unabsehbaren Ausmaßen – vorwagen wollten, konnte ich mich nicht durchsetzen. Der Schuster wollte bei seinem Leisten bleiben.

Vier meiner damaligen Kollegen ließen sich dennoch nicht davon abbringen, den neuen Kontinent namens »Software« zu betreten. Sie waren aber ebenso frustriert wie ich, dass die Corporation sich weigerte, die Anwendungen selbst zu schreiben und daraus Standardanwendungen zu machen. Die vier sagten sich, dann machen wir es eben selbst. Sie entwickelten ein Konzept, verließen die Firma und programmierten es auf eigene Faust. Sie wurden mit der SAP Milliardäre.

Wenn ich mir heute durch den Kopf gehen lasse, welche Fehler ich im Laufe meiner Karriere gemacht habe, dann gehört dazu vielleicht der, dass ich den Laden meiner Mutter nicht übernommen und zu einem Riesen-Computergeschäft ausgebaut habe. Und auch jener andere, dass ich mich nicht den vier Ausreißern anschloss, deren Konzept genau das für die Firmenbuchhaltung leistete, was mein COPICS der Fertigungsindustrie bot. Ich stand, wie sie, auf dem Sprungbrett, nur bin ich nicht gesprungen. Ich könnte auch sagen: Die IBM stand auf dem Sprungbrett und hat die Zukunft verschlafen.

Wäre ich konsequent gewesen, dann hätte ich mit meinem

COPICS-Konzept eine Firma gegründet, mir einige Programmierer geholt und das Programm weltweit an Kunden verkauft. Aber mir fehlte die Weitsicht und sicher auch der Mut. Ich dachte nicht an das, was mich weiterbringen würde, sondern stellte mir immer nur die Fragen: Wie kann ich die IBM groß herausbringen? Wie kann meine Firma noch mehr Geld scheffeln? Nicht im Traum wäre mir eingefallen, diesen – vergleichsweise angenehmen – Part selbst zu übernehmen. Ich hatte ja bereits eine hohe Position erreicht, man behandelte mich gut, mein Weg nach oben schien vorgezeichnet. Die vier, die den Mut aufbrachten, waren »Systemspezialisten« in Stuttgart und hatten, im Unterschied zu mir, weit weniger zu verlieren. Und, wie sich zeigte, weit mehr zu gewinnen. Ich leite aus dieser Erfahrung die Empfehlung ab, dass jeder, der in einem großen Unternehmen nicht zum Zug kommt, denselben Schritt wagen sollte. Durch seine Ausgründung kann er den alten Kollegen dann endlich zeigen, was in ihm steckt.

Mit meinem Münchner Zentrum MIC waren wir auf das Sprungbrett gestiegen. Das in viele Sprachen übersetzte COPICS-Buch in Händen, gingen unsere Computerverkäufer weltweit zu den Kunden in der Fertigungsindustrie und sagten ihnen: »Hier sehen Sie, wie Sie Ihren Laden organisieren sollten. Damit Sie das können, müssen Sie allerdings unsere Computer kaufen. Das Programmieren nach Ihren spezifischen Erfordernissen ist dann wiederum Ihre Sache.« Der Kunde musste also eine informationstechnische Abteilung gründen und Programmierer einstellen, damit er unsere schöne Erfindung auch benutzen konnte. Das war ebenso umständlich wie kostspielig, und es ist mir heute unbegreiflich, dass IBM dieses Problem ignorierte. Aber man wollte nur die Hardware verkaufen, und den Rest überließ man dem Kunden – oder jenen hellen Köpfen, die sich anboten, diese Arbeit zu übernehmen. Man musste nur Standardprogramme schreiben, die sich fast für jeden Fall anwenden ließen. Schließlich waren die Computer auch Standardmodelle, und keiner wäre auf die Idee gekommen, dem Kunden zu sagen, hier hast du die Grundbestandteile, nun löte dir mal deinen Computer nach deinen Wünschen zusammen. Natürlich lieferte man fertige Modelle, und so hätte man die Anwendung gleich mitliefern sollen. Dass die IBM vor dieser Vision die Augen schloss, erwies sich schon bald als nicht wieder gutzumachender Fehler. Ein Fehler, der zum Aufstieg des größten Anwendungssoftwarehauses der Welt führte, der SAP.

Wie kam es zu diesem Versagen der IBM, die doch immer Inkarnation des Fortschritts und der technologischen Zukunftsfähigkeit gewesen war? Ich fürchte, es war wie bei der NASA. Man war durch den Erfolg arrogant geworden, man beherrschte den Markt der »großen Schlitten« – wozu sich auch noch um die Kleinarbeit kümmern? Eben die bekannte Hybris. Damals schlich sich ein weiterer katastrophaler Fehler ein, dessen Folgen ebenfalls unabsehbar waren: An der Firma »Intel«, ohne deren Chips wie Pentium III heute kein Computer mehr auskommt, besaß die IBM einen Anteil von dreißig Prozent. Anstatt sich, wie Intel, mit dem Design von intelligenten Chips zu beschäftigen, begnügte man sich damit, nach bewährter Weise »unintelligente« Speicherchips zu produzieren. Und als die IBM einmal vor einem schlechten Quartalsergebnis stand, stieß sie, um die Zahlen zu schönen, das unschätzbare Juwel der Intel-Beteiligung einfach ab. Um kurzfristiger Kosmetik willen zerstörte man sich ein weltumspannendes Zukunftsgeschäft.

Der irreparablen Fehlentscheidungen nicht genug: Statt selbst, was vielleicht ein paar tausend Dollar gekostet hätte, ein Betriebssystem für PCs zu entwickeln, beauftragte man Microsoft damit, und Bill Gates lieferte prompt ein »Operating System«, das er nicht einmal selbst entworfen, sondern nur eingekauft hatte. Aber IBM, in gewohnter Überheblichkeit, sagte sich, was brauchen wir ein DOS zu entwickeln, wo wir doch nur unsere PCs verkaufen wollen. Ein weiterer Beleg für die These, dass Erfolg den Misserfolg gleich mit aussät. Und ich selbst, stolz auf meine Errungenschaften bei der IBM und in der sicheren Voraussicht, weiter auf der Karriereleiter nach oben zu klettern, stand mit meinem COPICS-Buch in der amerikanischen Firmenzentrale und wurde ausgelacht. Und gab klein bei, statt den Absprung zu wagen. Nun ja, das wär's wohl gewesen.

*

Wir genossen damals unser Münchner Leben in vollen Zügen. Wir bezogen eine geräumige Altbauwohnung in der Ismaninger Straße, gleich gegenüber der kleinen Kneipe »Bogenhauser Hof« gelegen, wo man eine Portion Leberkäse für zwei Mark vierzig bekam. Heute muss man dort vierzehn Tage im Voraus reservieren und bekommt vermutlich gegrillte Goldfasanenbrust vorgesetzt.

München lag damals in einem wahren Olympiafieber. Überall wurde gebuddelt und gebaut, die Leopoldstraße war eine einzige Baustelle und die ganze Welt blickte auf die bayerische Landeshauptstadt. Wie stolz fühlte man sich, dass NOK-Präsident Willy Daume die Spiele – erstmals seit 1936 – wieder nach Deutschland geholt hatte. Internationales Flair hielt Einzug, wer sich up to date kleiden wollte, flanierte durch die Boutiquen in der Einkaufspassage »Città 2000«, und wenn man abends regelmäßig zum Essen ausging, was in anderen Städten durchaus nicht selbstverständlich war, besuchte man den neuesten Italiener oder Griechen oder schaute beim »Hahnhof« in der Leopoldstraße vorbei, wo die ebenso berüchtigte wie elegante Gattenmörderin Vera Brühne zu speisen pflegte. Man genehmigte sich dort ein Viertel Rotwein und konnte so viel Brot dazu essen, wie man wollte. Ja, Anfang der Siebziger war München richtig »in«.

Trotzdem brachen wir an jedem Freitagabend nach Bregenz auf, wo mein 45er Nationaler Kreuzer all die Jahre treu auf mich gewartet hatte. Wir hatten immerhin 198 Kilometer hinter uns zu bringen, one way, und das ohne Autobahn. Doch die Vorfreude, dem Alltagsstress einfach wieder davonsegeln zu können, wog auch die lange Fahrt auf. Damals fuhr ich wieder ein schwarzes VW-Cabrio, inzwischen mein viertes, das später von einem gebrauchten Mercedes 250 CE Coupé abgelöst wurde, der mit grüner Lackierung und hellbeigen Ledersitzen aufwartete. In Bregenz trat ich, wie schon in Kalkutta, zum zweiten Mal in meinem Leben in einen Segelclub ein, da anders nicht an einen Liegeplatz zu kommen war. Noch heute trägt mein Schiff das österreichische Club-Logo am Heck.

Ich spielte, in Vernachlässigung meines alten Vorsatzes, mit dem Gedanken, Mitglied in einem weiteren Club zu werden, dem höchst vornehmen Straßlacher Golfclub. Schon während meines ersten Aufenthalts in Amerika hatte ich diese dort sehr populäre Sportart schätzen gelernt und sie dann in Kalkutta und Colombo zu einer gewissen Fertigkeit weiterentwickelt. Obwohl ich ganz leidlich spielte, verließ ich den Verein wieder, weniger wegen der seltsamen Art, mit der man in Straßlach den Golfsport mit gesellschaftlichen Ansprüchen verknüpfte, als wegen meiner Segelleidenschaft, die keinen anderen Gott neben sich dulden wollte.

Auch in München, wo ich ein offenes Haus wie einst in der St. Benedictstraße führte und wo 1971 unsere Tochter Helene geboren wurde, sollte ich nicht zur Ruhe kommen. Eigentlich wollte ich das auch gar nicht, sosehr es mir hier gefiel. Ich liebäugelte bereits mit Höherem. Schon 1962, als ich noch IBM-Neuling war, hatte ich beim Segeln im »Piraten« geflachst, ich würde gerne mal Nachfolger Walter Bösenbergs, das war der große Generaldirektor damals, ein Mann äußerster Respektabilität, der in entlegensten Höhen über uns thronte. Ich sagte es im Scherz, gewiss, und meine Freunde nahmen das auch so auf – aber ein wenig habe ich doch daran geglaubt. Es war seitdem mein Traum, der mich durch die Welt begleitete.

Und dennoch kam ich ins Grübeln, ob ich überhaupt bei der Firma bleiben sollte. Damals wechselte der Düsseldorfer Geschäftsstellenleiter Conradi, mir vom Rang her ungefähr ebenbürtig, zur Firma »Metro«. Deren Besitzer, Beisheim, hatte ihn entdeckt, als Conradi ihn in Sachen Datenverarbeitung beriet, und gesagt: »Junge, übernimm meinen Laden.« Natürlich konnte damals keiner ahnen, dass Conradi die »Metro« zu Europas größtem Einzelhandelskonzern ausbauen würde. Aber mir gab es zu denken, dass da einer einfach so von Bord ging. Er war übrigens nicht der Einzige. Viele meiner Kollegen beflügelten damals mit ihrem Know-how die deutsche Wirtschaft, und die IBM wurde, wie kein anderer Betrieb, zur Talentschmiede für Superunternehmer – nur ich blieb bei meinem Leisten.

Dafür legte ich mich mit dem Management in Stuttgart an. Wieder einmal wollten sie mich in eine Standardlaufbahn zwingen, damit ich endlich zeigte, dass ich auch eine Geschäftsstelle leiten konnte. Und wieder einmal trat mir die schaurige Vorstellung vor Augen, irgendwo, verloren in deutschen Landen, den Rest meiner Tage mit dem Verkauf von Computern zu fristen.

*

Dank meines internationalen Zentrums hatte ich, auch in Hinblick auf gewisse traurige Aussichten, enge Kontakte mit der IBM Europa in Paris knüpfen können. Vielleicht konnten sie mit mir etwas anfangen, bevor ich nach Wanne-Eickel versetzt wurde. Sie konnten. Vor allem einer konnte, und der wollte auch. Sein Name war Kaspar Cassani, und er nahm im Konzern eine der höchsten Positionen ein. Als Vizepräsident der IBM Europa stand er in etwa auf der Ebene des Generaldirektors in Stuttgart, ja sogar höher, in jedem Fall aber unendlich hoch über mir. Nachdem er mich bei der Zusammenarbeit in einer »Task Force« entdeckt hatte, begann er mich zu fördern. Während ich ihm mit großem Respekt begegnete, was schon der Altersunterschied von zehn Jahren bewirkte, schien er geradezu einen Narren an mir gefressen zu haben. Anders jedenfalls kann ich mir nicht erklären, warum er gerade mich favorisierte und mir nun aus der Klemme half.

Cassani merkte natürlich sehr schnell, dass man mich in Deutschland blockierte. Und da er ohnehin schon über die vielen Abgänge guter Leute wie Conradi besorgt war, fasste er einen schnellen Entschluss. »Bevor euch der Henkel auch noch von der Schippe springt«, sagte er zu meinen Bossen, »möchte ich den mal hier haben.« Selbstverständlich fanden plötzlich alle, dass das eine hervorragende Idee sei, und ich durfte, einmal mehr, meine Koffer packen.

So kam ich also nach Paris. Natürlich hatte Cassani auch schon eine Aufgabe für mich, und, wie sich zeigte, eine besonders spannende. Man war bei der IBM Europa nämlich auf eine Idee gekommen, die über das traditionelle Geschäft der Firma hinausging: Warum, so hatte man sich gefragt, sollte man nicht Telefonvermittlungsanlagen, wie jedes Unternehmen sie brauchte, mit modernster Computertechnologie ausstatten? Das Resultat war die »IBM 3750«. Während herkömmliche

»Switchboards« mit Relais geschaltet waren, wenn nicht sogar noch Strippen gezogen wurden, war die Neuentwicklung voll gestopft mit modernster Elektronik. Man konnte jeden mit jedem verbinden lassen, aber auch selbst durchwählen mittels »Direct Inward Dialing«, man konnte direkt nach draußen wählen, Konferenzen schalten und was sonst noch an Gimmicks erdacht worden war.

Die Telefonanlage »IBM 3750«, die im südfranzösischen La Gaude entwickelt worden war und in Montpellier gefertigt wurde, hatte einen weltweiten Vorsprung vor allen anderen Systemen. Sie war ein Musterbeispiel für die Innovationskraft der IBM. Leider wollte die amerikanische Mutter das nicht so sehen. Sie stand dem Projekt von Anfang an skeptisch gegenüber, und nur weil Europa auf der Entwicklung bestand, waren die Investitionen genehmigt worden. Man brachte das Modell mit großen Hoffnungen auf den Markt, aber es verkaufte sich schlecht: dreizehn Stück im ersten Jahr – eine schwere Schlappe für Europa.

Der Auftrag, den mir Cassani erteilte, lautete schlicht, aus dem sich abzeichnenden Flop einen Markterfolg zu machen. Da kein Unternehmen ohne eine solche Anlage auskam, war nicht einzusehen, warum dieses weltweit modernste Modell scheitern sollte. Andrerseits wurde die Aufgabe, wie sich schnell zeigte, noch zusätzlich dadurch kompliziert, dass jede nationale Postbehörde eine eigene Zulassung verlangte, das heißt, für die französische PTT musste anders programmiert werden als etwa für die Bundespost. Mein Spagat bestand also darin, die Entwicklungsabteilung in La Gaude dazu zu bringen, das Switchboard den verschiedenen Länderstandards anzupassen, zugleich die Zulassung bei den nationalen Behörden zu bekommen und drittens die Kunden europaweit davon zu überzeugen, dass sie unbedingt das neue Gerät von IBM und nicht etwa das von Siemens oder Ericsson kaufen sollten.

Cassani hatte seinem Schützling eine gewaltige Verantwortung aufgebürdet. Mir war klar, dass nicht so sehr der geschäftliche Erfolg in diesem Nebenmarkt auf dem Spiel stand als das Prestige der IBM Europa gegenüber der amerikanischen Corporation. Man hatte, gegen deren Rat, einen Ausflug auf unbekanntes Terrain gewagt und stand kurz davor, einzubrechen. Meine Bosse in Paris wussten, dass an der Zukunft dieses Systems auch ihre eigene hing. Und ich saß an der Schlüsselstelle.

Um aus diesem Dilemma herauszukommen, gab es nur einen Weg. Man musste, salopp gesprochen, Türen eintreten. Und zwar zuallererst die Türen zu unserem eigenen Topmanagement in den europäischen Ländern. Die dachten nämlich gar nicht daran, sich für diese Neuentwicklung stark zu machen. Sie wollten, wie bisher, nur Computer verkaufen und sich keine »windigen Neuerungen« aufhalsen lassen. Mit der abgeleiteten Autorität meiner Vorgesetzten machte ich mich auf den mühsamen Weg durch die europäischen IBM-Chefetagen und setzte die Länderchefs unter Druck – was blieb mir anderes übrig? Man habe, so teilte ich ihnen mit, das neue Produkt sträflich vernachlässigt, und das, obwohl so viel von ihm abhing. In Zukunft werde ihr Erfolg auch an dessen Verkaufszahlen gemessen. Ich mobilisierte alles, was mir zu Gebote stand – Überzeugungskraft und Durchsetzungsfähigkeit ebenso wie jenen spröden Charme, den man mir nachsagt, und versäumte dabei nie, die Bosse im Hintergrund durchscheinen zu lassen. Die Botschaft kam an. Man wollte kooperieren.

Als Nächstes reiste ich in die vier »großen« Länder Großbritannien, Frankreich, Italien und die Bundesrepublik, dann in einige »kleine« wie Finnland, Belgien und Spanien, auch um mit den Telefongesellschaften über eine Zulassung zu sprechen. Das erwies sich insofern als schwierig, als viele unserer Gesprächspartner ihre nationalen Anbieter schützen wollten. Ein anderes Problem bestand darin, dass sich der Programmieraufwand für kleine Länder wegen der geringen Bestellzahl nicht rechnete. Dass sich viele unserer Computer-»Salesmen« mit dem Verkauf der Telefonanlage schwer taten, lag wiederum daran, dass die Ansprechpartner dafür in den Firmen ganz andere waren. Für andere Ansprechpartner, so folgerte ich, brauchte man eben andere Verkäufer. So bildeten wir spezielle Telefonanlagen-»Salesmen« aus, die nichts anderes anzubieten hatten und dementsprechend schnell ihre Kontaktperson fanden.

Bis dahin hatte ich noch nie zur gleichen Zeit mit so vielen Menschen auf so vielen verschiedenen Ebenen gesprochen. Ich fühlte mich wie ein fliegender Missionar, der mit Engelszungen sprach, um jeden Einzelnen, egal ob finnischen Firmenchef, französischen Programmierer oder deutschen Bundespostler, für dieses System zu gewinnen. Es half. Das Sorgenkind der IBM Europa erlebte seinen Durchbruch, nach den dreizehn Anlagen im ersten, folgten 57 im zweiten und 160 im dritten Jahr, mit steigender Tendenz. Der Erfolg ließ sich unter anderem daran ablesen, dass IBM in den USA plötzlich entdeckte, welch interessanter Zukunftsmarkt sich hier erschloss, und selbst zu investieren begann, ja sogar eine auf solche Anlagen spezialisierte Firma dazukaufte.

*

Unsere Pariser Wohnung war die schönste, die ich je bewohnt hatte. Erbaut um 1880, maß sie stattliche 380 Quadratmeter und verfügte über acht Kamine. Das Eindrucksvollste aber war die Lage, Rue de Rivoli 244, direkt gegenüber den Tuillerien, nahe der Place de la Concorde. Mit der mir eigenen, möglicherweise ererbten Lust am Dekorativen legte ich das gesamte Parkett mit schwarzem Teppichboden aus, der wunderbar mit den hohen weißen Stuckwänden und -decken kontrastierte. Auf dem düster-monochromen Untergrund arrangierte ich dann die farbenprächtigen chinesischen Teppiche – Khotans, Samarkands, Pao Taos und Ning Shias –, die ich aus Hongkong und Singapur mitgebracht hatte. Die Miete für das noble Heim im Zentrum von Paris war mit 8000 Francs sogar noch erschwinglich, was allerdings mit dem desolaten Zustand zusammenhing, in dem wir es übernahmen. Zudem mussten wir die Wohnung, so die Bedingung des Vermieters, auf eigene Kosten restaurieren. Das wiederum brachte den Vorteil mit sich, dass wir das Prachtstück nach unseren Wünschen gestalten konnten. Kürzlich, so hörte ich, sei sie für das Sechsfache der damaligen Miete angeboten worden.

Der Mann, dem wir dieses Glück und auch meinen ersten großen Erfolg bei der IBM verdankten, hat in jenen Tagen, so glaube ich, den Entschluss gefasst, mich als eine Alternative für seine Nachfolge aufzubauen. Für mich war es ein elementares Erlebnis, als er meine Frau und mich, kaum dass wir in Paris eingetroffen waren, zum Abendessen zu sich und seiner sehr netten Frau nach Hause einlud – mich, dieses kleine Licht, das gerade mit knapper Not einer deutschen Standardlaufbahn entronnen war. Das wäre einem Generaldirektor in Stuttgart nie eingefallen, ausgeschlossen. Aber Cassani beurteilte die Menschen unabhängig von Titel und hierarchischer Stellung. Und so entsprach es übrigens auch unserer Firmenphilosophie, die er wie kein Zweiter mit Leben erfüllte.

Der Schweizer Kaspar Cassani, von seinen Freunden »Kap« genannt, war bodenständig wie viele seiner Landsleute. Er beeindruckte durch einen nüchternen, unbestechlichen Realitätssinn, und mir kam es vor, als verfügte er, wie übrigens auch seine Frau, über ein ungewöhnliches Maß an gesundem Menschenverstand. Dass Cassani immer »down to earth«, also mit beiden Beinen auf dem Boden blieb, war in diesem Unternehmen durchaus nicht selbstverständlich. Es gab auch solche, die vor Genialität, Eitelkeit und Showmanship nur so strotzten und einen einfachen Sachverhalt gar nicht kompliziert genug ausdrücken konnten. Zu diesen Manierismen und Prätentionen trug nicht unwesentlich der Rummel bei, der damals um die IBM veranstaltet wurde. Für Presse, Politik und selbst die Konkurrenz waren wir der Inbegriff von Modernität, die Inkarnation des weltumspannenden Erfolgs. Kein Wunder, dass viele dabei abhoben. Wir waren nun einmal die Champions, warum sollte man da noch auf dem Teppich bleiben?

Cassani blieb es. Inmitten all der erhitzten Kreativität strahlte er eine wohltuende Gelassenheit aus. Er arbeitete hart, war immer hervorragend organisiert und konnte, was mich besonders beeindruckte, Wichtiges von Unwichtigem unterscheiden. Er ließ sich nichts vormachen, hatte immer die richtigen Fragen parat. Und stellte an seine Mitarbeiter hohe Ansprüche. Er gab viel, und erwartete es auch von anderen. Es fiel uns allen schwer, ihn zufrieden zu stellen.

Nachdem ich eineinhalb Jahre Knochenarbeit mit der »IBM 3750« hinter mir hatte und als Belohnung zum »Director of Operations« befördert worden war, durfte ich einmal im

Monat an Cassanis »Business Volumes Meeting« teilnehmen. Diese Eliterunde brachte den Teilnehmern erhebliches Prestige in der Firma, aber auch eine ganze Menge Stress. Denn Cassani verfügte, neben seinen strengen Leistungsstandards, über ein phänomenales Gedächtnis, mit dem er jeden Einzelnen an den Versprechungen maß, die dieser einmal, und teilweise vor langer Zeit, abgegeben hatte. Jede Äußerung wurde von ihm mit den eingetroffenen Tatsachen verglichen, und das konnte wehtun. Obwohl Cassani im persönlichen Bereich zuvorkommend war und auf die Menschen zuging, um ihnen die Befangenheit zu nehmen, konnte er im Dienst doch eine Aura der Unerbittlichkeit verbreiten, die in manchen wahre Angst auslöste.

Ich gehörte nicht zu ihnen. Komischerweise habe ich, die prügelnden Nonnen und den unseligen Lehrer Gniech ausgenommen, niemals Angst vor meinen Vorgesetzten empfunden. Ein Grund dafür lag wohl in dem glücklichen Umstand, dass ich immer nur Bosse hatte, zu denen ich aufschauen konnte. Gleichzeitig bemerkte ich aber auch sehr schnell, dass ich das, was diese Männer konnten, ebenso gut konnte. Das gab mir, bei allem Respekt, eine gewisse Sicherheit. Zudem ließ die IBM nur sehr selten Menschen von zweifelhaftem Charakter an die Spitze gelangen, weshalb ich nie befürchten musste, fertig gemacht zu werden. Derlei habe ich nie erlebt. Die meisten Vorgesetzten traten mir, wie ich ihnen, mit Respekt, manchmal sogar Hochachtung entgegen. Und sie unternahmen nichts, um sich vor Nachwuchskräften wie mir zu schützen, etwa indem sie verbreiteten, der tauge nichts, gemäß dem System Kohl, das jeden, der emporwachsen möchte, gleich um einen Kopf kürzer macht. Cassanis Führungsstil zielte auf das genaue Gegenteil. Er baute die Menschen auf, förderte, oft auf diskrete Art, ihre Entwicklung. Und er umgab sich mit phantastischen Mitarbeitern, von denen er weder Schmeichelei noch Unterwerfung erwartete, sondern genau das, was er auch sich selbst abverlangte: konzentrierte Arbeit zum Wohl des Unternehmens.

Zu seinen wenigen Schwächen gehörte, dass er etwas Rechthaberisches hatte und zum Moralisieren neigte. Wenn beispielsweise einer seiner Mitarbeiter in wilder Ehe mit einer Freundin zusammenlebte, um Gottes willen, dann konnte er sehr ungnädig werden. Andererseits entsprachen seine strikten Moralstandards jenen, die von der IBM gepredigt, wenn auch, wie ich später feststellte, recht unterschiedlich praktiziert wurden. Trotzdem, Cassani war für mich, seit ich ihn kennen gelernt hatte, fast wie ein Vater geworden. Zwar wusste ich, dass er hinter meinem Rücken auch Kritisches über mich anmerken konnte, jedoch nur dann, wenn es mir weiterhelfen würde. Dagegen sagte er oft Gutes über mich, und wenn ich später die amerikanische Zentrale besuchte, hörte ich immer wieder den Spruch: »Mister Cassani talked so nice about you.« Das war der Ritterschlag.

Wenn ich heute gefragt werde, wie ein Manager sein sollte, antworte ich: wie Cassani. Das heißt zuallererst, untadelig in der Motivation. Eine Führungskraft sollte in allem zuerst an den Nutzen der Firma denken. Das ist durchaus nicht selbstverständlich, und ich weiß aus Erfahrung, dass viele Manager eher ihre Reputation, Statussymbole oder die nächste Ausschüttung im Kopf haben. Zum Glück sind die Motive der meisten Topleute schon durch das System identisch mit denen ihrer Firmen, will sagen, was dem Unternehmen nützt, bringt auch sie weiter. Allerdings funktioniert diese Interessenüberschneidung nur kurzfristig – wer in größeren Planungszeiträumen denkt, muss zwangsläufig seinen persönlichen Vorteil hintanstellen. Für Cassani war dies eine Selbstverständlichkeit. Ein weiteres Merkmal seines Führungsstils: Wenn er etwas von anderen forderte, hielt er sich auch selbst daran. »Double standards« kamen bei ihm nicht vor.

Vor allem überzeugte er mich mit einer Tugend, die in Chefetagen eher dünn gesät ist: seiner Bescheidenheit. Keiner nahm sich weniger wichtig als Kaspar Cassani, und selbst wenn ihm ein großer Wurf gelungen war, blieb er auf dem Teppich. Das dürfte nicht unwesentlich zu seinem Erfolg beigetragen haben: Wenn man sich selbst zurücknimmt, müssen auch Wichtigtuer und Selbstdarsteller ihre Show aufgeben, da sie merken, dass sie durchschaut sind. Zu seiner nüchternen, sachbezogenen Art gehörte allerdings auch ein Fehler, den ich mir selbst ebenfalls ankreiden muss: Er lobte selten. Dafür hakte er sich des Öfteren an den schwachen Seiten seines Gegenübers fest. An diesen, so wusste er, musste gearbeitet werden – seine Vorzüge kannte jeder schon selbst. Und natürlich war der bescheidene Mann auch ehrgeizig. Er brachte es denn auch zum Chef der IBM Europa. Und ich wurde sein Nachfolger.

Wie sehe ich ihn in der Erinnerung vor mir? Er sitzt hinter seinem Schreibtisch in einem dezenten Büro, wie es bei uns üblich war, ohne jede Extravaganz, schlicht und funktionell. Er wollte weder mit der blanken Arbeitsfläche imponieren noch seine kulturellen Ansprüche durch eine Kunstgalerie an den Wänden dokumentieren. Er war in allem unprätentiös, und gewiss gehörte »Mehr sein als scheinen« zu seinen Leitsprüchen.

Welches Erlebnis mit ihm hat sich mir am stärksten eingeprägt? Vielleicht unser gemeinsamer Besuch in Athen Mitte der siebziger Jahre. Damals zeichnete ich unter anderem auch für Griechenland und den Mittleren Osten verantwortlich, und wir waren zu viert mit einem Firmenjet zum »Family Dinner« angereist. Diese traditionelle Motivationsveranstaltung der IBM, die ein- bis zweimal im Jahr stattfand, diente dem persönlichen Kennenlernen, weshalb die Anwesenheit der Ehefrau, nicht jedoch einer Partnerin oder Freundin, erwünscht war. Erbauliche Reden wurden gehalten, Verdienste gewürdigt und der »esprit de corps« beschworen, dem unser Unternehmen so viel verdankte. Bei dieser Gelegenheit wollten wir uns auch den lokalen Chef genauer ansehen, der in der letzten Zeit keine gute Figur gemacht hatte.

Kaum waren wir vier im Hilton-Hotel eingetroffen, als besagter Grieche den Cassanis mit bedeutungsvoller Miene ankündigte, er habe für sie, als den großen IBM-Boss und seine geschätzte Ehefrau, eine ganz besondere Räumlichkeit reservieren lassen, und geleitete uns sogleich zur »Olympia-Suite«. Ein Riesenraum öffnete sich vor unseren Augen, mit pompöser Ausstattung und Luxuspanoramablick, und da stand nun der bescheidene Cassani mit seiner Frau und schaute sich ratlos um. Vom Foyer der Suite ging es zum Ankleideraum, von dort zum Speisezimmer, hinter dem sich das Schlafzimmer auftat, und auf der anderen Seite des Gangs wiederholte sich die ganze Pracht.

»Hier, in dieser Suite«, sagte der griechische IBM-Chef voll Stolz und Rührung, »hat vor nicht allzu langer Zeit – der Papst übernachtet, der Heilige Vater.«

»Ich glaube«, antwortete Cassani in aller Seelenruhe, »dass der Papst auch bei seinem nächsten Besuch hier übernachten sollte. Ich aber hätte gerne für mich und meine Frau ein normales Doppelzimmer.«

Da für ihn die ökonomische Verhältnismäßigkeit immer Vorrang hatte, stellte er eines Tages auch unsere beliebten, aber kostspieligen »Company Planes« in Frage. IBM Europa verfügte über vier »Falcon«-Jets – zwei dreistrahlige und zwei zweistrahlige –, für die zwölf Piloten bereitstanden. Ich selbst habe von dieser Möglichkeit häufig Gebrauch gemacht, etwa wenn ich wie ein Haken schlagender Hase durch den Nahen Osten gereist bin. Das war zwar eine enorme Arbeitserleichterung, aber inzwischen habe ich mir auch diese Einstellung Cassanis zu Eigen gemacht und halte Firmenflugzeuge wegen ihrer hohen Kosten in Europa für nicht mehr angemessen.

*

Neben Griechenland und dem Nahen Osten gehörte auch Afrika zu meinem neuen Verantwortungsbereich als »Director of Operations«. Die IBM war damals in fast allen schwarzafrikanischen Ländern vertreten, und das mit einem Anspruch, der weit über die rein geschäftlichen Belange hinausging. Man wollte einen Beitrag zur Entwicklung dieser jungen Staaten leisten und legte deshalb Wert auf gute Kontakte zu den politisch Verantwortlichen. Zwar kümmerte ich mich als Vertriebschef darum, dass unsere Rechenanlagen verkauft wurden, musste aber gleichzeitig als IBM-Manager Gespräche mit Ministern und Präsidenten führen. Eine meiner Aufgaben bestand darin, die weißen Mitarbeiter langsam gegen schwarze auszuwechseln, sodass unsere Kunden von ihren eigenen Landsleuten betreut werden konnten. Ich heuerte begabte Bewerber an und sorgte für ihre Ausbildung, damit sie eines Tages in Spitzenpositionen aufrücken konnten.

Eine besondere Herausforderung stellte Südafrika dar. Damals herrschte noch strenge Rassentrennung, die so genannte Apartheid, und der Schwarzenführer – und spätere erste Präsident des neuen Südafrika – Nelson Mandela saß noch im Gefängnis auf Robben Island. Schnell geriet ich dort zwischen die Fronten: Einerseits hatte ich die Firmenphilosophie der IBM Amerika durchzusetzen, nämlich die Schwarzen zu fördern; andererseits verärgerte ich damit einige unserer »weißen« Kunden, die zudem darauf hinwiesen, dass gegen geltendes Recht verstoßen wurde: Schwarze durften keine Manager werden, und schon gar nicht Manager, die weißen Mitarbeitern übergeordnet waren. Aber wir blieben stur und wollten auch in Südafrika unsere Standards durchsetzen.

Ich habe schnell begriffen, dass in solchen Ländern ein multinationaler Konzern eine Vorbildfunktion ausübt. Freiheiten, die politisch noch undenkbar scheinen, können innerhalb des Unternehmens bereits verwirklicht werden. Ein scheinbar banales Beispiel dafür sind die Toiletten. Wie noch 1964 an der Tankstelle in Florida musste ich auch 1976 in Südafrika erleben, dass Weiße und Schwarze bei gleichen Bedürfnissen verschiedene Räumlichkeiten aufzusuchen hatten. Das war bei unseren Firmenkunden so, in staatlichen Gebäuden, überall. Wir dagegen haben die getrennten Klos abgeschafft. Wir stellten die ersten schwarzen Manager ein, ja wir ließen weiße Kollegen unter diesen schwarzen Managern arbeiten. Es funktionierte natürlich, trotz heftiger Kritik der Kunden. Doch unsere Philosophie hieß nun einmal: »Everybody is equal, everybody has the same chances«, und dies nicht nur wegen unserer eigenen Standards, sondern auch infolge der amerikanischen Gesetzgebung, die Minderheiten förderte. Dieser Gleichheitsanspruch beschränkte sich übrigens nicht nur auf Afrika. Bei der IBM Deutschland haben wir deshalb schon in den sechziger Jahren, als das hierzulande noch kein Thema war, ein Frauenförderungsprogramm aufgelegt, das auch ein Erfolg wurde.

Bald kam für mich eine weitere Front hinzu. Große Anteile der IBM, wie übrigens auch anderer amerikanischer Firmen, werden von »Shareholder«-Gruppen gehalten, deren drei mächtigste in Kalifornien, New Jersey und New York sitzen. Diese Institutionen, zumeist Pensionsfonds, vertreten die Interessen ihrer Aktionäre, zu denen auch Lokalpolitiker zählen. Wenn die New Yorker Gruppe von Anteilseignern etwa verkündet, wir werfen unsere IBM-Aktien auf den Markt, weil diese Firma noch in Südafrika arbeitet und damit das Apartheidregime unterstützt, dann sinkt der Börsenwert des Unternehmens und die verantwortlichen Manager bekommen Ärger. Eine andere Gruppe, sagen wir in Kalifornien, könnte empfehlen, keine IBM-Computer mehr zu kaufen, und damit wäre ein Markt bedroht, der hundertmal so groß ist wie der in Südafrika. Mit anderen Worten: Wenn die Shareholder Druck machen, sitzen die Manager meist am kürzeren Hebel. Wir mussten ihnen also unsere positive Rolle am Kap permanent demonstrieren.

Für mich persönlich bedeutete das, den Anteilseignern immer wieder klarzumachen, wie wichtig die Anwesenheit der IBM für die Schwarzen sei. Ständig wurde ich mit der Forderung nach einem Selbstembargo konfrontiert – eine Maßnahme, die ich generell für völlig untauglich halte –, als wäre mit dem Abbruch des Engagements auch nur das Geringste gewonnen; ständig wies ich im Gegenzug auf unsere Vorreiterstellung in Sachen Gleichberechtigung hin und die wachsende Zahl von Schwarzen, die wir einstellten. Heute zeigt es sich, dass Firmen wie BMW, Daimler-Benz oder VW, die damals ausharrten und den »Pressure-Groups« zu Hause widerstanden, besonders hohes Ansehen unter der neuen Regierung genießen. Man ist ihnen dankbar, dass sie in schwierigen Zeiten an ihren humanen Standards festgehalten haben. Allerdings möchte ich nicht verschweigen, dass die IBM, um den Druck der Shareholder abzuschütteln, das Unternehmen tatsächlich veräußerte, um es nach Ende der Apartheid wieder zurückzukaufen.

Während der Jahre, in denen ich dort für die IBM Verantwortung trug, war der Verkauf von Computern längst Nebensache geworden, ja es gab sogar einen Fall, in dem wir uns verzweifelt darum bemühten, ein Geschäft wieder rückgängig zu machen. Im »Department of Prisons«, der südafrikanischen

Gefängnisverwaltung, stand seit langem ein IBM-Computer, der für rein administrative Aufgaben eingesetzt wurde. Nun saßen in diesen Gefängnissen viele Schwarze, und die Tatsache, dass dort einer unserer Computer stand, wurde von den Shareholdern sehr übel vermerkt, kurz, man forderte dessen Entfernung. Was sollte ich tun? Ich konnte ihn ja nicht mit Gewalt abbauen lassen, ganz zu schweigen von der empörten Reaktion anderer Kunden, die irgendwann Ähnliches befürchten mochten. Es war das einzige Mal, dass ich den Besitzer eines IBM-Computers mit aller Macht und Eloquenz davon überzeugen musste, unsere Anlage hinauszuwerfen. Dankbar sprang eine japanische Firma ein, die sich wegen der politischen Implikationen keine grauen Haare wachsen ließ und ihr eigenes Produkt installierte, ohne dass irgendjemand daran Anstoß genommen hätte.

Natürlich gehörte es auch zu unseren Aufgaben, die schwarze Opposition zu treffen. Ich sprach sowohl mit deren politischen Vertretern, die, mehr oder minder aggressiv, den Kampf gegen die weißen Unterdrücker predigten, als auch mit dem eher auf Vermittlung bedachten Bischof Tutu, der gerade in Amerika hohes Ansehen genoss. Dessen Sohn hatten wir übrigens, auch im Hinblick auf die politische Symbolik, in einer unserer Geschäftsstellen eingestellt. Es hätte mich fast meinen Job gekostet.

Ich höre noch die alarmierte Stimme unseres »General Managers«, Jack Clark, der mich in Paris mitten in der Nacht aus Südafrika anrief: »Olaf, I just fired Tutu's son.«

Ich traute meinen Ohren nicht. »Wie bitte? Bist du wahnsinnig geworden?«

Er schluckte. »Well, he hit my branch manager in the face. I had to fire him.«

Ich dachte einen Moment nach. »Jack«, sagte ich dann, »das hätte ich auch getan.«

»Do you support me, Olaf?«

»Sure.« Ich versprach ihm Rückendeckung und ahnte bereits, was ich mir damit einhandelte. Zuerst musste ich die Personalabteilung in Amerika informieren, bei der eine ganze Reihe Mitarbeiter ausschließlich damit befasst war, unsere

Arbeit in Südafrika zu beobachten und, mit immer neuen Programmen zur Förderung der Gleichberechtigung, die Shareholder zu beruhigen.

Ich teilte denen also ganz sachlich mit: »We just fired Tutu's son«, und die Antwort lautete nicht, »we support you«, sondern ganz energisch und knapp, ohne die Chance zur Widerrede: »Sind Sie von Sinnen? Sie stellen ihn sofort wieder ein!«

»Nein«, antwortete ich. »Der Mann hat seinen Chef geohrfeigt.«

Die Stimme am anderen Ende der Leitung wurde sehr kalt. »Sind Sie sich über die Tragweite Ihrer Entscheidung im Klaren? Wissen Sie, wer Bischof Tutu ist?«

Natürlich wusste ich es, er war die Inkarnation des guten Menschen in Südafrika. Aber sollte sein Sohn deshalb Narrenfreiheit genießen? Um zu verhindern, dass der dortige Geschäftsstellenleiter demonstrativ entlassen wurde, nahm ich die Verantwortung auf mich. »Ich habe den Manager dazu autorisiert«, erklärte ich, was nicht ganz stimmte. »Wenn Sie schon jemanden feuern wollen, dann sollten Sie gleich mich nehmen.« Die Entscheidung wurde vertagt, eine Konferenz jagte die andere.

»Wegen einer Ohrfeige können Sie diesen Mann nicht einfach feuern«, wurde mir bei dem entscheidenden Gespräch entgegengehalten.

»Well«, antwortete ich, »wegen einer Ohrfeige nicht. Aber verraten Sie mir doch bitte, wie viele Ohrfeigen Bischof Tutus Sohn unserem Manager geben muss, damit wir ihn entlassen dürfen? Zwei, drei, fünf? Sagen Sie es mir.«

Darauf hatten sie keine Antwort. Der junge Mann wurde nicht wieder eingestellt, die befürchteten politischen Komplikationen blieben aus, und so viel ich weiß, hat der gute Bischof auch späterhin nicht viel Freude an seinem Sohn gehabt.

In fast allen schwarzafrikanischen Ländern zeigte die IBM damals Flagge, und für mich als Linienboss bedeutete das neben dem geschäftlichen häufig auch politisches Engagement. In Sambia hatten wir einen »General Manager« eingestellt, der zuvor, was uns besonders beeindruckte, den Gouverneursposten der Zentralbank des Landes bekleidet hatte. Er arbeitete sehr erfolgreich, öffnete uns im Lande alle Türen, und jeder mochte ihn. Auch auf unseren Meetings war es immer etwas Besonderes, den ehemaligen Bankgouverneur in unseren Reihen zu begrüßen. Leider wurde der sympathische Mann, nachdem er unsere Firma wieder verlassen hatte, ins Gefängnis geworfen und vom Regierungschef Kenneth Kaunda des Hochverrats beschuldigt. Wie mir seine verzweifelte Frau versicherte, die mich telefonisch auf dem Laufenden hielt, erwartete ihn mit großer Wahrscheinlichkeit der Tod. Da ich mich, obwohl er nicht mehr zum Unternehmen gehörte, für ihn verantwortlich fühlte, beauftragte ich eine Londoner Anwaltskanzlei, seinen Fall zu übernehmen, was innerhalb des Commonwealth möglich ist. Monatelang saß unser Freund, den Galgen vor Augen, im Gefängnis, bis das Gericht zusammentrat und die Anwälte zum Zug kamen. Stillschweigend unterstützt von Cassani, kümmerte ich mich um den Prozess, hielt Kontakt mit seiner Frau, finanzierte die Verteidigung, ohne dass die amerikanische Zentrale etwas davon erfuhr, und holte schließlich den Exgouverneur buchstäblich vom Haken. Der Gerettete und seine Frau dankten mir später überschwänglich, aber das Schönste für mich war ein Anruf Cassanis, der mir in der gewohnten Nüchternheit seine Anerkennung darüber ausdrückte, wie ich diese Sache »über alle Köpfe hinweg« durchgeführt hätte.

Auch wenn es dem Klischee vom weißen Kapitalisten, der die Dritte Welt kolonialistisch ausbeutet, vollkommen widerspricht – die IBM bemühte sich damals, den Entwicklungsländern mit großzügigen Projekten zu helfen. Es gab ein eigenes Gremium, das »Corporate Responsibility Board«, in dem Vorschläge diskutiert, Stipendien verteilt, Projekte gestartet wurden. Wir halfen bei der Aufforstung der Sahelzone, bauten Schulen, lieferten überlebenswichtige Geräte und beteiligten uns an jeder Form von Entwicklungshilfe. Für mich gehörte das zur täglichen Arbeit, und ich zweifelte nie an der Einsicht, dass, wer einmal Computer verkaufen will, zuerst für eine funktionierende Infrastruktur sorgen muss.

Ich bedaure es sehr, dass diese Zeit vorüber ist. Afrika wurde zum einzigen Weltteil, der von der Globalisierung nicht profitiert hat. In den meisten seiner Staaten konnten weder Marktwirtschaft noch Demokratie oder Menschenrechte durchgesetzt werden. Viele westliche Politiker haben Schwarzafrika deshalb abgeschrieben, viele Firmen, darunter auch die IBM, ihm den Rücken gekehrt. Wenn nicht bald das Ruder herumgerissen wird, muss man befürchten, dass Afrika zu einem verlorenen Kontinent wird.

*

1978 wurde ich zum »Director of Operations« für eine Reihe mitteleuropäischer Länder ernannt, womit mein Territorium, zu dem Belgien, Holland, die Schweiz und Spanien gehörten, in der IBM-Hierarchie an Wichtigkeit gewonnen hatte. Ich betrachtete mich in erster Linie nicht als Vorgesetzter meiner »Country Manager«, sondern als deren Freund, der mit ihnen zusammen die Unternehmensziele verfolgte. Zum ersten Mal sah ich mich damals mit einer höchst betrüblichen Situation konfrontiert: Unsere Schreibmaschinenfabrik in Amsterdam war unrentabel geworden, und ich musste den Kampf gegen die drohende Schließung aufnehmen.

Was war der Grund? Holland hatte sich eine hausgemachte Wirtschaftskrise bereitet, in der die Arbeitslosigkeit auf zehn Prozent hochschnellte, der Staatshaushalt außer Balance geriet und ein Unternehmen nach dem anderen in Konkurs ging. Die Regierung hatte sich, in sozialistischem Überschwang, zu viele Ausgaben genehmigt, eine Wohltat nach der anderen verteilt, und plötzlich sah man sich, zusammen mit Großbritannien, als Schlusslicht Europas. Holland war zum kranken Mann Europas geworden.

Hautnah erlebte ich diese Krise mit und ich kann sagen, dass die IBM Holland mir mehr Probleme bereitete als alle anderen Länder zusammen. Die Lohnkosten schossen nach oben, das Management konnte nicht mehr entscheiden, da der Betriebsrat alles kontrollierte und im Sinne des neuen Wohlfahrtsstaates umorganisierte. Durch Flächentarifverträge, von den Gewerkschaften ertrotzt, wurden Gehälter festgeschrieben, die selbst durch deutliche Preiserhöhungen nicht mehr erwirtschaftet werden konnten. Mit mathematischer Präzision ließ sich voraussagen, wann unsere schöne Fabrik zahlungsunfähig sein würde. Kurz gesagt, wir verloren den Kampf und mussten, schweren Herzens, die Tore schließen.

Seitdem hat sich ein dramatischer Wandel vollzogen, und ich berichte von meiner damaligen Niederlage als begeisterter Anhänger des neuen holländischen Modells. Ende der siebziger Jahre war der Staat als soziale Verteilungsmaschine gescheitert. Holland und Großbritannien sahen sich vor einem Debakel, und beide entwickelten verschiedene Strategien, sich aus eigener Kraft daraus zu befreien. Während Maggie Thatcher bei den Gewerkschaften mit sprichwörtlicher Brachialgewalt aufräumte, was noch heute zu sozialem Ungleichgewicht führt, zog Holland einen sanfteren Weg vor: Die Gewerkschaften ließen sich, in letzter Sekunde, zur Vernunft bringen, und dies wurde zum Ausgangspunkt des holländischen Wunders. Gemeinsam erarbeitete man Reformen, die der Wirtschaft den lebensnotwendigen Freiraum gaben, ohne dass dabei, wie in England, der soziale Bereich zu kurz kam. In beiden Ländern herrscht heute eine niedrige Arbeitslosigkeit, der Staatshaushalt kommt ohne Neuverschuldung aus. Und beide gehören zum Spitzenfeld der modernen Informationsgesellschaften.

»Denk ich an Deutschland in der Nacht«, dichtete Heinrich Heine einst im Pariser Exil, »bin ich um den Schlaf gebracht.« Was ich Ende der Siebziger mit Holland erlebte, könnte sich sehr wohl in der heutigen Bundesrepublik wiederholen. Denn die Prosperität, die wir erleben, verleitet die Politiker zu denselben Fehlern, die damals in Holland begangen wurden: Immer neue soziale Wohltaten werden mit der Gießkanne ausgeschüttet, während der Freiraum der Verantwortlichen in den Unternehmen, denen der Wohlstand hauptsächlich zu verdanken ist, immer mehr eingeschränkt wird.

Dieselben Szenarien, die sich damals in Holland und Großbritannien abspielten, sehe ich entsprechend auch für unser Land voraus. Modell eins: Deutschland kann so weiterwursteln wie bisher und den Karren gegen die Wand fahren; was unvermeidlich dazu führt, dass eine deutsche Maggie Thatcher aufräumen wird, mit allen unerwünschten Konsequenzen.

Oder, Modell zwei, man lernt von Holland und kriegt die Kurve, indem man sich zusammensetzt und gemeinsam die nötigen Reformen durchsetzt – Reformen, die endlich Schluss machen mit der anachronistischen Marktregulierung, den unbezahlbaren Wohlfahrtsgeschenken, den Flächentarifverträgen, die zwangsläufig, da keiner sie finanzieren kann, zu neuer Arbeitslosigkeit führen, und der übertriebenen Mitbestimmung, die ausländischen Investoren den Standort Deutschland gründlich verleidet. Die holländische Erfahrung zeigt, was geschehen muss. Ob die Deutschen klug genug sind, von ihren Nachbarn zu lernen, ist – siehe Heinrich Heine – eine andere Frage

Wem dies nach hartem Konservatismus klingt, der täuscht sich. Ich selbst sehe mich als liberal, also im Wortsinn: der Freiheit verpflichtet. Ich bin überzeugt, dass die Menschen nur dann ihr wahres Leistungsniveau, man kann auch sagen: ihre wahre Kreativität erreichen, wenn man ihnen die Freiheit dazu gibt. Anfang der Siebziger war ich begeisterter Anhänger Willy Brandts, der mir wie die Verkörperung einer neuen politischen Freiheit erschien. Bei den Bundestagswahlen 1972 ging mein Eifer so weit, dass ich zwei gehbehinderte Damen, die in unserem Haus in der Ismaninger Straße wohnten, im Rollstuhl zum Wahllokal brachte, damit sie ihre Stimmen dem SPD-Hoffnungsträger geben konnten.

An »Willy« knüpfte ich große Zukunftshoffnungen: Ich hatte die alten Herren satt, die ewige CDU-Herrschaft beziehungsweise die »große Koalition«, die unser Land zum Stillstand gebracht hatte. Überall in der westlichen Welt kam es zu politischem Wandel, nur bei uns blieb alles beim Alten – ob Adenauer, Erhard oder Kiesinger, es gab immer die gleiche Politik, die gleichen Reden, die gleichen Gesichter. Willy war irgendwie anders, er brachte, wie einst Kennedy in Amerika, frischen Wind in die politische Landschaft. Weniger dagegen konnte ich mit seiner Ostpolitik anfangen. Ehrlich gesagt, es hat mich angewidert, wenn ich sah, wie westliche Politiker jene Menschenverächter umarmten, die ohne demokratische Legitimation regierten und ihre Völker hinter Stacheldraht hielten. Und wie viele Intellektuelle predigten uns damals die Segnungen des Sozialismus, als wären sie blind für die Wirklichkeit jenseits des Eisernen Vorhangs. Darin allerdings, dass die Fronten aufgebrochen und ein vernünftiger Dialog begonnen werden musste, stimmte ich mit Willy Brandt überein. Ich zweifelte nicht daran, dass der Weg, den er einschlug, der richtige war.

Als die Opposition ein Misstrauensvotum gegen ihn einbrachte, war ich gerade aus Paris zu Besuch in München. In unserem »Manufacturing Industry Center« hingen wir gebannt vor dem Fernseher, wo die Abstimmung live übertragen wurde, und drückten Willy die Daumen. Wir brachen in Jubel aus, als er es schaffte und Rainer Barzel seine Niederlage eingestehen musste. Hätte ich damals gewusst, dass die eine Stimme Mehrheit, die Willy Brandts Kanzlerschaft rettete, von der DDR gekauft war, hätte sich meine Begeisterung vermutlich in Grenzen gehalten.

5

Paris ist für mich mit Abstand die schönste Stadt der Welt. Sie verbindet ihre großzügige und elegante Lebensart mit einer einmaligen Architektur, die von der Gotik der großen Kirchenbauten über die Stadtpaläste des Ancien Régime bis zu den großzügigen Schneisen und Boulevards des neunzehnten Jahrhunderts führt – eine lebendige Enzyklopädie der Baukunst eines ganzen Jahrtausends, umgeben von Grünanlagen, weitläufigen Parks und Wäldern. Gleichzeitig hat man es verstanden, die großen Bürotürme und Fabrikklötze, mit der die Moderne die Städte verunziert, an den Rand zu drängen. Den prächtigsten Blick auf die Seinemetropole genießt man übrigens nicht vom Eiffelturm, sondern vom Tour Montparnasse, weil man von dort die Stadt in alle Himmelsrichtungen überblicken kann und den Tour Montparnasse selbst nicht sehen muss.

Unsere Wohnung in der Rue de Rivoli, der klassischen Rive-Droite-Gegend, umgeben von Modeboutiquen und vornehmen Geschäftshäusern, lag in Fußnähe zu meinem Büro an der Faubourg St. Honoré, schräg gegenüber der englischen Botschaft. Es fiel mir nicht leicht, zu meinen französischen IBM-Kollegen persönlichen Kontakt aufzunehmen. Zu den Eigenheiten der Pariser gehört es nämlich, ihr Appartement, ihren Landsitz, überhaupt ihr Familienleben abzuschirmen. Es kam nicht allzu häufig vor, dass wir eine Einladung in ihre Wohnung bekamen, und zumeist nur dann, wenn sie bereits des Öfteren bei uns zu Gast gewesen waren und nicht mehr um die Gegeneinladung herumkamen.

Gewiss lag es nicht daran, dass der klassische Pariser Bourgeois keine Wohnung hätte, die sich vorzeigen ließe – im Gegenteil. Wir bemerkten immer wieder, dass die Stadtwohnungen unserer dortigen Kollegen weit geschmackvoller und aufwändiger eingerichtet waren als, sagen wir, jene der deutschen IBMer. Ob die Pariser sich nun ultramodern einrichteten oder traditionell, nach ihren drei Königen – Louis XIV., XV. und XVI. – oder ganz einfach das Erbmobiliar ihrer Eltern arrangierten, sie bewiesen immer etwas, das in deutschen Behausungen eher selten anzutreffen ist – Stil.

Ich habe mich damals oft gefragt, wie die Franzosen mit Gehältern, die ungefähr den unseren entsprechen, scheinbar einen weit höheren Lebensstandard erzielen. Man lebt in eindrucksvollem Ambiente, gönnt sich ein Haus auf dem Land, ob an der Côte d'Azur oder in der Normandie, man geht regelmäßig und aufwendig zum Dinieren aus. Und es gibt dort – als begeisterter Segler weiß ich, wovon ich spreche – weit mehr Jachtbesitzer als bei uns. Meine Erklärung dafür lautet: Was auf der einen Seite ausgegeben wird, muss wohl auf einer anderen eingespart werden. Etwa bei den Autos. Zwar liebt man dort elegante Schlitten, mit Vorliebe deutscher Provenienz, doch gibt man deutlich weniger dafür aus. Weniger ein Prestigeobjekt als ein Nutzgegenstand, fährt man die Reifen etwas länger als bei uns, gibt den Wagen etwas seltener zur Wäsche und denkt nicht daran, wegen einem Kratzer eine ganze Seite neu lackieren zu lassen.

Eine weitere Kostenersparnis ergibt sich für den Franzosen daraus, dass er das Auslandsreisefieber der Deutschen nicht teilt. Während wir jährlich siebzig Milliarden Mark, also die Hälfte unseres Exportüberschusses, für diese Sucht ausgeben, die uns bis in die entferntesten Winkel der Welt führt, zieht der Franzose die heimische Umgebung vor. Er verbringt den Urlaub auf seinem Landsitz, an den eigenen Stränden, in den Provinzen mit ihren gastronomischen Verlockungen. Das chronische Fernweh der Deutschen, dem auch ich noch immer erlegen bin, liegt ihm fern.

Schließlich hilft auch der Staat seinen Bürgern, ihr Leben so angenehm wie möglich zu gestalten. Die Möglichkeiten, Steuern zu sparen, sind, vor allem im Handwerk und in den freien Berufen, schier unbegrenzt, und die Bürokratie, weit entfernt von der routinierten Unerbittlichkeit der deutschen Behörden, drückt gerne ein Auge zu, manchmal auch zwei. Die Steuererklärung kann man dort selbst ausfüllen und bis auf den Centime genau ausrechnen, wie hoch die Nach- oder Rückzahlung ausfallen wird. Ein letztes, vielleicht nicht ganz unwichtiges Element wäre die Korruption. Ohne behaupten zu wollen, dass Frankreich geradezu eine Neigung dazu besäße, habe ich selbst erfahren, dass deren Akzeptanz weit höher ist als bei uns. Man nimmt sie als selbstverständlich hin. Als wir einmal im Pariser Büro über den Fall der Madame Giscard d'Estaing sprachen, die von einem afrikanischen Despoten ein heimliches Juwelengeschenk angenommen hatte, fanden meine französischen Kollegen gar nichts dabei, ja sie wollten partout nicht glauben, dass dies bei uns nicht ebenso sei.

Trotz der Unterschiede zwischen unseren Nationen konnte ich in den insgesamt siebzehn Jahren, die ich dort lebte, keinen einzigen Fall von Deutschenfeindlichkeit oder Animosität gegen mich wegen meiner Nationalität feststellen. Zugleich gab man sich aber betont patriotisch. Die Franzosen sind stolz auf ihr Land und ihre Geschichte, und auch das unterscheidet uns wohl deutlich von ihnen. Ob wir in diesem Punkt allerdings von ihnen lernen können, weiß ich nicht. Ehrlich gesagt halte ich das Getue um die Grande Nation und ihre Gloire samt Trikolore und krähendem Hahn für eine Spur übertrieben.

Der französische Nationalstolz hat eine ausgesprochen zentralistische Prägung. Während man bei uns in erster Linie Hamburger oder Bayer und dann erst Deutscher ist, halten die Franzosen es umgekehrt. Als großer Fußballfan habe ich mich in Paris für die Ergebnisse meiner Lieblingsmannschaft, des HSV, immer weit mehr interessiert als für die unserer Nationalmannschaft. Für einen Franzosen wäre das undenkbar. Hinter dieser Fixierung verbirgt sich allerdings ein politisches Manko: Frankreich ist traditionell ganz auf Paris ausgerichtet, und ich habe immer wieder erlebt, dass die Verwaltung des Ortes in der Normandie, wo wir ein Haus haben, nichts zu sagen hatte, sondern sich bei allem an den Präfekten in Caen wenden musste, der von Paris eingesetzt war. Wenn es also einen Punkt gibt, an dem die Franzosen von uns Deutschen lernen könnten, dann ist es der: Sie brauchen mehr von dem Föderalismus, wie wir ihn in der Bundesrepublik haben.

Zu meinem großen Befremden habe ich damals bemerkt, dass Teile der Pariser Elite, wie übrigens auch der New Yorks, nicht frei sind von Antisemitismus. Des Öfteren spielte man mir gegenüber darauf an, wohl in der Meinung, dass man damit bei einem Deutschen auf Zustimmung stoße. Dieses Ressentiment zeigt sich jedoch nie an der Oberfläche, und sicher werde ich mit dieser Randbemerkung bei meinen französischen Gesprächspartnern empörte Dementis auslösen. In Deutschland dagegen ist, nach meiner Beobachtung, in den gebildeten Schichten von Antisemitismus nichts mehr zu spüren; allerdings treibt man bei uns die »political correctness« so weit, dass man selbst dann nicht über einen jüdischen Witz lachen kann, wenn er von einem Juden vorgetragen wird.

*

Auch in Frankreich ließ mich die Lust am Segeln nicht los. An einem freien Wochenende im Sommer 1973 fuhren wir zum Badeort Deauville am Ärmelkanal, um uns ein neues Boot anzuschaffen. Wir flanierten durch diese Stadt mit dem Flair des Fin de Siècle, in der sich einst, wie in Nizza, Cannes oder Baden-Baden, Europas Hautevolee ein Stelldichein gab. Aus Paris wie aus London kam man damals angereist, um die mondänen Strandpromenaden zu genießen. Mit seinen angelsächsisch wirkenden Fachwerkhäusern, dem Casino und den alten Hotels lässt dieses Seebad noch heute das Flair seiner luxusverwöhnten Vergangenheit erahnen. Da uns die Atmosphäre schnell gefangen nahm, wollten wir uns einen »Drachen«, die etwas kleinere Ausgabe des 45ers, samt Liegeplatz sowie ein Appartement in der Nähe des Jachthafens aussuchen.

Dann blieben wir am Schaufenster eines Immobilienmaklers hängen. Ein Reet gedecktes Haus, dreihundert Jahre alt und von zwei Hektar Land umgeben, stach uns ins Auge. Es war nur wenige Kilometer von Deauville entfernt und kostete doch nicht mehr als die kleine Stadtwohnung. Das urige Bauernhaus wirkte so stark auf uns, dass wir die Segelleidenschaft hintanstellten und mit dem Makler zur Besichtigung fuhren. Es war noch eindrucksvoller, als wir es uns vorgestellt hatten. Wir kauften es auf der Stelle und wurden für die nächsten Jahre zu Wochenendfarmern.

Unser normannisches Reethäuschen war aber nur die Einstiegsdroge in das Landleben, denn 1980 tauschten wir es gegen ein Bauerngut in Blangy-le-Château im Department Calvados ein. Es handelte sich um einen Manoir aus dem Jahr 1540, mit Gebäuden, Stallungen und Scheunen, allesamt älter als die französische Revolution, umgeben von 38 Hektar Wirtschaftsfläche. Auch hier musste erst einmal kräftig restauriert werden, und ich habe im Lauf der Jahre nicht nur einen Großteil meiner Freizeit, sondern auch ein kleines Vermögen für den Erhalt dieses französischen Kulturdenkmals aufgewendet.

Zuerst legte ich die vier Kamine des Manoirs frei, ließ dann das schwarze Schieferdach durch die roten Originalziegel ersetzen und renovierte die Wirtschaftsgebäude. In einem von ihnen, dem »Pressoir«, keltert ein Bauer noch heute für uns den Cidre aus unseren eigenen Äpfeln, und der Saft wiederum bietet die Grundlage für den Schnaps, der diese Gegend berühmt gemacht hat. Einmal im Jahr kommt ein Traktor bei uns vorgefahren, der auf seinem Anhänger eine Art alchemistische Küche transportiert, mit Ballon, Kupferkessel, Röhren und Ventilen, um mittels dieser Destillationsanlage den Calvados zu produzieren. Der Vorgang ist recht einfach: Oben gibt man den Cidre hinein, und unten kommt er, nach geraumer Zeit, als Calvados wieder heraus. Der Betreiber der mobilen Anlage besitzt ein Privileg, das nach dem Ersten Weltkrieg an Invaliden vergeben worden war, die es wiederum weitervererben durften. Noch heute profitieren ganze Familien davon, dass ihr Großvater einst vor Verdun ein Bein verloren hat.

Das Gutshaus ist von Viehweiden umgeben, auf die der Bauer kostenlos seine Kühe treiben kann, wofür er im Gegenzug auf unsere Farm aufpasst. Ein paar hundert Apfelbäume wachsen auf dem Grund und auch Mais, der als Viehfutter dient.

Wir besitzen sogar einen kleinen Wald, in dem wir spazieren gehen – wenn nicht gerade Jagdsaison ist und die Franzosen, scharf auf Hasen, Rebhühner und Fasanen, wie die Teufel in der Gegend herumschießen.

Wie ernst es ihnen mit diesem fragwürdigen Freizeitsport ist, habe ich einmal selbst erleben können. Als wieder einmal die Schonzeit zu Ende ging, brachte ich auf unserem Grundstück Schilder mit der Aufschrift »Chasse Interdit« an, unübersehbar für jeden, der sich näherte. Das schien die Jagdgesellschaft nicht im Geringsten zu stören, die sich über mein Wäldchen verteilte und mit der Knallerei begann, als gäbe es die Verbotsschilder nicht. Wutentbrannt eilte ich zum Ort des Geschehens und machte die Jagdgesellschaft in aller gebotenen Höflichkeit auf meine Schilder aufmerksam. Man hörte mich stumm und ernst an, bis einer der Herren seine Flinte hob und eine Ladung Schrot in das Geäst des Obstbaums schoss, unter dem ich stand, worauf ein Birnenregen auf mich niederging und die Jagdpartie, kommentarlos, weiterzog. Immerhin ließen sie an diesem Tag meine Hasen unbehelligt.

*

Aber ich bin der Zeit vorausgeeilt. Drei Jahre bevor ich das Bauerngut erwarb, schickte mich die IBM in mein einstiges Traumland – doch diesmal wollte ich nicht. Denn zum einen hatte ich Gefallen gefunden am Leben zwischen der Rue de Rivoli und dem Calvados, und zum anderen graute mir vor einer Stabsposition, die mir in Amerika in Aussicht gestellt wurde. Als »Area General Manager« hatte ich eine Linienposition inne, das heißt, ich war für das Geschäft verantwortlich, konnte in das Geschehen eingreifen und für das Unternehmen Geld verdienen. Und ich war immer unterwegs. Der Stab dagegen, zu dem die Rechts-, die Finanz- oder auch die Personalabteilung zählen, kostete die Firma nur Geld, man saß immer im selben Büro, umgeben von beamtenhaften Typen, und manch einer arbeitete nur deshalb dort, weil er in der Linie versagt hatte. Und gerade ich sollte dorthin?

Andererseits gehörte es zur Unternehmensphilosophie, dass Führungskräfte zwischen Linien- und Stabspositionen abzuwechseln hatten. Und ich erfuhr, dass die Anregung zu dieser Versetzung von meinem alten Förderer, Kaspar Cassani, gekommen war. Ich beschloss also, mich zu fügen, und flog mit Frau und zwei Töchtern – zu Helene war 1976 Hester hinzugekommen – nach Armonk ins Hauptquartier der IBM. Mein neuer Titel lautete »Director of International Employee Relations«, und fortan war ich in der Personalabteilung für weltweite Personal- und Gewerkschaftsfragen zuständig. Das war gut geplant von Cassani, denn damals standen dem Unternehmen gerade von dieser Seite große Probleme ins Haus. Ich arbeitete mich also in weltweite Gewerkschafts- und Mitbestimmungsfragen ein, um dem Linienmanagement im Krisenfall als Berater zur Seite zu stehen.

Der Krisenfall trat denn auch gleich ein: In Deutschland war ein neues Mitbestimmungsrecht eingeführt worden, das meine Kollegen in Armonk sehr beunruhigte. Es schien ihnen nur schwer vorstellbar, dass ein Unternehmen im Aufsichtsrat nicht allein durch die »Shareholder«, sondern zur Hälfte durch Mitarbeiter- und Gewerkschaftsvertreter kontrolliert wurde. Man empfand das als Enteignung durch die Hintertür. Auch andere amerikanische Firmen, wie Ford, General Motors oder Hewlett Packard, äußerten damals ihre Besorgnis, und der US-Botschafter wurde bei der Bundesregierung vorstellig, um die Bedenken der »Shareholder« vorzutragen.

Auch aus einem anderen Grund konnte man sich mit diesem Modell nicht anfreunden: Die IBM war immer stolz darauf gewesen, dass ihr Betriebsklima und die privilegierte Stellung der Mitarbeiter eine Einflussnahme durch die Gewerkschaft überflüssig machte. Diese wiederum hatte des Öfteren versucht, einen Fuß in die Türe zu bekommen, doch die Belegschaft war reserviert geblieben. Wozu brauchte man unerbetene Ratschläge von außen, wenn man sehr gut auch alleine zurechtkam? Aber nun hatte der deutsche Gesetzgeber entschieden, uns dieses System für den Aufsichtsrat aufzuzwingen, und ich konnte keinen Spielraum erkennen, wie dies noch abzuwenden wäre.

Ich warb also dafür, nicht in Panik zu verfallen und etwa geplante Investitionen in Deutschland deshalb zurückzuziehen.

Außerdem war meine Einstellung zur Mitbestimmung eher positiv, da sich meine bisherige Zusammenarbeit mit diesen Gremien in Deutschland meist als problemlos erwiesen hatte – zu meiner Erleichterung ergab es sich dann auch, dass unter den drei Gewerkschaftsvertretern im Aufsichtsgremium der IBM Deutschland zwei IBMer waren, was die Zusammenarbeit unkompliziert gestaltete. Zudem konnte ich die Kollegen in Armonk damit beruhigen, dass unter den Vertretern der Mitarbeiter auch ein leitender Angestellter vorgesehen war. Zu meinem Schrecken musste ich dann entdecken – und ich fürchte, viele Firmenbosse haben es bis heute nicht entdeckt –, dass der Vertreter der Leitenden im Aufsichtsrat nicht etwa, wie man annehmen müsste, durch die Leitenden, sondern durch die gesamte Belegschaft gewählt wird. Dies gehört zu den vielen Webfehlern eines Gesetzes, das seit seiner Einführung, davon bin ich überzeugt, der deutschen Wirtschaft weit mehr Schaden als Nutzen gebracht hat.

»Im Deutschen lügt man, wenn man höflich ist«, bemerkte Goethe einmal, und leider gilt das auch für die Mitbestimmung. Unter den Bossen wird man kaum einen finden, der dieses Modell nicht lobte, und seinen Gesamtbetriebsrat sowieso. Die Zusammenarbeit wird grundsätzlich als hervorragend geschildert, keiner scheint auf die Idee zu kommen, einmal Zweifel an diesem System anzumelden. Und das liegt ganz einfach daran, dass es »politically incorrect« wäre, die deutsche Mitbestimmung zu kritisieren, geschweige denn diese Kritik in die Öffentlichkeit zu tragen. Man zieht es vor, zu heucheln und gute Miene zu einem Spiel zu machen, von dem man eigentlich gar nicht überzeugt ist.

Ich lehne dieses System aus einer Reihe von Gründen ab, von denen jeder Einzelne, wie ich finde, bereits genügen sollte, sich nach einer Alternative umzusehen. Beginnen wir mit einem entscheidenden Nachteil: In einem Unternehmen muss klare Verantwortlichkeit herrschen – genau die wird durch die Mitbestimmung verwischt. Wer gegen seine Überzeugung ständig Kompromisse schließen muss, kann zwangsläufig gar nicht mehr hinter allen Beschlüssen stehen. Wie oft habe ich als Aufsichtsrat erlebt, dass der Vorstandsvorsitzende einen bestimmten Kandidaten für eine Position favorisierte, weil er ihn für den Geeignetsten hielt, und doch, gegen seine Überzeugung, dem Gremium einen Schwächeren vorschlug, weil nur dieser auf die Arbeitnehmerstimmen hoffen konnte. Die fatale Konsequenz besteht nun darin, dass die Verantwortlichen nicht mehr voll hinter dem stehen, was sie eigentlich zu verantworten haben, und, statt sich zu ihren Entscheidungen zu bekennen, zu Heuchlern werden. Kein Vorstand würde öffentlich zugeben, dass er sich regelmäßig, um die Arbeitnehmerstimmen zu gewinnen, in vorauseilendem Gehorsam übt.

Derlei heimliche Unterwürfigkeit macht sich auch gegenüber den Medien bemerkbar, die oft genug über Wohl und Wehe von Unternehmensführern entscheiden. Um sich vor der Öffentlichkeit in ein möglichst günstiges Licht zu setzen, üben sich manche Firmenchefs in Populismus und fragen erst in zweiter Linie, ob ihre Ansichten auch der Firma nützen, die sie vertreten. Ich erinnere mich an den Autochef Daniel Goeudevert, der sich, ebenso publikumswirksam wie wirklichkeitsfremd, in Talkshows für ein Tempolimit einsetzte und sich damit das Nobeletikett eines »Querdenkers« verdiente – geradeaus Denken scheint in unserer Gesellschaft keinen besonders hohen Stellenwert zu haben.

Auch gibt es bei uns, fürchte ich, schon genügend Politiker, die sich vor jedem Satz überlegen, wie er womöglich bei den Wählern ankommt, und jede Entscheidung davon abhängig machen, ob sie ihrer Popularitätsquote aufhilft. Die Wirtschaft kann sehr gut auf schulterklopfende Heroen verzichten, die sich beim »kleinen Mann« beliebt machen und zugleich um unpopuläre Strukturreformen einen weiten Bogen machen. Dass alles Unangenehme gerne dem Nachfolger überlassen wird, gehört auch zu den typischen Merkmalen des Populismus. Und nicht minder, dass auf Dauer jedes Unternehmen Schaden dabei nimmt.

Auch kostet die Mitbestimmung die deutschen Unternehmen Geld, sehr viel Geld. Wir gönnen uns über zweihunderttausend Betriebsräte in Deutschland, von denen viele freigestellt sind, und fragen uns doch nie, ob sich dieser enorme Kostenaufwand auch lohnt. Dass er mehr bringt als den lieben Konsens – dies Zauberwort einer harmoniesüchtigen Gesellschaft –, müsste erst noch bewiesen werden. Und es fragt sich, ob eine aufgeklärte und transparente Personalpolitik, wie sie von der IBM praktiziert wurde, nicht viel besser zum wahren Konsens beiträgt als der verordnete Stimmenproporz.

Apropos Heuchelei: Man kann sich in deutschen Aufsichtsräten auch nicht mehr die Wahrheit sagen, die Wahrheit, die für das Gedeihen von Unternehmen lebensnotwendig ist. Man kann es nicht, weil immer zehn Vertreter der Arbeitnehmer dabeisitzen, die eine bestimmte Sprachregelung nötig machen. Man vermeidet neuralgische Punkte, weil sie nicht ins harmonische Gesamtkonzept passen. Man redet um den heißen Brei herum, weil man die Gegenseite nicht verschrecken will. Als Aufsichtsrat stellt man dem Vorstandschef lieber nicht die harten Fragen, die eigentlich nötig wären, um ihn nicht vor den anderen Anwesenden zu desavouieren. Statt Klartext bekommt man häufig nur diplomatische Umschreibungen aufgetischt, die immerhin Mehrheitsfähigkeit für sich beanspruchen können. Aber nutzt das dem Unternehmen?

Seit einigen Jahren führt dies dazu, dass es vor den eigentlichen Aufsichtsratssitzungen zu so genannten Anteilseigner-Vorbesprechungen kommt, was von der Arbeitnehmerseite mit den analogen Mitarbeitervertreter-Vorbesprechungen beantwortet wurde. Oft genug werden so die Aufsichtsratssitzungen zu einer Art absurdem Theater, bei dem man sich auf das Ablesen der Regularien und den Austausch von Gemeinplätzen beschränkt; kein Wunder, dass sich dabei die Teilnehmer nur mehr anstarren, weil alles Entscheidende bereits abgesprochen ist.

Dass ich bei meiner Einschätzung des deutschen Mitbestimmungsmodells besonders im Aufsichtsrat nicht ganz allein stehe, zeigt die Reaktion des Auslands. Wieso will keiner es uns nachmachen? Obwohl es schon seit 25 Jahren Ansätze gibt, dieses System europaweit anzuwenden, hat kein einziges Land bisher dazu Neigung gezeigt. Immer wieder hat Arbeitsminister Blüm versucht, diese revolutionäre Errungenschaft mit Kohls Hilfe den Nachbarn aufzuschwatzen, desgleichen sein Nachfolger Riester, vergeblich. Offenbar glaubt ihnen keiner, dass an diesem deutschen Wesen die Welt genesen könnte. Besonders amüsant fand ich, wenn mir der Präsident der Bundesvereinigung der Deutschen Arbeitgeberverbände, BDA, augenzwinkernd zu verstehen gab, dass man mit dem Export unserer Mitbestimmung in andere europäische Länder unseren unbestreitbaren Standortnachteil ausgleichen könnte. Womit immerhin bewiesen wäre, dass sich die Arbeitgebervertreter keine Illusionen über die Nachteile dieses Systems machen. Vielleicht wäre es an der Zeit, noch einmal gemeinsam über den Sinn eines Systems nachzudenken, das, kostspielig und ineffizient, europaweit auf eindeutige Ablehnung gestoßen ist.

*

Nicht weit vom IBM-Hauptquartier Armonk kauften wir uns 1977 in Greenwich/Connecticut für 210 000 Dollar ein Haus, malerisch an einem See gelegen, inmitten von exklusiven Golfplätzen und Freizeitzentren. Es gehörte zu einem so genannten »Private District«, einer abgegrenzten Insel für Wohlhabende, in der private Sheriffs patrouillieren und großer Wert auf gepflegten Lebensstil gelegt wird. Wir wohnten also in jener langweiligen Idylle, wie die Amerikaner sie lieben, wo vor jeder Villa ein dicker Pontiac steht und daneben ein Pick-up, wo jeder jeden kennt und entweder in der Rieseneinkaufs-»Mall« oder auf dem Golfgrün wieder trifft. Man pflegt seinen Rasen und schneidet seine Hecken, hisst an Feiertagen das »Star Spangled Banner« und ist mindestens so stolz auf sein Land wie die Franzosen auf das ihre. Nein, Anregungen fanden wir kaum hier, und um nach New York zu kommen und ein wenig Kultur und Stadtleben zu tanken, mussten wir über eine Stunde auf den Highway.

Eigentlich waren wir nur in diese sterile Welt gezogen, weil man uns gesagt hatte, dass Greenwich ein guter »School District« sei, was in Amerika durchaus nicht selbstverständlich ist. Guten Gewissens schickten wir also unsere schulpflichtige Tochter auf die »Public School« in Greenwich und erfuhren zu unserer größten Überraschung nach einem halben Jahr, dass Helene zur Klassenbesten aufgestiegen war. Schon besorgten wir uns Lektüre, wie man mit hoch begabten Kindern umzugehen habe, als uns dämmerte, dass Helenes Ausnahmestellung weniger über sie als über ihre Schule aussagte. Stutzig geworden, hörten wir uns bei den Nachbarn um, die uns prompt versicherten, dass im ganzen »Private District« kein einziges Kind außer Helene auf die »Public School« gehe – dafür gebe es schließlich Privatschulen. So erhielten wir, wenn auch verspätet, eine Lektion über das amerikanische Erziehungssystem. Wer viel Geld hat, schickt sein Kind auf eine gute Schule; wer etwas weniger besitzt, zieht in einen guten »School District«. Für die breite Masse aber bleibt nur die nächste »Public School«. Die Qualität der Schule, die Helene in Greenwich besucht hatte, zeigte sich zwei Jahre später, als sie in Paris auf der deutschen Schule allergrößte Schwierigkeiten hatte, den Anschluss zu finden. Zum Glück schaffte sie es trotzdem.

Dass die Qualität der Schulerziehung vom Einkommen der Eltern abhängt, gilt interessanterweise nicht für die großen Universitäten wie Harvard, Yale, Stanford oder das MIT. Obwohl auch sie rein privat finanziert sind, suchen sie sich ihre Studenten ausschließlich nach deren Qualifikation aus. Begabte, die über keine Mittel verfügen, werden mit großzügigen Stipendien ausgestattet, die wiederum über Stiftungen und Spenden finanziert werden. Auch dank des amerikanischen Stiftungsrechts sind die Topuniversitäten so wohlhabend, dass sie, bei Bedarf, sämtliche Studenten unterstützen könnten. Für sie zählt nur, dass sie die Besten haben. Wer besonders begabt ist, kann also auch als Kind armer Eltern in einem Eliteinstitut studieren – bis dorthin aber, von der »Public School« bis zur »High School«, spielt der Geldbeutel der Eltern für alle eine entscheidende Rolle, danach für die meisten.

Das kann für uns in Deutschland natürlich kein Vorbild sein. Aber auch wir leiden unter Defiziten im Erziehungsbereich, sowohl an Schulen wie Universitäten, die hauptsächlich auf drei Entwicklungen zurückzuführen sind: die Globalisierung, die Entwicklung der neuen Technologien und die immer kürzere Halbwertzeit des Wissens. Die Gefahr, dass Schülern von heute durch Lehrer von gestern der Wissensstand von vorgestern eingetrichtert wird, besteht überall auf der Welt. Man könnte, ohne Übertreibung, von einer Megakrise im Bildungsbereich sprechen. Ich schließe nicht aus, dass wir bei ihrer Bewältigung gerade von den amerikanischen Elite-Hochschulen einiges lernen können.

In Greenwich herrschte eine betont heile Welt, wo der Verkehr langsam durch die gepflegten Anlagen rollte und keine Grafitti die Wände der Einkaufszentren schmückten. Und wo es, in diesem seltsam abgeschotteten Distrikt, keine einzige schwarze Familie gab. Vielleicht um dieser Sterilität davonzulaufen, begann ich damals zu joggen. Es wurde eine Droge für mich. Ich lief nach der Stoppuhr, und mein Ehrgeiz zwang mich, die jeweiligen Bestmarken immer wieder zu unterbieten. Voller Akribie bereitete ich mich auf den New York-Marathon 1979 vor, ein großes Ziel, für das ich schuftete, als stünde ein geschäftlicher Erfolg auf dem Spiel. Schon hatte ich meine Anmeldung in der Tasche, als eine Grippe mir unmissverständlich signalisierte, dass es auch für mich Grenzen gab. Leider, muss ich sagen. Und noch heute spiele ich mit dem Gedanken, beim nächsten Hamburg-Marathon, oder dem in Berlin vielleicht, meine Kondition unter Beweis zu stellen – in der Seniorengruppe, versteht sich.

Zu den Vorzügen, die ich an Amerika schätze, gehört auch die Tatsache, dass der Anteil an Hausbesitzern im Weltvergleich der Höchste ist. Bau wie Kauf eines Hauses werden einem dort leicht gemacht – die Bürokratie ist schnell zu bewältigen, ein Kredit problemlos zu bekommen, das Bauen einfach und billig, unter anderem weil man leichtes Material vorzieht, im Gegensatz zu Deutschland, wo man den Eindruck hat, die Häuser seien gebaut, um einen Atomkrieg zu überstehen. Übrigens ist auch eine Unterkellerung in den USA nicht selbstverständlich.

In Greenwich besaßen wir aber einen Keller, in dem die Gasfernheizung untergebracht war. Eines Tages drang seltsamer Geruch herauf. Gas, dachte ich alarmiert, brachte meine Familie nach draußen und rief die Feuerwehr. Mit Sirenengeheul kam der Löschzug an, die Männer stürzten mit Schutzanzügen in den Keller, um das Gasleck zu suchen. Sie kamen zurück mit einem Skunk. Und so steht es auch in dem Meldebericht, dessen Kopie ich aufgehoben habe. »Grund des Einsatzes: Skunk.« Der Raum, den das Stinktier als Versteck genutzt hatte, war noch wochenlang nicht zu betreten.

Ein Höhepunkt unserer Greenwich-Jahre war die Geburt unseres ersten Sohnes Hans am 18. Juni 1979, dem Jahrestag der Schlacht von Waterloo. Nicht dass ich das so geplant hätte, aber es passte vorzüglich zu einer meiner Leidenschaften. Seit Jahren hatte ich nämlich eine Sammlung von Napoleonica aufgebaut, zu der mich auch meine Spaziergänge durch Paris angeregt hatten: Überall traf ich auf Spuren seiner Amtszeit, die Metrostationen trugen die Namen seiner Siege, und schließlich hatte der große Korse wesentlich zur Bildung des modernen Frankreich beigetragen. Schon bald besaß ich über hundert Zeugnisse jener grandiosen Zeit, darunter Kupferstiche, Dokumente, Originalunterschriften und selbst einen Abguss seiner Totenmaske. Viele dieser seltenen Erinnerungsstücke, die ich heute in meinem Böblinger Arbeitszimmer aufbewahre, habe ich in New York an der 3rd Avenue erstanden, wo damals der weltgrößte Napoleonica-Spezialist seinen Laden hatte. Was mich so an diesem Feldherrn faszinierte? Die einzigartige historische Gestalt, die ganz bewusst europaweit gewirkt hat, bis heute. Aber um Missverständnissen vorzubeugen – ein Vorbild ist Napoleon nie für mich gewesen.

*

Anfang 1980 packte ich meine Souvenirsammlung ein, verkaufte das Haus in Greenwich mit vierzigtausend Dollar steuerfreiem Gewinn – heute ist es weit über eine Million wert – und folgte dem Ruf der europäischen IBM, die mich wieder in Paris haben wollte. Da die Galawohnung in der Rue de Rivoli leider schon vergeben war, zogen wir, auch wegen der Kinder, in ein Haus in Marne-la-Coquette, nahe der deutschen Schule von St. Cloud. Umgeben von einem Riesengarten und, wie man uns verriet, neben dem einstigen Wohnsitz Maurice Chevaliers, lernten wir dort die Vorzüge des Lebens am Stadtrand kennen. An jedem Wochenende aber nahmen wir die nahe Auffahrt zur Autoroute de l'Ouest, die uns zu unseren Apfelbäumen ins Calvados brachte.

Ein neuer Posten wartete schon auf mich: Ich wurde zum »General Area Manager« für Süd- und Südosteuropa, außerdem Afrika und den Nahen Osten ernannt. Bald darauf wechselte ich wieder das Büro und zeichnete als Vice President der IBM Europa für alle europäischen Länder außer den vier »Großen« – Deutschland, Großbritannien, Frankreich und Italien – verantwortlich, womit ich den deutschen Chefposten bereits rangmäßig eingeholt hatte. Ich war nun 41 Jahre alt und lief als einer der Kronprinzen auf den IBM-Fluren herum. Mir war durchaus bewusst, dass ich jederzeit auf die Nase fallen konnte – Aufstiegsgarantien gab es nicht, dafür jede Menge Stolperdrähte.

Doch wieder einmal hatte ich Glück. Die »kleinen« Länder Europas, die zu meinem Bereich gehörten, wuchsen schneller als die vier »großen«. Ich überlegte damals lange, woran das liegen konnte, und kam zu dem Schluss, dass die Summe vieler kleiner Einheiten immer stärker ist als eine große Einheit. Fasziniert beobachtete ich, wie etwa die »Country Managers« von Schweden, der Schweiz oder Österreich mit der gleichen Anzahl von Mitarbeitern effizienter arbeiteten und mehr Gewinn erwirtschafteten als ihre deutschen, englischen oder französischen Kollegen. Dank der insgesamt 85 Kleinen, die mir zugeordnet waren – von Portugal über Kenia bis Pakistan – fiel mir der Erfolg förmlich in den Schoß. Nicht dass man auf die Idee gekommen wäre, das sei allein auf mein Wirken zurückzuführen – aber geschadet hat es jedenfalls nicht. Und während die Chefs der vier Großen, sosehr sie sich abmühten, immer massive Kritik einstecken mussten, konnte ich unverdienterweise mit ständig wachsenden Erträgen glänzen.

Aus meinen damaligen Erfahrungen habe ich eines gelernt: Der Hang unserer Zeit nach immer größeren Einheiten in Politik und Wirtschaft ist ein großer Fehler. Schon vor drei Jahren habe ich deshalb vorgeschlagen, den Reformstau in unserem Land durch Stärkung des Föderalismus, also mehr Eigeninitiative der Länder, abzubauen. Als ich zu diesem Zweck empfahl, die Verfassung genauer unter die Lupe zu nehmen, brach ein Sturm der Entrüstung in der Presse los. Man hielt mich für einen Staatsfeind.

Der bin ich nun gewiss nie gewesen, aber gerne bekenne ich mich als Feind jeder Form von Zentralismus. Das gilt für eine europäische Megabehörde, die den Nationalstaaten Vorschriften macht, ebenso wie für die immer gigantischeren Unternehmensfusionen, vom Volksmund, mit angemessener Ironie, Elefantenhochzeiten genannt. Bei jedem System, ob Maschine oder Lebewesen, Staat oder Firma, gibt es eine kritische Größe, die, um optimale Funktionen zu gewährleisten, weder über- noch unterschritten werden darf. Sie bietet die Voraussetzungen zu Dynamik und Wachstum. Die Fusionitis, wie sie heute herrscht, birgt die Gefahr, dass um schierer Größe willen die für alle Lebensprozesse nötige Beweglichkeit und Flexibilität geopfert wird. »Einheit« ist kein Wert an sich, und oft bietet die Vielfalt miteinander konkurrierender, sich aber auch synergetisch steigernder Teile das lebendigere Zukunftsmodell.

Als Aufsichtsrat verschiedener Unternehmen habe ich mich im Zweifel immer gegen Zusammenschlüsse ausgesprochen; wobei ich mir der Vorteile, etwa durch die Internationalisierung, durchaus bewusst war. Generell scheint es mir wichtig, dass Unternehmen, die sich um eines bestimmten Zieles willen zusammentun, sich zugleich von jenen Teilen trennen, die für das gemeinsame Unternehmen verzichtbar sind. Die Kunst besteht also darin, auch abgeben zu können, um den Überblick zu behalten. Wenn ich etwa daran zurückdenke, wie BMW mit der englischen Marke Rover fusionierte – ein Debakel, wie sich hinterher zeigte –, so hätte ich, wäre ich Vorstandsvorsitzender gewesen, diesen Schritt niemals vollzogen. Und das, ganz einfach, weil mir der Mut gefehlt hätte. Das Risiko wäre mir viel zu hoch gewesen. Meist finde ich Mut bewundernswert, aber oft ist er doch nur das Pfeifen im Wald, die Flucht nach vorne. Und soll auch nur von den kleinen und mittleren Problemen ablenken, die man genau kennt, ohne eine Lösung dafür parat zu haben, indem man sich ein großes Problem schafft und auf das Prinzip Hoffnung setzt.

Auch den Erfolg der deutschen Wirtschaft führe ich auf das Prinzip der kleinen Einheiten zurück. Dass sie heute überhaupt noch wächst, trotz der Standortnachteile und politischen Hindernisse, hängt am Mittelstand: Es ist die Summe der vielen kleinen und mittleren Unternehmen, deren Zahl die in England oder Frankreich, im Verhältnis sogar die der USA weit übersteigt, während wir relativ wenig große aufzuweisen haben. Die Stärke dieser mittelständischen Firmen liegt darin, dass sie sich ihre Flexibilität bewahren und veränderten Situationen geschmeidig anpassen können. Im Gegensatz zu den Topmanagern der Großunternehmen kennt ein mittelständischer Firmenchef noch seine Kunden und stellt sich auf ihre Wünsche ein, er weiß, was in seinem Betrieb los ist, kennt die Mitarbeiter und kann sich auch um den Flächentarifvertrag herummogeln.

Wie weit sind viele der großen Bosse davon entfernt: Sie haben ihre Kunden aus dem Visier verloren und beschäftigen sich nur noch mit ihren eigenen Visionen. Dagegen hilft nur ein Rezept: Große Firmen, die sich naturgemäß nicht ohne Not verkleinern wollen, müssen wieder mittelständische Rezepte bei sich einführen – die Nähe zum Kunden zurückgewinnen, Verantwortung delegieren, Profitcenter bilden, Outsourcen. Die große Masse in kleine kampfkräftige Einheiten aufteilen, die ganz nahe am Markt operieren. Aus einer großen Firma viele mittelständische Firmen schaffen. Hieß es nicht schon bei General Scharnhorst: »Getrennt marschieren, vereint schlagen«? Leider hat es unsere Politik für angemessen gehalten, die Arbeitsbedingungen des Mittelstandes derart zu erschweren, dass wir mehr Firmenpleiten als andere Länder zu verzeichnen haben und die Zahl der Unternehmensgründungen sogar rückläufig ist. Ich fürchte, der globale Markt wird uns solche Kardinalfehler nicht verzeihen.

*

Während ich die Vorteile der kleinen Einheiten als IBM-Verantwortlicher schätzen lernte, drückte die amerikanische Corporation ihre Unzufriedenheit mit den vier »Großen« immer deutlicher aus. Besonders Deutschland, die größte IBM-Niederlassung in Europa, fiel vom Ergebnis her gegen mein Länderkonglomerat ab. Man hatte in Stuttgart zwar ordentliche Ergebnisse vorzuweisen, aber Armonk erwartete sich weit mehr. Irgendwann geriet das Management in Paris gewaltig unter Druck. Und Kaspar Cassani, längst Chef der IBM Europa, machte sich seine Gedanken. Ohne Zweifel war die IBM Deutschland zu groß, zu schwerfällig, auch zu selbstgefällig geworden. Der Erfolg, der seine eigene Niederlage aussät. Mittelständische Unternehmen wie Nixdorf waren zur bedrohlichen Konkurrenz geworden, man hatte beständig Marktanteile verloren. Was blieb Cassani übrig, als der amerikanischen Mutter eine Empfehlung zu geben, wie er das Problem lösen würde. Seine Lösung hieß Henkel.

In Stuttgart begann ich als Stellvertretender Vorsitzender, um dann den Chefsessel nach kurzer Einarbeitungszeit zu übernehmen. Zu meiner großen Enttäuschung fand ich eine demotivierte Mannschaft vor. Nichts war mehr wie früher. Der Wind, der einst unsere Segel gebläht hatte, wehte uns nun ins Gesicht. Und die Angst ging um, da die Konkurrenz immer stärker wurde: Nixdorf rollte uns förmlich auf, und es war kein Geheimnis, dass dessen Management sich schon offen über unsere Einfallslosigkeit lustig machte. Wie üblich, wenn ein Gigant ins Wanken kommt, half auch die Fachpresse nach, regelrecht entzückt über die Vorstellung, dass diese erfolgsverwöhnte Firma endlich in die Krise kam. Genüsslich wusste man zu berichten, dass unsere Probleme nicht einmal typisch für die internationale IBM seien, sondern eindeutig hausgemacht.

Zudem hatte das deutsche Management den Eindruck, dass Paris und Armonk immer nur auf ihm herumhackte – ein Eindruck, der nicht einmal unberechtigt war. Denn objektiv marschierte die IBM Deutschland ganz wacker, und heute würde man sich mit solchen finanziellen Ergebnissen glücklich schätzen. Aber eines war unbestreitbar: Der Eindruck, den unsere Firma in der Öffentlichkeit hinterließ, war verheerend. Und die Schlappen, die uns von den Mitbewerbern zugefügt wurden, hatten unser Selbstbewusstsein angeknackst.

Dennoch wurde mein Einstieg für mich zu einem wunderbaren Erlebnis. Ich war, verständlicherweise, mit gemischten Gefühlen angereist: ein mit 45 Jahren immer noch junger, vielleicht zu junger Mann aus der Zentrale, der die allermeiste Zeit im Ausland verbracht hatte und vermutlich nichts von den deutschen Problemen verstand. Doch der Empfang war enthusiastisch, ja überwältigend. Irgendwie schien man an mich alle Zukunftshoffnungen zu knüpfen und erwartete, dass ich die Schwierigkeiten, in die wir geraten waren, offensiv aus dem Weg räumte.

Vor allem drängte man darauf, dass der Vertrieb wieder seinen alten Stellenwert bekam. Mein unmittelbarer Vorgänger, der aus der Finanzabteilung gekommen war, hatte sich weit mehr um Bürokratie und Kostenmanagement gekümmert, wodurch sich das Unternehmen eingeengt fühlte. Für den Vertrieb hatte er dementsprechend wenig übrig, investierte nicht mehr und gab den Außendienstleuten das Gefühl, unwichtig zu sein. Dass jedoch gerade dort, an der Verkaufsfront, die Schlacht entschieden wird, schien ihm nicht so geläufig.

In der heutigen marktwirtschaftlichen Situation stellt der Vertrieb für mich die wichtigste Funktion eines Unternehmens dar, bildlich gesprochen, den Flaschenhals, durch den die Produkte zum Käufer gelangen. Das war nicht immer so: Nach dem Krieg etwa, als man alles, was produziert wurde, mühelos verkaufen konnte, waren die Leiter der Produktionsstätten die Helden der Unternehmen. In Zeiten der Wirtschaftskrise dagegen, in denen die Unternehmen unter Liquiditätsproblemen leiden, wird die Finanzabteilung zur tragenden Säule. Als sich die IBM von der amerikanischen Regierung und der EU durch Monopol- und Kartellklagen bedroht sah, hatten wiederum die Rechtsanwälte bei uns den größten Einfluss – sehr zum Schaden des Unternehmens.

Wenn aber das Schicksal der ganzen Firma davon abhängt, dass man die eigenen Produkte gegen heftige Konkurrenz an den Kunden bringt, rückt der Vertrieb in die Schlüsselstellung. Eigentlich müssten dann die Vertriebsleute an die Spitze berufen werden, um auf alle bereichsübergreifenden Maßnahmen Einfluss nehmen zu können, vor allem auch auf die Produktpalette. Sie wissen am besten, was der Endabnehmer erwartet und was auf dem Markt ankommt. Nach ihren Vorgaben müssen die strategischen Entscheidungen getroffen werden. Ein Unternehmer, der vor dieser Einsicht die Augen verschließt, wird sehr schnell abstürzen.

In dieser Situation übernahm ich die IBM. Zwar wusste der Vertrieb noch, wie seine Kunden aussahen und was sie von unseren Produkten erwarteten, aber man verweigerte ihm die Ressourcen, da die Aufmerksamkeit des Topmanagements auf andere Prioritäten gerichtet war. Ich erfuhr, dass man immer nur Kritik einstecken musste wegen nicht erreichter Planziele – die Fragen, ob man überhaupt noch die richtigen Computer herstellte, ob Logistik und Verwaltung den neuen Anforderungen gewachsen waren, vor allem auch, ob die Motivation der Mitarbeiter noch stimmte, wurden nicht gestellt.

Bei meinem Eintritt lag all dies offen auf dem Tisch. Mir wurde schnell klar, dass der Hauptgrund für die Krise darin lag, dass man das ganze Unternehmen in den zurückliegenden Jahren von Stuttgart aus zentralistisch organisiert und bis in die kleinste Geschäftsstelle hinein unter direkte Kontrolle gestellt hatte. Ich erinnerte mich an meine Erfahrungen mit den kleinen Einheiten, die so viel mehr Effektivität bewiesen als die großen Zentralen, und beschloss zu handeln.

Mein erster Schritt bestand darin, den Vertrieb umzuorganisieren. Ich schlug vor, die Verantwortlichkeit dort festzumachen, wo sie hingehörte, nämlich weg von der Zentralverwaltung, hin zum Kunden. Ich führte die Aufteilung in Regionen ein, die selbstständig durch ihre eigenen Geschäftsstellen geleitet wurden. Deren Leiter wiederum wurden zu direkten Ansprechpartnern nicht nur für Kunden, sondern auch für Politiker und Medien. Man musste nicht mehr bei allem den Umweg über Stuttgart nehmen, und auch die Betriebsräte wurden nicht länger wegen jeder Kleinigkeit in die Zentrale beordert. Heute ist, nebenbei bemerkt, die IBM wieder genauso zentralistisch organisiert, wie ich sie damals vorfand, vielleicht sogar noch extremer – alles wird heute von Amerika aus bestimmt. Wie ich höre, hat man das allerdings als nachteilig bemerkt, und man macht sich bereits daran, das Pendel wieder zurückschwingen zu lassen.

Die damals in Angriff genommenen Reformen, überflüssig zu bemerken, wirkten beim Vertrieb wie Wasser auf einem trockenen Schwamm. Es war eine Freude, dieser begeisterungsfähigen Mannschaft vorzustehen und mit ihr, jahrelang, ein Programm nach dem anderen aus der Taufe zu heben und auf dem Markt durchzusetzen. Die Motivation, die am Boden gewesen war, schnellte wieder auf jene Höhe, die einst für diese Firma typisch gewesen war. Die Verkäufer hatten nun, statt der Weisung aus der Zentrale, den Marschallstab im Tornister. Und ich bediente mich aller Tricks, die ich von Napoleon gelernt hatte: Zuerst braucht man einen klar erkennbaren Feind, der Moral in die Truppe bringt. Unser »Feind« hieß Nixdorf. Er hatte uns nach allen Regeln der Kunst vorgeführt, um Marktanteile abgejagt und war zum Darling des Mittelstandes avanciert, den wir vernachlässigt hatten.

Der findige Unternehmer hatte diese entscheidende Schwäche der IBM erkannt. Uns eilte zwar der Ruf voraus, hervorragende Verkäufer von Hardware und System-Software zu sein, von den individuellen Anwendungen der Kunden aber nichts zu verstehen. Nixdorf tat sich also mit Anwendungshäusern zusammen und hängte uns beim Mittelstand ab, sodass uns oft nur noch die Großkunden blieben – vorerst: Denn auch für sie hatte Nixdorf und neben ihm Firmen wie Digital, Hewlett Packard oder Siemens so genannte »Insellösungen« anzubieten, die ein großes Unternehmen, von der Datenerfassung her, sozusagen in viele mittelständische auflösten. »Koppelt euch einfach ab«, so warb man bei den Abteilungen, »dann könnt ihr euren Kram alleine machen und müsst nicht mehr auf die EDV warten.« Statt sich an den Großcomputer von IBM anzuhängen, konnten die einzelnen Abteilungen der Unternehmen eigene Kleinanlagen installieren und sich von der Zentrale unabhängig machen. Die Idee überzeugte, und nach dem Verlust des Mittelstands drohten uns auch noch die Großkunden wegzubrechen.

Der schlaue Nixdorf galt nicht zufällig als beliebtester Unternehmer der Branche, wenn nicht der ganzen Wirtschaft. Die Presse stand jubelnd auf seiner Seite. Und der Erfolg gab ihm Recht, was übrigens beweist, dass man in Deutschland aus eigener Kraft alles erreichen kann, wenn man es nur richtig macht. Und Nixdorf machte alles richtig. Sehr geschickt spielte er den David, der dem Goliath IBM ein ums andere Mal seine Kiesel an die Schläfe knallte.

Damals gründete ich, angesichts dieser vitalen Bedrohung, eine »Task Force«. Als deren Ziel setzte ich fest: »Unser Feind heißt Nixdorf, wir wollen ihn bei den Hammelbeinen kriegen!« Nachdem der Schlachtruf ausgegeben war, entwickelten wir eine Strategie, die lautete: »Wir entdecken den Mittelstand neu, geben mehr Verantwortlichkeit an den Vertrieb, werfen mehr Ressourcen an die Front.« Das erforderte eine jeweils auf die Situation abgestimmte Taktik, die wiederum ständiger Kontrolle unterworfen wurde. Mit diesem Vierklang also – Ziel, Strategie, Taktik, Kontrolle – marschierte unsere »Task Force« los. Die Schlacht um den Computermarkt war neu eröffnet.

Noch waren wir weltweit die größten Anbieter. Aus Sicht der amerikanischen Regierung und der europäischen Kommission übten wir sogar eine Art Monopol aus. Wir verfügten über die schnellsten und leistungsfähigsten Datenverarbeitungsanlagen, mit Betriebssystemen, die keiner so gut beherrschte wie wir. Auch im mittleren Bereich boten wir die breiteste Palette an, und selbst auf den Feldern von Technik und Forschung kam niemand an unseren Spezialrechnern vorbei. Zudem verfügten unsere Anlagen über die brillantesten Bildschirme, die größten Speichereinheiten. Wir waren eben die IBM, der unumstrittene Marktführer, und wir hatten ein Monopol – das Monopol, die Besten zu sein, hatten wir nicht.

Nixdorf war nicht der Einzige, der uns attackierte. In drei Richtungen wurde der Angriff gegen unsere Spitzenstellung geführt: Im Bereich des Mittelstandes verloren wir auch Terrain an Digital Equipment, Hewlett Packard und andere; im Bereich der Software und Serviceleistungen hatte uns die SAP das Wasser abgegraben; und auf unserem ureigensten Gebiet, bei den Großrechnern, holten die Japaner bedrohlich auf. Sie konnten nicht nur perfekt kopieren, sie verstanden auch etwas von internationaler Vermarktung. Und wenn sie sich eine Marktführerschaft vorgenommen hatten, dann setzten sie diese auch mit aller Gewalt, das heißt mit Dumpingpreisen durch.

Kurz gesagt, sie begannen damals, unsere Großrechner zu kopieren. Es gab keinen Patentschutz, da sie unsere Systeme leicht verändert nachbauten. Entscheidend jedoch war, dass auf ihren Anlagen unsere Betriebssysteme laufen konnten. Und das war es, was die Kunden interessierte. Seit jenen Tagen machte das Wort »IBM compatible« die Runde. Plötzlich hatten unsere deutschen Kunden die Wahl. Zwar wollten sie unser bewährtes Betriebssystem nutzen, aber die Hardware konnten sie jetzt auch in Fernost bestellen, zu erheblich günstigeren Preisen. Firmen wie Fujitsu und Hitachi hatten schnell begriffen, dass das IBM-Bollwerk nur über die Kosten zu knacken war, und warben mit Preisen, die weit unter denen lagen, die sie in Japan verlangten. Diesem unfairen Dumping, wie es damals praktiziert wurde, hatten wir nichts entgegenzusetzen. Und wenn wir uns um politische Rückendeckung gegen den unlauteren Wettbewerb bemühten, wies man uns darauf hin, dass wir ohnehin bereits ins Visier der Kartellbehörden geraten seien. Wer stellte sich schon gern hinter einen »Monopolisten«?

Es kam für die IBM Deutschland noch schlimmer. Nette, angesehene, untadelige deutsche Firmen entdeckten, dass sie sich, ohne eigenen Aufwand, an dieser japanischen Produktpalette bedienen und uns, mittels niedriger Preise, unter Druck setzen konnten. Natürlich wussten das die Kunden nicht, da man die asiatischen Anlagen einfach mit dem biederen deutschen Firmenlogo versah – wie beispielsweise die Firma Siemens, die ihre IBM-kompatiblen Rechner von Fujitsu bezog, oder die BASF, die sich, unter dem Namen Comparex, japanische Großrechner holte. Zusammen mit den japanischen Unternehmen, die unter eigener Flagge segelten, nahmen sie uns regelrecht in die Zange, wobei sie, Siemens ausgenommen, auch noch unsere Betriebssysteme benutzten. Dieser Angriff auf unsere Cash Cow war in der Tat schwer wegzustecken.

Damals, Anfang der Achtziger, eröffnete sich uns eine völlig neue Dimension: Der PC tauchte aus unseren Entwicklungslabors auf, der Kleincomputer, den nicht nur jeder individuell nutzen, sondern den sich auch jeder leisten konnte. Mit Bildschirm, Rechner, Tastatur – natürlich alles von der IBM entwickelt. Selbst der Name PC, also »Personal Computer«, stammte von uns. Eine Revolution brach sich Bahn, denn was früher einen ganzen Raum eingenommen hatte und später immer noch die Maße eines Schranks aufwies, passte nun auf jeden Schreibtisch. Den kapitalen Fehler, den die IBM damals beging, habe ich schon angesprochen. In unbegreiflicher Selbstbeschränkung konzentrierte man sich auf die Hardware und beauftragte Bill Gates mit der Betriebssoftware. Keiner ahnte damals, dass mit der Hardware relativ wenig, mit der Software dagegen sehr viel zu verdienen war. Unendlich viel.

Von dieser Entwicklung wurden natürlich auch unsere Großrechner schnell eingeholt – die Speichermengen erhöhten sich dramatisch, während die Kosten sanken. In keiner anderen Branche war jemals die Effizienz der Produkte ähnlich vorangetrieben worden wie in der unseren. Das drastische Absinken der Preise bei gleichzeitiger Erhöhung der Speicherkapazität führte dazu, dass heute Anlagen, die sich früher nur der Staat oder große Unternehmen leisten konnten, in jedem Kinderzimmer stehen. Übertrüge man die Preisentwicklung, welche die Computerindustrie seit meinem Eintritt in die IBM genommen hat, auf die Automobilbranche, so würde ein Mercedes der S-Klasse heute nur noch fünfzig Mark kosten. Anders ausgedrückt: Dank der Fortschritte, die wir erzielt haben, kann sich heute jeder, was den Bereich Computer betrifft, einen Super-Mercedes leisten.

Ich begriff, dass die IBM Gefahr lief, entscheidende Wettbewerbsvorteile zu verlieren. In meiner »Task Force« entwickelten wir also Überlebensstrategien. Bei den Großrechnern war uns klar, dass wir den Kunden keine vernünftigen Argumente gegen die günstigen Angebote aus Japan vorzubringen hatten. Die Betriebssoftware war schließlich die Gleiche. Wir setzten also auf die Strategie, die wichtigsten Kunden persönlich davon zu überzeugen, dass sie uns die Treue hielten. Das Argument: Langfristig sei es für alle nachteilig, wenn die großen Rechner nicht mehr in Deutschland produziert würden. Ein Hauptteil der Wertschöpfung kam ja aus deutschen Fabriken. Ich lief mir also die Hacken ab, von einer Vorstandsetage zur Nächsten, und traf oft in allerletzter Sekunde ein, als gerade der Einkaufschef des Unternehmens bei den Japanern unterschreiben wollte. Ich sagte dann etwa: »Das kannst du nicht machen –

ich komme doch auch nicht mit einem japanischen Auto vorgefahren.« Sehr häufig hat es funktioniert.

Ich erinnere mich an einen besonderen Fall, wo die Entscheidung wieder einmal auf Messers Schneide stand. Der Chef von MBB, Arnt Vogels, hatte sich gegen die IBM und für einen japanischen Konkurrenten entschieden. Ein Notruf unseres Geschäftsführers kam aus München, ich stieg ins Auto und packte Herrn Vogels beim Portepee: »Warum kaufen Sie eine Kopie«, fragte ich ihn, »wenn Sie das Original haben können?«

Er zeigte sich sehr überrascht. »Ehrlich gesagt, Herr Henkel«, antwortete er, »es passiert selten, dass ein Firmenchef zu mir kommt und sich für seine Produkte einsetzt. Ich schaue mir den Fall gerne noch einmal an.« Statt mich später mit wichtiger Miene anzurufen, um mir seine Zusage mitzuteilen, ließ er seinen EDV-Chef einfach die IBM-Anlage bei unserem Münchner Geschäftsführer bestellen.

Ich habe damals praktisch alle Chefetagen der deutschen Industrie kennen gelernt, was sich später, beim BDI, als sehr nützlich erweisen sollte. Ich besuchte Herrn Hahn von VW und Herrn Breitschwert von Daimler-Benz, Herrn Piëch in Ingolstadt, Herrn Herrhausen von der Deutschen Bank, den alten Gerling, Herrn Otto vom Otto-Versand, Herrn Tamm bei Springer, Herrn Schieren von Allianz und andere. Sie hörten sich meine Argumente an. Das war schon immer mein Lebensprinzip gewesen: Wenn es ein Problem gibt, gehe ich direkt zu dem Betreffenden hin und bespreche es persönlich. So stand ich jahrelang an der Front und trug nur eine Devise vor: »Buy European.«

Neben diese Offensive in den Großunternehmen setzten wir die veränderte Strategie für den Mittelstand. Hauptgegner, wie gesagt, war Heinz Nixdorf. Und die Attacken, die meine Geschäftsstellen – am liebsten hätte ich sie »Anti-Nixdorf-Geschäftsstellen« genannt – gegen sein Management vortrugen, begannen Wirkung zu zeigen. Der Niedergang von Nixdorf, der zur Übernahme durch Siemens führte, war eine direkte Folge unserer Maßnahmen: Wir stellten wieder unsere alte Kundennähe her und boten die individuellen Lösungen an, die man von uns erwartete. Jedes Unternehmen, das wir

»umdrehten«, wurde wie ein Sieg gefeiert. Wir stellten junge Leute ein, von denen wir viele von Nixdorf abwerben konnten. Wir eröffneten auf den Mittelstand spezialisierte Geschäftsstellen. Wir lernten, Instrumente, die wir für einen bestimmten Kunden entwickelt hatten, auch für andere nutzbar zu machen. Wir konzentrierten uns auf Anwendungsentwicklungen und kauften, wenn nötig, auch Software hinzu.

Auch verstärkten wir die Öffentlichkeitsarbeit, zeigten uns bei allen Messen, lieferten den Medien die gewünschten Informationen. Pressearbeit war bis dahin bei der IBM, zumal in den Führungsetagen, als nicht besonders wichtig angesehen worden. Doch meine – an sich lächerlich unbedeutenden – Erfahrungen in Colombo, wo ich die Akzeptanz von Computern mit Hilfe der Zeitungen fördern konnte, ermutigten mich, auch in Deutschland die Initiative zu ergreifen. Eines meiner Hauptargumente: Die IBM wurde von Firmen in die Mangel genommen, die Etikettenschwindel betrieben. Sie gaben vor, »Made in Germany« zu verkaufen, und verschwiegen, dass der überwältigende Anteil ihrer Produkte aus Fernost kam. Bei uns war es genau umgekehrt: Wir gehörten zwar zu einem amerikanischen Unternehmen, doch unsere Computer wurden in Deutschland und anderen europäischen Ländern gefertigt. Das war aber weithin unbekannt. Viele Kunden, zumal der öffentlichen Hand, kauften gerade deshalb nichts von uns, weil sie einheimische Firmen fördern wollten. Das galt besonders für Siemens, die mit ihrer scheinbaren Bodenständigkeit beim Staat und den Kommunen damals ein Quasi-Monopol errungen hatte. Die Behörden kauften das deutsche Label ein, ohne zu ahnen, dass sich dahinter japanische Hardware verbarg.

Da ich das nicht akzeptierte, ging ich an die Öffentlichkeit, um zu beweisen, dass die IBM einen wichtigen Beitrag zur deutschen Gesellschaft leistete. Ich ersetzte die Anglizismen, die wir aus Amerika übernommen hatten, durch deutsche Ausdrücke. So hatten wir nicht länger eine »Sales Force«, sondern einen Vertrieb. Mein eigener Titel lautete dementsprechend »Vorsitzender der Geschäftsführung der IBM Deutschland«, wobei IBM so ausgesprochen wurde, wie man es schreibt. Wir kümmerten uns darüber hinaus um kulturelles Sponsoring, stellten arbeitslose Lehrer ein, um sie zu Informatikern auszubilden, und stifteten 48 Stipendien für Mädchen, die Mathematik studierten. Wir engagierten uns auch im Umweltschutz, weshalb ich es sogar zum »Ökomanager des Jahres« brachte.

Diese Strategie ging auf: Die deutsche Öffentlichkeit nahm uns als eine Firma wahr, die das Land förderte, der Mittelstand sah in uns einen Verbündeten und langsam holten wir von Nixdorf die verlorenen Marktanteile zurück, während er und später seine Nachfolger immer dröhnender ihre Erfolge ausposaunten. Die Stimmung war umgeschlagen, und Nixdorf, gewohnt sich selbst immer auf die Schulter zu klopfen, machte den entscheidenden Fehler: uns zu unterschätzen. Ich beobachtete die verzweifelten Bemühungen, die Öffentlichkeit zu täuschen. So begann man, die EDV-Anlagen, die vermietet waren, an die Kunden zu verkaufen, um die Gewinne zur Schönung der Bilanz zu verwenden. Alles legal. Während Nixdorfs Absturz mit mathematischer Genauigkeit vorhersehbar war, begann sich unser Image, das so heftig ramponiert war, dramatisch zu verbessern. In der Hitparade von Deutschlands meist geschätzten Unternehmen kletterten wir auf Platz fünf, in der Bestenliste des Managements nahmen wir sogar Platz drei ein. Den traurigen Ausgang des Wettkampfs, bei dem unser großer Konkurrent die Segel streichen musste, hat Firmengründer Heinz Nixdorf selbst nicht mehr miterleben müssen.

Wir entwickelten noch eine weitere Strategie, bei der diesmal die SAP aufs Korn genommen wurde. Offen gesagt, wir wollten sie durch eigene, bessere Anwendungsentwicklungen »umnieten«. Leider sind wir damit gescheitert. Ich erhielt damals Besuch vom SAP-Aufsichtsratsvorsitzenden, der sich bitter darüber beschwerte, dass die Beziehungen zwischen unseren Unternehmen deutlich schlechter waren, seit ich die Führung der IBM übernommen hatte. »Das hat schon seine Richtigkeit«, antwortete ich, »denn was Sie können, das können wir auch.« Dabei habe ich wohl den Mund zu voll genommen. Obwohl ich zweihundert Leute damit beschäftigte, eine Anwendungssoftware zu entwickeln, mit der wir beim Übergang in die verteilte Datenverarbeitung die SAP überholen würden, blieben wir zweiter Sieger.

Das lag allerdings auch daran, dass wir, wieder einmal, den langen Atem vermissen ließen, der nötig gewesen wäre, um einem großen Konkurrenten wie der SAP Paroli bieten zu können. Irgendwann konnte ich meine Voraussagen nicht mehr erfüllen, und Appelle, mehr Zeit eingeräumt zu bekommen – die dem Konkurrenten schließlich auch zur Verfügung stand –, stießen bei dem kurzfristig orientierten Topmanagement auf taube Ohren. Heute bezweifle ich, ehrlich gesagt, dass wir es, auch mit mehr Zeit, überhaupt hätten schaffen können. Die SAP war davongeeilt, und es blieb uns nichts anderes übrig, als mit ihnen Frieden zu schließen. »If you can't beat them, join them«, heißt es in Amerika. Das haben wir gemacht. Fortan boten wir gemeinsam unsere Produkte bei den Kunden an, wir die Hardware, sie die Software. Heute ist die IBM selbst Kunde der SAP.

Die Einführung der PCs, bei denen wir vom ersten Tag an die Marktführerschaft innehatten, brachte mir ein unangenehmes Déjà-vu: Zwar hatten wir den revolutionären Kleincomputer entwickelt und sogar den Namen geprägt, doch plötzlich schossen die Mitbewerber wie Pilze aus dem Boden. Alle boten ziemlich genau das, was wir vorgelegt hatten. Und nannten es »IBM compatible«. Es wiederholte sich, was den Japanern schon Jahre zuvor, mit den Großrechnern gelungen war: Sie produzierten Hardware, die zu unseren Betriebssystemen passte, während wir beim PC nicht einmal diese hatten.

Nun bauten alle ihre PCs genauso, wie wir sie entwickelt hatten, doch nicht mit unseren Chips aus Sindelfingen oder den Bildschirmen aus Schottland, sondern mit den Einzelteilen, die Taiwan oder ein anderes asiatisches Land lieferte. Und halb so teuer. Keiner schämte sich, diese nachgeahmten Produkte »IBM compatible« zu nennen. Anfangs empfanden wir es noch als Kompliment, als würden wir damit zum weltweiten Maßstab für Qualität erhoben. Bis wir begriffen, dass es auf simple Piraterie hinauslief. Und dass niemand mehr die teuren Originale kaufte, wenn die billigen Kopien gleiche Leistung brachten. Schließlich begannen wir, kompatibel mit uns selbst zu werden und uns, zum Glück nur für kurze Zeit, mit irgendwelchen Billigprodukten selbst Konkurrenz zu machen.

Eine weitere Schlappe, die ich mir an den Hut stecken musste: 1988 kam Bill Gates zu mir ins Büro, schlaksig, unkompliziert und ebenso direkt, wie ich es von mir selbst erwarte. Ich hielt ihn für einen Mann, der mit Microsoft zwar einiges erreicht hatte, dessen Strategie aber auch schief gehen konnte. Er brachte damals sein PC-Betriebssystem »Windows« auf den Markt, während IBM ihm mit dem »Operating System« OS2 Konkurrenz machte. Noch war ungewiss, wer sich mit seinem Modell durchsetzen würde. Gates warb persönlich bei der IBM Europa für »Windows«, und offenbar hatte er meinen damaligen Chef Mike Armstrong – heute Chef des US-Kommunikationsgiganten AT & T – so sehr überzeugen können, dass er den Microsoft-Mann zu mir nach Stuttgart schickte.

Ich wollte »Windows« aber nicht übernehmen, sondern an unserer Eigenentwicklung OS2 festhalten. Schließlich hatte sich IBM auf dieses Betriebssystem für Personal Computers festgelegt, und außerdem war es besser als »Windows«. Das sagte ich Gates, und er antwortete nur: »I suppose, I didn't make that sale.« Leider zeigte sich schon bald, dass mein Beharren einer Donquichotterie gleichkam. Dank »Windows« ist der Microsoft-Chef heute einige Milliarden reicher als bei seinem Besuch.

Ich selbst fühlte mich – wie auch viele meiner deutschen Kunden – von der IBM im Stich gelassen. Da hatte man ein eigenes System zur Verfügung, das dem anderen auch noch überlegen war, und besaß dann doch nicht das Stehvermögen, es durchzusetzen. Auch dies erschien mir damals wie ein Déjàvu.

6

Während meiner Zeit als Deutschland-Chef der IBM wohnten wir in Böblingen, in einem interessanten, wenn auch etwas überdimensionierten Einfamilienhaus, das in U-Form errichtet war, so dass man von den Nachbarn abgeschirmt lebte. Der hochmoderne Betonbau verfügte über eine frei schwebende Treppe, ein selten benutztes Schwimmbad, einen noch seltener benutzten Whirlpool und eine fast vergessene Sauna. Doch damit nicht genug: Man wandelte über teuren Naturstein, die Wände waren mit seltenen Hölzern verkleidet. Die pompöse Zurschaustellung, die den Erbauer gereizt haben mochte, missfiel mir. So ließ ich in gewohnter Radikalität die Tropenhölzer weiß lackieren und sämtliche Steinböden, als kleine Erinnerung an die Rue de Rivoli, mit schwarzem Veloursteppich auslegen.

Eine richtige Attraktion des Hauses aber war der Atombunker. In den sechziger Jahren, als man eine globale Auseinandersetzung zwischen den verfeindeten Großmächten befürchtete, hatte Vater Staat den Einbau solcher Schutzräume steuerlich begünstigt. Sooft ich diese anachronistische Anlage betrat, spürte ich einen Hauch von Nostalgie: Schließlich waren mir solche Räume seit Kriegszeiten vertraut, und eine Zeit lang hatte ich ja auch im Hochbunker an der Rothenbaumchaussee logiert, ohne Fenster zwar, aber garantiert bombensicher. Von der doppelten Stahltüre über die zwei Meter dicken Betonwände bis zur elektrisch betriebenen Umwälzanlage für die Atemluft – alles war wie damals. Für den Kriegs-

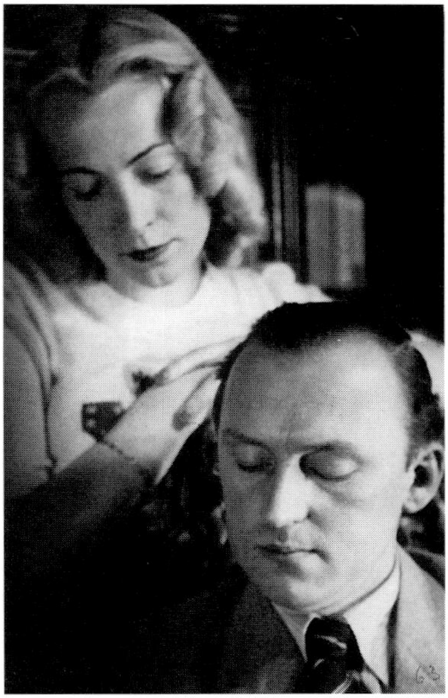

Meine Eltern, Wilhelmine und Hans Henkel, 1940

Mein Vater mit seinem geliebten Cello, 1940

Zwischen Mutter und Karin, 1940

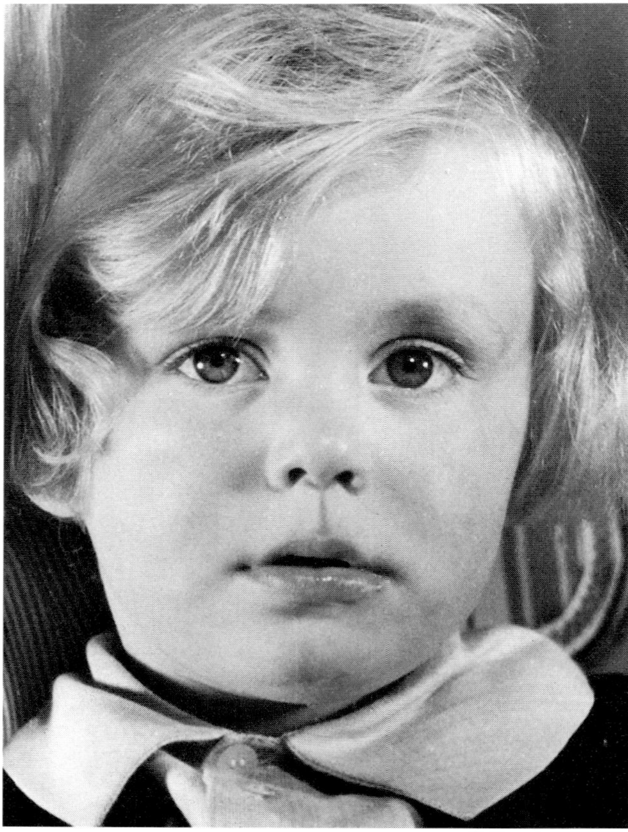

So sah ich 1942 aus.

Mit meiner Mutter, 1942

Meine Eltern und unser Dienstmädchen im Ford V8, 1943

Mutter in ihrem »Schloss«, 1943

Unser Haus, Rothenbaumchaussee 141, vor …

… und nach der Bombennacht, Juli 1943

Das letzte Bild von Vater vor seiner Abreise nach Ungarn, Juli 1944

Wir vier allein, 1946

50
JAHRE

HANDELSVERTRETUNGEN

1901 — TRAUGOTT MANN HANS HENKEL — 1951

12. APRIL 1951

HANS HENKEL

HAMBURG 36

JUNGFERNSTIEG 30 · HAMBURGER HOF

RUF 342897

AUCH ÜBER SAMMELNUMMER 348048 · XAVER BREUER ·

EXPEDITION: HAMBURG 36, GR. BLEICHEN 16

TOREINFAHRT HAMBURGER HOF

Generalvertretung für Norddeutschland

Ründerother Geschäftsbücherfabrik Gustav Jaeger - Ründeroth

Elberfelder Briefumschlagfabrik, Wuppertal-Elberfeld

Metallwarenfabrik Fr. Gottschalk Wwe. K. G., Neheim-Hüsten

C. Riethmüller, Laternen- und Girlanden-Verarbeitungswerk, Kirchheim-Teck

Reißzeugfabrik Wohlleb & Boden, Wilhelmsdorf, Bay.

Papier-Industrie G. m. b. H. Breuers & Koch, Düsseldorf

Spitzenpapierfabrik Papiermüller, Kirchheim-Teck

Papierwerk Albert Friedrich, Miltenberg a. M.

I. Lo Steib G. m. b. H., Briefausstattungen, München

1951

Als neue Chefin feiert Mutter 1951 das 50-jährige Firmenjubiläum.

Mutter mit »Papsi« Richard Germer, Lautensänger und Komponist, 1953. Die Cordjacke schenkte er mir; ich trage sie noch heute.

Meine Mutter mit dem neuen »Borgward Hansa 1500«, 1953

Achim und ich gratulieren Karin zur Verlobung, 1955.

Mit Rita vor dem Russischen Ehrenmal in Berlin, 1958

Am Jungfernstieg, 1959

Portraitfoto von Brigitte Paulus, geb. Clausen, 1960

Im Fotoautomaten des Dammtorbahnhofs, 1960: Wer die verrücktesten Grimassen schnitt, bekam die Fotos umsonst.

Wir drei Geschwister mit Neffe Niko in meiner Ente

Auf Besuch in Kopenhagen, 1962

In Kalkutta mit Marlene am Steuer, Fahrer und Koch, 1966

Weltausstellung in New York, 1964: Im IBM-Pavillon mit Sheila am Übersetzungscomputer

Mit Marlene im »Calcutta Swimming Club«, 1966

Im IBM-Büro in Colombo, 1968

Mit Tochter Hester vor unserem Manoir in der Normandie, 1989

Wir Geschwister vor Mutters selbst gemalten Bildern, 1999

Am Grab meines Vaters in Budapest, 1992

Mein Boot »Hester« mit Crew
vor dem Auslaufen, 1996

Beim Schachspiel an Bord, 1994

Mit Fidel Castro und Zigarre am letzten Tag des letzten Jahrtausends

Portraitfoto von Brigitte Paulus, geb. Clausen, 2000

fall, wenn das Stromnetz zusammenbrechen sollte, hatte man sogar eine riesige Kurbel installiert, mit welcher der Herr des Hauses, absurde Vorstellung, den Stromgenerator für die Luftzufuhr weiterbetreiben konnte. Kurzerhand funktionierte ich das Fossil in einen Weinkeller um, mit garantiert konstanter Temperatur.

Durch den Umzug nach Böblingen konnte ich mir endlich auch einen lang gehegten Traum erfüllen: Da der Bodensee wieder in verlockender Nähe lag, kaufte ich mir eine Segeljacht vom Typ »Swan«. Ein solches Prachtstück hatte ich zum ersten Mal 1972 auf der Pariser Nautikausstellung bewundert, und als ich damals so über das schimmernde Deck wanderte, fragte ich mich ernstlich, ob ich wohl jemals einen Menschen träfe, der mich zu einem kleinen Törn auf einer »Swan« einlüde. Dass ich selbst einmal eine solche Jacht besitzen würde, hätte ich mir damals nicht träumen lassen. Die acht Tonnen schwere »Swan« misst 11,23 Meter in der Länge und 3,50 Meter in der Breite. Am Wind verfügt sie über rund hundert Quadratmeter Segelfläche, die durch einen 200-qm-Spinnaker noch vergrößert wird, allerdings nur bis Windstärke drei, sonst reißt das gewölbte Vorsegel.

Man kann das Schiff, trotz seiner Größe, zu zweit segeln, und so hatten wir meist unsere Kinder mit an Bord; an den großen Bodensee-Regatten dagegen nehme ich stets mit einer Crew von sieben bis zehn Mann teil. Der Spinnaker trägt übrigens, auf schwarzem Grund, ein Bilderrebus: ein Auge, eine Biene und den Buchstaben M; auf Englisch – Eye, Bee, M – die Initialen meiner Firma. Ich würde mir allerdings kein zweites Mal dieses Symbol wählen, da es bei den anderen Seglern den falschen Verdacht erweckt, es handle sich um ein Firmengeschenk.

Die IBM-Zentrale lag nicht weit von unserem Haus entfernt, und jeden Morgen, an dem mein Chauffeur mich abholte, blieben mir auf der Fahrt acht Minuten, was genau reichte, um die Bildzeitung durchzulesen. Dieser Gewohnheit fröne ich seit langem, und auch in Köln fuhr ich später vom Domhotel zum BDI exakt eine Bildzeitungseinheit lang. Nicht nur die wünschenswerte Kürze machte dieses Blatt für mich zur Pflichtlektüre, ich lernte hier auch sehr schnell, was die Leute bewegt oder was die Redakteure glauben, dass sie bewegt, und das ohne dick aufgetragene ideologische Vorgaben, wie sie früher für diese Zeitung so typisch waren. Instinktsicher artikuliert man, was in der Gesellschaft gerade – oft auch unausgesprochen – Thema ist, und dass das Blatt sich dabei oft zum Anwalt der kleinen Leute macht, scheint mir sehr gut zu einer modernen Demokratie zu passen.

Der Macht der Medien war ich mir als IBM-Chef immer bewusst und ich nahm jede Gelegenheit wahr, mich in die öffentliche Diskussion einzuschalten, wenn es dem Unternehmen nützte. Sooft unser Geschäft durch Phänomene beeinträchtigt wurde, auf die ich selbst keinen direkten Einfluss nehmen konnte, blieb mir auch kein anderes Mittel. Ich ging an die Öffentlichkeit und wehrte mich. Ein solches negatives Phänomen war die allgemeine Computerfeindlichkeit im Deutschland der achtziger Jahre. Noch 1985 ergab eine Untersuchung des angesehenen Schweizer »Atlantic Institute«, dass die Personal Computers bei französischen Bauern eine größere Akzeptanz fanden als bei deutschen Unternehmensvorständen. Diese mir unbegreifliche Animosität machte sich bei unseren Verkaufszahlen sehr unangenehm bemerkbar.

Eine meiner ersten Amtshandlungen als Chef der IBM Deutschland bestand darin, dass ich, nach dem Vorbild der IBM Europa in Paris, das firmeninterne »Intranet« einführte. Es handelte sich dabei um eine Weiterentwicklung des EARN-Systems der Siebziger, das von IBM Europa für die europäischen Universitäten entwickelt worden war. Dieses »European Academic Research Network« verband schon damals vierhundert Hochschulen miteinander, die per Bildschirmterminal kommunizieren und wissenschaftliche Ergebnisse austauschen konnten. EARN wurde enthusiastisch aufgenommen, zumal es sich über politische Grenzen hinwegsetzte: Wir verknüpften damals über unsere Pariser Zentrale unter anderen auch die Universitäten von Haifa und Dschidda, deren Länder praktisch auf Kriegsfuß standen.

Bei der IBM betrachtete man dies Verbundsystem allerdings eher als Prestigeobjekt, und keiner dachte anfangs ernsthaft daran, dass man, analog zu den Hochschulen, auch Banken und andere Unternehmen miteinander hätte verbinden können. Das gewaltige Potenzial, das hier lag, wurde zunächst übersehen. Immerhin kam man auf die Idee, das Universitätssystem IBM-intern zu nutzen. Und so wurden wir das erste deutsche Unternehmen, in dem sämtliche Mitarbeiter per E-Mail miteinander kommunizieren konnten. Das neue Medium (es hieß übrigens »PROFS« für »Professional Office System«) führte zu einer deutlichen Verbesserung des Betriebsklimas und der Kreativität, da viele Probleme nun, ungeachtet der hierarchischen Position, sofort vorgetragen und mit Vorgesetzten diskutiert werden konnten. Der Austausch innerhalb des Hauses nahm sprunghaft zu, es wurde unkomplizierter und schneller entschieden. Auch wer direkt mit dem Chef sprechen wollte, konnte dies gerne tun: Er musste nur meinen »Nickname« eingeben und in die Tasten greifen. Und sich nicht wundern, wenn er gleich eine Antwort von mir bekam. Ich habe das bis heute beibehalten. Wie damals im »Intranet« kann man heute im Internet unter henkel@wgl.de jederzeit mit mir »sprechen«.

Das »Intranet« führte aber nicht nur zu einer Demokratisierung im Unternehmen, sondern auch zu einem spürbaren Abbau an Bürokratie. Der »Dienstweg« hatte ausgedient. Da wir auf diese Weise viel schneller zu Ergebnissen gelangten, begann ich, auch meine Kunden zu ermutigen, sich mit ihren Anfragen, Vorschlägen oder Reklamationen diesem internen Kommunikationsmedium anzuschließen. Doch sosehr bei uns und unseren Kunden die Begeisterung für die Kommunikation per Bildschirm wuchs, so hartnäckig hielten sich die Vorbehalte in der Gesellschaft. Sie schienen im Laufe meiner ersten Jahre als IBM-Chef sogar noch stärker zu werden. Während die französische Regierung durch Einführung des »Minitel« breite Schichten der Bevölkerung mit Bildschirm und Tastatur vertraut machte, sorgte in Deutschland eine schmale, aber einflussreiche Elite dafür, dass der PC zum Teufelszeug erklärt wurde. Diese Technologiefeindlichkeit zeigte sich bei den Intellektuellen nicht weniger als bei den linken Parteien und den Gewerkschaften. Man hing der fixen Idee an, dass der PC ein

»Jobkiller« sei und dass die Computer den Menschen degradierten, kontrollierten, ihn seiner Freiheit und seines Selbstbewusstseins beraubten.

Man hatte, kurz gesagt, etwas antiquierte Vorstellungen von moderner Technologie. Und zugleich kaschierte man mit derlei Ammenmärchen nur die eigene Angst und Ignoranz. Natürlich will sich heute keiner mehr daran erinnern. Stattdessen wirft man nun die Frage auf, weshalb wir in Deutschland einen so dramatischen Mangel an Informatikern und Softwarespezialisten haben. Bei der Suche nach einer Antwort deutet man am liebsten auf die Unternehmer, als wären sie es gewesen, die das Computerzeitalter blockiert haben. Doch was wir gegenwärtig erleben, sind die Konsequenzen der Technologiefeindlichkeit früherer Jahre. Auch wenn man es heute gern vergisst: Vor allem die deutsche Linke hat sich gegen die Einführung des PCs gewehrt wie die mittelalterliche Kirche gegen das Galileische Weltbild. Unter dem Vorwand sozialer Verantwortung hat sie die Entwicklung der modernen Informationsgesellschaft behindert. Die Langzeitfolgen haben wir heute alle zu tragen – noch immer fehlen PCs an unseren Schulen, von Internetanschlüssen ganz zu schweigen. Und noch lange wird Deutschland, was die Pro-Kopf-Ausstattung mit Computern betrifft, hinter den USA oder Skandinavien herhinken.

Vom damaligen SPD-Vorsitzenden Willy Brandt wurde ich 1986 zu einem Ingenieurkongress seiner Partei nach Düsseldorf eingeladen, wo ich mit Oskar Lafontaine öffentlich über Nutzen und Nachteil moderner Technologien diskutieren sollte. Moderiert von Peter Glotz stritten wir uns über eine Stunde lang über die Bedeutung des Computers für die Zukunft, die Lafontaine energisch in Abrede stellte. Ganz im Gegenteil, so meinte er, der Computer sei höchst gefährlich, zwinge den Angestellten zu menschenfeindlicher und monotoner Arbeit, beute ihn durch seine künstliche Intelligenz aus. Eifrig beklatscht von 1300 Betriebsräten kämpfte Oskar gegen Windmühlen an, und ich empfand es als besondere Ironie, dass uns nach jeweils zwei Minuten Redezeit ausgerechnet ein Computer das Mikrophon abstellte. Wenige Wochen später räumte die SPD dieses Schlachtfeld und schoss sich auf einen neuen

Feind ein. Statt gegen die Computer ging es jetzt, nach der Katastrophe von Tschernobyl, gegen die Kernkraft. Wie man heute vergessen hat, dass man die Bildschirme seinerzeit am liebsten aus den deutschen Büros und Fabriken verbannt hätte, so konnte sich damals keiner mehr erinnern, mit welcher Begeisterung man kurz zuvor noch die Atomkraft gefördert hatte.

Dass die PCs in der Zwischenzeit unsere Gesellschaft revolutioniert haben, liegt nicht etwa daran, dass sich die Intellektuellen oder die Politiker eines Besseren besonnen hätten. Es liegt an unseren Kindern. Diese Revolution kam von unten, nicht von oben. Die nachwachsende Generation hatte keine Lust, mit den Politikern darüber zu streiten, ob es moralisch verwerflich oder bedenkenlos sei, durchs Internet zu surfen, in Chatrooms zu plaudern oder Videogames zu spielen, ob man auch zu Hause vor dem Bildschirm arbeiten und eine eigene Firma gründen kann, die ihren Service oder ihre Produkte Tag und Nacht im Internet anbietet. Sie haben es einfach gemacht, und der Rest der Gesellschaft hat sich ihnen, mitsamt den Politikern, die es nun schon immer gewusst haben wollen, angeschlossen.

Natürlich haben wir damals unermüdlich für den gesellschaftlichen Durchbruch des PCs geworben, haben Politiker und Meinungsführer nach Stuttgart eingeladen, um ihnen die neuen Informationssysteme zu demonstrieren, und ich glaube, dass keiner unbeeindruckt geblieben ist. Eigentlich sprachen alle vernünftigen Argumente dafür – doch die Wirklichkeit sprach noch dagegen.

Ein Haupthindernis stellten die Telefongebühren der Bundespost dar, die so hoch waren, dass die Internettechnik schon an den Kosten scheiterte. Ich setzte mich dafür ein, das Monopol der Post zu brechen und sie zu privatisieren, damit auch in diesem zukunftsträchtigen Bereich Wettbewerb entstehen konnte. Es war, als hätte ich in ein Wespennest gestochen. Politiker, Postler und Gewerkschaft wollten partout, dass die Telefongebühren so hoch blieben, selbst wenn dadurch die Internetleitungen bis zu hundertmal teurer wurden als in anderen Ländern. Man wehrte und sträubte sich, als ginge es um den

Ausverkauf eines nationalen Kulturgutes. Und so ging der Anschluss an den technologischen Fortschritt verloren. Hätte man die Post zehn Jahre früher privatisiert, wären wir heute in Deutschland ebenso weit wie die Briten oder die Schweden. Stattdessen hinken wir hinterher und schauen uns nach den Schuldigen um.

Mitte der Achtziger setzte die Bundesregierung ein Gremium ein, die Post-Kommission I, die sich unter der Leitung von Christian Schwarz-Schilling, dem damaligen Postminister, Gedanken über eine Neustrukturierung dieser Institution machen sollte. Dem Minister war klar, dass der Weg in die Zukunft nur über eine Teilung und Privatisierung gehen konnte – der linke Flügel der Kommission dagegen wehrte sich vehement gegen jede Änderung. Vor allem Peter Glotz kämpfte bravourös für die Beibehaltung des alten Monopols, während er sich heute längst zum eloquenten Anwalt der Informationsgesellschaft emporgeläutert hat.

Nicht nur bei den Parteien, sondern auch innerhalb der IBM stieß ich mit meinen Vorschlägen auf Bedenken, und der Vertrieb, der befürchtete, mit der Bundespost seinen größten Kunden zu verlieren, versuchte mich zurückzupfeifen. Den hohen Postbeamten, die lukrative Aufträge verteilten, missfiel nämlich die Meinung von Herrn Henkel, und sie zeigten keine besondere Neigung, sich dem Wettbewerb auszusetzen. Man verstand sich als hoheitliche Behörde, ausgestattet mit Privilegien und Preismonopol, und konnte sich partout nichts anderes vorstellen. Der Siemens-Konzern, der direkt mit uns um die Postaufträge konkurrierte, sah ebenfalls keinen Grund, sich für eine Liberalisierung der Behörde stark zu machen – als Hoflieferant der Bundespost war er mit dem Status quo damals höchst zufrieden.

Das Ergebnis der Post-Kommission I fiel für mich enttäuschend aus. Das Gremium, das gehörigen Respekt vor der Postgewerkschaft zeigte, sprach sich zwar für eine Aufteilung der riesigen Behörde aus, hütete sich aber vor weiteren Schritten, etwa der Liberalisierung ihres Monopols, und versäumte damit eine entscheidende Weichenstellung. Nur zwei Wirtschaftsvertreter – Tyll Necker vom Wirtschaftsverband VDMA und Jürgen Terrahe von der Commerzbank – hatten damals den Mut, sich durch ein Minderheitenvotum gegen das Ergebnis der Beratungen auszusprechen.

Obwohl sich die Kommission, aus Rücksicht auf alte »Besitzstände«, um die dringenden Beschlüsse gedrückt hatte, wurde das Resultat heftig von der SPD angefeindet, deren Zustimmung zur Postreform im Bundesrat erforderlich war. Es dauerte noch Jahre, bis sich diese Partei bereit zeigte, die Privatisierung – und damit den Start in die Internetzukunft – mitzutragen. Übrigens hat damals auch die Bundesregierung unter Helmut Kohl die Chance verpasst, Anschluss an die Nachbarländer zu finden. Statt aufzuklären und die Gesellschaft auf den bevorstehenden Umbruch vorzubereiten, zog man es aus populistischen Gründen vor, die gewohnten Ängste vor der modernen Technologie zu schüren und auf Blockade zu setzen. Auch die CDU hat das heute längst vergessen.

Ich kam mir damals wie ein unautorisierter Einzelkämpfer gegen das Postmonopol vor. Wie oft diskutierte ich mit Peter Glotz und anderen Traditionshütern über die Vorteile, die eine Liberalisierung mit sich bringen würde: Man brauchte nur einen Telefonanschluss, und schon war man mit dem weltweiten Computernetzwerk verknüpft, konnte durch das Internet zum Unternehmer werden und seine Waren anbieten, was wir damals Mehrwertdienste nannten – vergebens. Man wollte einfach nicht sehen, dass die Welt sich viel dramatischer wandelte, als ein Sozialdemokrat sich träumen ließ. Glotz hat später zwar, wie gesagt, seine Vorurteile aufgegeben, aber der Schaden, der durch die parteiübergreifende Verzögerungspolitik angerichtet wurde, wirkt weiter. Es fehlt – spätestens seit der »Green-Card«-Debatte weiß das jedes Kind – an Informatikern, weil die Regierung diesen Zukunftsmarkt nicht ernst genommen hat und die Universitäten sich nicht zuständig fühlten. Aber für die Ausbildung der Gesellschaft sind nun einmal die Politik und die Schulen zuständig, und die haben in den entscheidenden Jahren nicht gewollt.

Im Frühjahr 1989 lud ich Kanzler Kohl nach Sindelfingen ein, um mit ihm den Startknopf für die Produktion von Vier-Megabit-Chips zu drücken. Wir waren auf unsere Errungenschaft sehr stolz, denn mit dieser äußerst kapitalintensiven Anlage besaßen wir die fortschrittlichste Chipfabrik in ganz Europa. Die Speicherchips, die wir dort produzierten, waren Weltspitze. Jahre zuvor hatte man auf einem quadratzentimetergroßen Chip 64 000 Informationseinheiten speichern können; dann wurden 128 000 daraus, schließlich erreichte man die Schallgrenze von einer Million, einem so genannten Megabit. 1989 gelang es uns, vier Millionen Informationen auf einem Quadratzentimeter unterzubringen – eine Menge, die lange Zeit selbst Branchenkennern unvorstellbar erschien. Die IBM hatte es den Konkurrenten wieder einmal gezeigt.

Nun erfordert die Herstellung solcher elektronischer Bauteile einen kontinuierlichen Ablauf, der nicht unterbrochen werden darf. Die kleinste Unregelmäßigkeit, wie eine mikroskopische Luftverschmutzung, führt zu einem entscheidenden Abfall, das Produkt wird wertlos. Nur durch Kontinuität kann gleich bleibende Qualität erzielt werden. Die Maßgröße dieses Produktionsstandards ist der »Yield«: Baut man hundert Chips, von denen zwanzig den Standard erfüllen, hat man einen »Yield« von zwanzig Prozent. Der Wettbewerb zwischen den großen Anbietern hängt nun fast vollständig an diesem »Yield«, den man ständig zu steigern bemüht ist – Reinheit ist hier alles; Reinheit und Zeit: Denn wer mit einer Neuentwicklung der Konkurrenz vorausgeeilt ist, kann, solange die anderen zurückbleiben, die Preise diktieren.

Jetzt waren wir also mit unserer Vier-Megabit-Technologie den entscheidenden Schritt voraus und mussten, um den Zeitvorsprung auch wirklich zu nutzen, einen kontinuierlichen Produktionsprozess gewährleisten, der nie unterbrochen werden durfte. Auch nicht an Sonntagen. Da die Investition pro Arbeitsplatz bis zu 800 000 Mark betragen hatte und die Wirtschaftlichkeit vom erzielten »Yield« abhing, war ich so kühn gewesen, der IBM Corporation zu versprechen, dass unsere neue Fabrik sieben Tage in der Woche durcharbeiten würde. Unsere Mitarbeiter hatten sich auf freiwilliger Basis bereit erklärt, nach Schichtmodellen zu arbeiten, und so sah ich keinen Grund, warum unsere Produktion nicht kontinuierlich laufen sollte.

Ich hatte allerdings vergessen, dass wir in Deutschland waren. Und das bescherte mir eine Reihe traumatischer Erfahrungen. Zum Beispiel die, dass man zwar in allen möglichen Bereichen Sonntagsarbeit eingeführt hatte – auch die Chemie brauchte bei ähnlichen Prozessen, dank des vernünftigen Gewerkschaftschefs Hermann Rappe, an diesem Tag die Produktion nicht einzustellen –, dass dies jedoch nicht für den Metallbereich galt. Hier war Sonntagsarbeit durch Gesetz und Gewerkschaft streng verboten, Ausnahmen gab es nicht. Mir wollte einfach nicht einleuchten, warum rund drei Millionen Menschen an diesem Tag in Restaurants, auf Flughäfen, bei der Bahn und in anderen Bereichen arbeiten durften, nur nicht in jenem, in dem ich Computerchips zu produzieren hatte. Dabei ähnelte der Produktionsprozess durchaus dem in der chemischen Industrie. Und was, so fragte ich mich damals, hatte unsere Chipproduktion eigentlich mit der Metallindustrie zu tun, der wir traditionell zugeordnet waren?

Ich hatte an drei Fronten gleichzeitig zu kämpfen: Zunächst mit dem lokalen Betriebsrat, der über die Notwendigkeit, auch sonntags die Produktion aufrechtzuerhalten, erwartungsgemäß nicht besonders begeistert war. Dann mit der IG-Metall, die auf Mitarbeiter, Betriebsrat und die Öffentlichkeit enormen Druck ausübte, um unseren Versuch scheitern zu lassen. Und schließlich mit dem Gesetzgeber, der sich eindeutig gegen Sonntagsarbeit aussprach. Ich stattete also dem damaligen Ministerpräsidenten des Landes, Lothar Späth, einen Besuch ab, der den Ernst der Lage blitzschnell begriff und mir jede Unterstützung zusagte, ohne sie indes versprechen zu können, da das Gesetz auch über einem Ministerpräsidenten steht. Es gab allerdings die Möglichkeit einer Ausnahmegenehmigung, die von einem Regierungsdirektor erteilt werden musste. Der aber zierte sich.

Es folgten mehrere Anhörungen, in denen wir dem Beamten klarzumachen versuchten, dass gewisse Arbeitsprozesse in unserem Chipwerk nicht unterbrochen werden konnten, ohne die Qualität der Produkte zu gefährden, was langfristig wiederum Arbeitsplätze gefährdete. Die IG-Metall, die ebenfalls angehört wurde, machte es sich sehr leicht. Natürlich, so trumpfte sie auf, könne der Arbeitsprozess jederzeit unterbrochen werden; die einzige Folge sei, dass der »Yield« nach unten ginge – aber das sei schließlich nur eine Frage des Geldes. Dass dies die Schließung der Fabrik bedeuten konnte, leuchtete den Gewerkschaftern nicht ein. Man schlug uns sogar vor, wieder zur altbewährten Produktion von Ein-Megabit-Chips zurückzukehren, da sei man doch auch ohne Sonntagsarbeit ausgekommen. Der Regierungsdirektor ließ sich mit seiner Entscheidung viel Zeit – Zeit, die uns fehlte.

Es zeigte sich, dass die ideologischen Interessen der Gewerkschaft gegen die realen ihrer Mitglieder standen. Der Betriebsrat war von IG-Metallern durchsetzt, und selten habe ich so drastisch erlebt, in welchen Konflikt die Leute dadurch gerieten: Einerseits wussten sie, dass die IBM Recht hatte, sie waren schließlich Fachleute und erhofften sich auch für das Sindelfinger Werk weitere Investitionen, die von der Sonntagsarbeit abhingen; andrerseits waren einige von ihnen durch die IG-Metall indoktriniert, deren Funktionäre uns immer wieder als familienfeindlich und gewinnsüchtig darstellten; was wiederum dazu führte, dass die IBM-Betriebsräte uns in Schutz nehmen mussten.

Gleichzeitig liefen heftige Attacken in der Presse gegen mich, als wollte ich dem deutschen Arbeiter sein letztes Refugium rauben. Selbst meine Kinder in der Schule blieben nicht verschont. »Sag mal deinem Vater einen schönen Gruß«, ließ mir ein Lehrer ausrichten, »ob er vielleicht auch sonntags arbeitet.« Um den Betriebsrat auf meine Seite zu ziehen, ging ich in der entscheidenden Phase in eine Nachtschicht und nahm um zwei Uhr morgens an einer Betriebsversammlung teil. Es gelang, einen Keil zwischen die Betonköpfe der Gewerkschaft und die Belegschaft zu treiben, die sich geschlossen hinter uns stellte. Es kam zu einer dramatischen Abstimmung der 27 Betriebsräte, von der die Zukunft unserer Fabrik abhing – das Ergebnis hätte nicht knapper ausfallen können: vierzehn sprachen sich für, dreizehn gegen die Sonntagsarbeit aus. Dank dieses Beschlusses erhielten wir schließlich die Ausnahmegenehmigung und führten als erstes Unternehmen in Baden-Württemberg die »Kontischicht« ein.

Nicht nur die IG-Metall und die SPD, übrigens mit Ausnahme von Oskar Lafontaine, machten mir wegen der Sonntagsarbeit das Leben schwer – auch die CDU fühlte sich, als Beschützerin der christlichen Werte, herausgefordert. Pfarrer und Bischöfe schrieben mir empört, und einige wurden sogar beim Bundeskanzler vorstellig, um das drohende Sakrileg abzuwenden. Bei seinem Besuch in Sindelfingen bat Kohl mich zu einem Gespräch unter vier Augen. Besorgt berichtete er mir von den Briefen, welche die hohe Geistlichkeit ihm geschrieben hatte, und fragte dann: »Also Henkel, muss das denn sein, dass Sie sonntags arbeiten? Die katholische Kirche ist sehr beunruhigt darüber.«

»Wissen Sie, Herr Bundeskanzler«, entgegnete ich, »vierzig Kilometer südlich des Vatikans, in einem Ort namens Santa Palomba, hat die IBM eine Computerfabrik, in der seit Jahren sonntags gearbeitet wird. Völlig problemlos. Und keiner im Vatikan hat je daran Anstoß genommen.« Kohl sagte mir lachend seine Unterstützung zu.

Als mir 1992 von der Zeitschrift »Wirtschaftswoche« der Erste Innovationspreis der deutschen Wirtschaft verliehen wurde, ging es nicht, wie üblich, um ein besonders fortschrittliches Produkt unseres Hauses, sondern um eine schlichte Betriebsvereinbarung. Es handelte sich um ein Abkommen, das in einigen Ländern längst selbstverständlich war, in Deutschland aber als Durchbruch gefeiert wurde: Zwischen der IBM-Geschäftsführung und den Arbeitnehmervertretern war die Einrichtung von zweihundert Telearbeitsplätzen beschlossen worden, das heißt, diese Mitarbeiter konnten zu Hause am Bildschirm arbeiten.

Trotz des hohen Aufwands für die Firma – den Hauptkostenblock bildeten die Telefongebühren der Bundespost – waren die Vorteile unübersehbar: Statt jeden Morgen ins Auto zu steigen, ließ der Mitarbeiter die Bits und Bytes für sich reisen; behinderte Kollegen konnten nun am eigenen PC arbeiten, ohne sich ins Büro quälen zu müssen, Mitarbeiterinnen brauchten wegen ihrer Kinder keine Karrierepause mehr einzulegen. Der Betriebsrat hatte zugestimmt, und wir suchten uns aus der Flut der Bewerbungen zweihundert Kandidaten aus.

Allerdings hatten wir die Rechnung erneut ohne die IG-Metall gemacht. Man bezichtigte uns einer besonders raffinierten Form der Ausbeutung, da wir die Arbeit nun auch ins Heim der Menschen trügen, wodurch diese auf das Niveau der sozial nicht abgesicherten Billiglohnarbeiter des neunzehnten Jahrhunderts herabgedrückt würden. Unterstützung fand die Gewerkschaft auch bei der damaligen Berliner Senatorin für Arbeit und Soziales, die davon sprach, man müsse die Menschen vor derlei »Selbstausbeutung« schützen. Sie hätte ebenso gut sagen können, man müsse die modernen Menschen vor sich selbst schützen – denn die nahmen die Telearbeit begeistert auf, und unsere Innovation aus dem Jahr 1992 ist längst zum festen Bestandteil der Arbeitswelt geworden.

*

Die Bewegungsunfähigkeit der deutschen Politik stellte eine ernste Bedrohung für die IBM Deutschland dar. Wir kämpften nämlich nicht nur gegen die japanischen Firmen und einheimische Konkurrenten, sondern auch gegen unsere ausländischen Schwestergesellschaften. Da in den ausländischen Werken die gleichen Produkte in exakt den gleichen Arbeitsschritten hergestellt wurden, ließen sich direkte Vergleiche mit unseren Fabriken in Sindelfingen, Hannover, Mainz und Berlin anstellen – und die fielen regelmäßig zu unseren Ungunsten aus. Die Produktion des gleichen Produkts kostete bei uns einfach mehr als bei den anderen IBM-Gesellschaften. Außerdem waren für die gleiche Dividende in Deutschland viel höhere Steuern zu zahlen. Für einen bei uns erwirtschafteten Dollar überwiesen wir – da in beiden Ländern Steuern anfielen – ganze 43 Cents nach Armonk, während andere europäische Länder siebzig Cents schickten.

Natürlich wollte ich mich damit nicht abfinden. Da die Produktion sämtlicher informationstechnischer Geräte – von Chips über PCs bis zu Druckern – im Verhältnis zu anderen IBM-Fabriken immer teurer wurde, stellte ich die gesamten Rahmenbedingungen in Frage. Was ließ uns Deutsche im Europavergleich so schlecht abschneiden? Die Antwort war schnell gefunden: Deutschland wies gegenüber den Nachbarn deutliche Standortnachteile auf. Zu den hohen Löhnen kamen Lohnzusatzkosten, die weit über das hinausgingen, was andere Länder zu zahlen bereit waren. Für hundert Mark, die heute ein Arbeitgeber dem Arbeitnehmer zahlt, muss er weitere 83 Mark an Lohnnebenkosten aufbringen, von denen der Arbeitnehmer selbst erst einmal gar nichts sieht.

Im Gegensatz zu den meisten meiner deutschen Kollegen konnte ich direkte Vergleiche mit unseren Schwestergesellschaften anstellen. Warum aber sollte ich mich mit schlechteren Bedingungen abfinden als meine europäischen IBM-Kollegen? Mit höheren Löhnen, höheren Lohnnebenkosten, höheren Steuern? Zudem bemerkte ich, dass immer weniger ausländische Firmen bereit waren, in unserem Land zu investieren – dieselbe Leistung erhielten sie in den meisten Nachbarländern viel günstiger, was wiederum ihre internationale Konkurrenzfähigkeit erhöhte. Mit der war es bei uns schlecht bestellt: 1991 musste ich vor die Belegschaft des IBM-Werks Hannover treten, immerhin 1400 Arbeitnehmer, und ihnen die Schließung der bisherigen Produktion verkünden – unsere Hardware wurde in anderen EU-Staaten viel billiger hergestellt. »Wir machen die Fabrik zu«, sagte ich, »und das ist die schlechte Nachricht. Die gute ist, dass ich alles versuchen werde, sie in ein Software- und Servicezentrum umzuwandeln.« Wir haben es geschafft. Aber eine schwere Niederlage für den Standort Deutschland war es doch.

Es blieb nicht die einzige. Nach der Umstrukturierung des Werks in Hannover mussten wir fast unser ganzes Berliner Werk schließen und unsere »Stammwerke« Böblingen und Sindelfingen verkaufen. IBM unterhält nur noch ein einziges Werk in Mainz, das ebenfalls schwer zu kämpfen hat, da die Produktion von Magnetspeicherelementen im Ausland nach wie vor billiger ist. Es fiel mir sehr schwer, als Deutschland-Chef drei Werke aus Kostengründen schließen zu müssen. Dass ich später, als Chef der IBM Europa, ein neues Werk eröffnen konnte, verschaffte mir zwar nachträglich Genugtuung – allerdings stand die Fabrik nicht in Deutschland, sondern in Ungarn.

Angesichts der Bedrohung unseres deutschen Engagements

begann ich mich für eine Verbesserung der Standortbedingungen, sprich eine Senkung von Lohnnebenkosten und Steuern, einzusetzen. Gelegentlich sogar mit Erfolg: Bei einem Gespräch in Kiel, an dem, neben führenden Managern und Politikern, auch der damalige Finanzminister Stoltenberg teilnahm, ergriff ich öffentlich die Gelegenheit, mich über die steuerliche Situation zu beklagen, die einfach nicht mehr akzeptabel sei. Gerade für Firmen wie die IBM, die als deutsche Tochterunternehmen einer amerikanischen Mutter Gewinne in beiden Ländern versteuern müssten, sei es dringend erforderlich, ein Doppelbesteuerungsabkommen mit den USA zu erreichen – auch deutsche Firmen mit Niederlassungen in Amerika würden davon profitieren. Stoltenberg versprach mir, sich darum zu kümmern, und bewies, dass er zu den Politikern gehört, die Wort halten: Innerhalb von achtzehn Monaten legte er ein Gesetz vor, das – zu Lasten der Staatskasse, aber zum Nutzen der Arbeitsplätze – die IBM wie zahlreiche andere Firmen von doppelt zu zahlenden Steuern in Millionenhöhe befreite. Zudem wurde das Engagement deutscher Unternehmen in den USA erheblich erleichtert. Ich begriff damals, dass auch ein Wirtschaftsführer, ohne einer Partei anzugehören, Einfluss auf die Politik nehmen kann – wenn politische Gespräche »unter vier Augen« nichts bringen, muss er einfach den Mut haben, sein Anliegen öffentlich vorzutragen.

Dann kam die Einführung der 35-Stunden-Woche, für mich ein Kardinalfehler der deutschen Wirtschaftspolitik. Was damals der Arbeitgeberverband Baden-Württemberg mit dem Gewerkschaftsboss und heutigen Arbeitsminister Walter Riester aushandelte, bedeutete eine weitere empfindliche Schwächung des Standorts Deutschland. Als IBM-Chef sah ich mich mit folgender Lage konfrontiert: Wir hatten 26 000 Mitarbeiter, deren Stundenkosten durch diese Neuerung drastisch stiegen, was wiederum unsere Konkurrenzfähigkeit gegenüber anderen IBM-Gesellschaften schwächte. Auch die 35-Stunden-Woche führte dazu, dass heute eine Arbeitsstunde in Deutschland den Unternehmer rund doppelt so viel kostet wie in Großbritannien, obwohl der Arbeitnehmer ungefähr die gleiche Kaufkraft hat. Der Unterschied liegt einfach darin, dass der britische Staat ihm weniger Steuern abnimmt und die dortigen Sozialversicherungssysteme ihm nicht so tief in die Tasche greifen, weshalb das allgemeine Preisniveau auch niedriger liegt.

Die IBM hatte das Pech, dass das deutsche Tarifrecht sie in den Metall- und Elektroarbeitgeberverband einordnete. Dass sich das Profil unserer Firma mit der Weiterentwicklung der Branche völlig verändert hatte, wurde einfach nicht wahrgenommen. Anfang der Neunziger gehörten nur noch sechstausend Mitglieder unserer Belegschaft zum Produktionsbereich, während zwanzigtausend mit Service, Software und Administration betraut waren. Nur weil wir Fabriken unterhielten, mussten wir uns vollständig der 35-Stunden-Woche des Metallbereichs anschließen, obwohl fast alle unsere nationalen Konkurrenten im Software- und Servicebereich 39 Stunden arbeiten konnten, da sie ohne Fabriken, ohne Arbeitgeberverband und ohne Gewerkschaften auskamen. Wir mussten uns also einem Flächentarif unterwerfen, der für unsere Mitarbeiter zur existenziellen Bedrohung wurde.

Ich lud meine Geschäftsführung zu einer Strategiesitzung ein, bei der wir beschlossen, aus dem Arbeitgeberverband auszutreten, da sich nur so die 35-Stunden-Woche umgehen ließ. Zwar konnten wir sie für die Fabriken nicht vermeiden, doch würden dann die zwanzigtausend Mitarbeiter im Software- und Servicebereich mit den anderen deutschen Anbietern, die 39 Stunden arbeiten konnten, wettbewerbsfähig bleiben. Der Unterschied zwischen 35 oder 39 Stunden war exakt der zwischen roten und schwarzen Zahlen. Wir beschlossen also den Austritt, ohne zu ahnen, in welches Labyrinth aus Gesetzen, Satzungen und Statuten wir geraten würden, das vom Tarifkartell im Laufe von Jahrzehnten kunstvoll angelegt worden war.

Die Besonderheit des Labyrinths bestand darin, dass man zwar schnell hinein-, sehr schwer aber wieder hinauskam. An einen sofortigen Austritt war also gar nicht zu denken. Der Tarifvertrag über die 35-Stunden-Woche, 1992 vom Arbeitgeberverband unterschrieben, würde bis 1997 gelten. Es gab keine gesetzliche Möglichkeit auszuscheiden. Wir mussten, so schien es, diese für uns falsche Arbeitszeitregelung einführen und konnten, selbst wenn wir aus unserem Verband austraten, erst fünf Jahre später die alte Arbeitszeit wieder einführen.

Wir fanden dennoch einen Ausweg, der uns auf legale Weise aus dem Dilemma half: Wir teilten die IBM Deutschland in sieben Einzelgesellschaften auf, über die wir eine Holding setzten. Während diese neu gegründeten Töchter ohne Verbandsanschluss auskamen – damit aber auch ohne die neue Arbeitszeit –, gehörte die Holding nach wie vor zum Arbeitgeberverband. Nur sie, die aus der Geschäftsführung und einer Sekretärin bestand, würde streng genommen noch 35 Stunden arbeiten müssen.

Ich fuhr also zu Herrn Hundt, damals Chef des für uns zuständigen Arbeitgeberverbands, um ihm persönlich diese Entscheidung mitzuteilen. Der lachte mich aus. »Aber Herr Henkel«, sagte er, »haben Sie sich das auch gut überlegt? Sehen Sie denn nicht, wie unsolidarisch Sie hier handeln? Sind Sie sicher, dass Ihre Kunden dann noch Ihre Computer kaufen wollen?« Auf welcher Seite, so fragte ich mich, lag eigentlich sein Interesse? Bei den Mitgliedern oder bei der Organisation? Und wie sollte ich auf diese unverhüllte Drohung antworten?

»I have news for you«, entgegnete ich, »mit meinen Kunden habe ich bereits gesprochen, und alle haben mir Unterstützung zugesagt.«

Zwei Wochen später kam Dieter Hundt in mein Büro. Versöhnlich, verbindlich, und, wie es schien, vom hohen Ross herabgestiegen. Ihm sei klar geworden, begann er, dass ich wohl eine gewisse Berechtigung hätte, mich nicht an die 35-Stunden-Woche zu halten, und deshalb aus seinem Verband austrete. Ja, er habe Verständnis. Allerdings, so fügte er hinzu, gehe er davon aus, dass wir, als sein drittgrößtes Verbandsmitglied, weiterhin unsere Mitgliedsbeiträge zahlen. Nun war es an mir, zu lachen. Mein Respekt vor gewissen Personen und Organisationen war mit einem Schlag dahin.

Nachdem wir die Ausgliederung vollzogen hatten, tauchte ein neues Problem auf: Eigentlich war mit dem bloßen Austritt aus dem Tarifbereich noch nichts Konstruktives bewirkt. Zwar erzielte ich mit meinen Betriebsräten über die Weiterführung der 39-Stunden-Woche schnell Einigkeit – doch eine solche innerbetriebliche Abmachung war gesetzlich ungültig. Nach dem Betriebsverfassungsgesetz Paragraf 77 Absatz 3 ist es der Geschäftsführung verboten, mit dem Betriebsrat eine gesetzlich gültige Abmachung über die Länge der Arbeitszeit zu treffen. Über kollektive Abschlüsse darf man sich nur mit der Gewerkschaft einigen, das heißt, entweder lässt man den Arbeitgeberverband stellvertretend für sich mit der Gewerkschaft sprechen oder man holt sich, um selbst einen Haustarif auszuhandeln, eine Gewerkschaft ins Haus. Für Firmen, die keine oder wenige Gewerkschaftsmitglieder haben, ist das widersinnig. Aber es entspricht der Gesetzeslage. Und an der halten nicht nur die Gewerkschaften fest, sondern leider auch ihre Partner im Kartell, die Arbeitgeberverbände. Ihre Bosse kleben an ihren Posten, ihrem medienwirksamen Prestige. Und so genießen sie, gemeinsam mit den Gewerkschaften, ihr Tarifmonopol.

Langsam dämmerte mir, dass mein Ausbruchsversuch nicht so gut durchdacht gewesen war. Zu viele Seiten hatten Interesse daran, ihn zum Scheitern zu bringen. Und leider war auch die Bereitschaft der IBM-Mitarbeiter und des Betriebsrats ohne Wert. Denn die Gewerkschaftsführer, die am 1. Mai die Bedeutung der Betriebsräte und ihrer Mitbestimmung anpreisen, entmündigen die gleichen Betriebsräte, indem sie ihnen die Mitsprache über Löhne oder Arbeitszeit in ihren eigenen Unternehmen aus der Hand nehmen. Darüber darf nur von oben bestimmt werden – und die Arbeitgeberverbände sehen das natürlich genauso.

Zum Glück gibt es auch Gewerkschafter, die sich über betonierte Strukturen hinwegsetzen können. Im Verwaltungsrat der Treuhand, dem ich seit 1990 angehörte, saß, aufgrund der alphabetischen Reihenfolge, Roland Issen neben mir, Chef der DAG und ebenfalls Absolvent der Hamburger Hochschule für Wirtschaft und Politik, meiner alten Akademie also. Natürlich hatte er von meinen Problemen gehört, und die Tischnachbarschaft brachte es mit sich, dass wir über Lösungsmodelle plauderten.

»Was halten Sie von folgendem Vorschlag?«, fragte ich Issen. »Wir verhandeln über die Arbeitszeit direkt mit unserem

Betriebsrat, und mit dem Ergebnis kommen wir dann zu Ihnen. Dann machen wir gemeinsam einen Haustarif daraus.«

Im Handumdrehen war nicht länger die IG-Metall mein Verhandlungspartner, sondern die Deutsche Angestellten-Gewerkschaft, obwohl diese in unserem Haus kaum Mitglieder hatte. Da Issen – im Gegensatz zur unbeweglichen IG-Metall – die langfristigen Interessen unserer Mitarbeiter im Auge hatte, konnten wir so gemeinsam das Tarifkartell aushebeln und eine maßgeschneiderte Lösung für die IBM erzielen.

Solange die Möglichkeit zu individuellen Lösungen besteht, habe ich keine Einwände gegen den Flächentarif. Wenn ein Unternehmen sich nicht mit dem Geplänkel um neue Konditionen oder den komplizierten Details von Betriebsvereinbarungen belasten will, kann es, auch um des lieben Betriebsfriedens willen, die Verhandlungsverantwortung gern abgeben. Das Problem besteht nur darin, dass ein Unternehmen, das sich gerne selbst darum kümmern würde, dies nicht darf. Alle werden über den gleichen Kamm geschoren, und wehe dem, der sich dieser Prozedur entziehen will.

Im Bereich Metall- und Elektroindustrie, der immerhin die Hälfte der deutschen Industrie umfasst, führt das zu der absurden Konsequenz, dass etwa die Computerbranche, die gerade boomt, denselben Tarif zahlen muss, wie die Autobranche, der es möglicherweise schlecht geht; dass ein Unternehmen in Emden, einer Stadt mit niedrigen Lebenshaltungskosten, die gleichen Löhne zahlen muss wie eine Firma in München, wo alles erheblich teurer ist; oder dass für einen Betrieb in Dortmund mit hoher Arbeitslosigkeit derselbe Zuwachs vereinbart wird wie für einen ähnlichen in Stuttgart, wo die Arbeitslosigkeit nur halb so hoch ist.

Schlimmer noch: Viele Unternehmen müssen wegen der erhöhten Tarife ihre Tore schließen. Die Arbeitnehmerverbände wissen sehr gut, dass ihre Abschlüsse auch zum Konkurs einiger ihrer Mitglieder führen, und nehmen es trotzdem in Kauf. So bequem es für ein Unternehmen auch scheint, die Verantwortung für die Rahmenbedingungen der eigenen Produktion einfach abzutreten und von Verbänden aushandeln zu lassen – im Endeffekt hat sich das Flächentarifsystem als gigantisches Instrument zur Arbeitsplatzvernichtung erwiesen. Deshalb haben alle europäischen Länder, mit Ausnahme Österreichs, dieses System abgeschafft, und selbst der holländische Regierungschef Wim Kok, früher ein bekannter Gewerkschaftsführer, hat bestätigt, es sei die entscheidende Weichenstellung gewesen, die Verantwortung für Löhne und Arbeitszeit in die Betriebe zu verlegen.

Vor fünf Jahren besuchte ich, zusammen mit Tyll Necker, den damaligen CDU-Fraktionsvorsitzenden Wolfgang Schäuble, den ich nach wie vor für einen der klarsten Denker und mutigsten Politiker unseres Landes halte – auch heute noch ein Kanzlerkandidat, wie die CDU keinen zweiten aufzubieten hat. Wir stellten unsere schweren Bedenken gegen den Flächentarifvertrag dar, und Schäuble war sehr schnell klar, dass wir hier einen zentralen Punkt der zukünftigen Wettbewerbsfähigkeit unseres Landes berührten. Wie ich hörte, ließ er ein entsprechendes Papier erstellen, in dem über Änderungen des Systems berichtet wurde. Als der damalige Arbeitsminister Norbert Blüm, selbst altes IG-Metallmitglied, davon erfuhr, sorgte er dafür, dass Kanzler Kohl das Papier kassierte. Immerhin konnten wir zwischenzeitlich die FDP von unserer Sicht überzeugen, und sie hat Anfang 2000 die Forderung nach dem Ende des Tarifmonopols in ihr Wahlprogramm aufgenommen. Auch den Sachverständigenrat konnten wir gewinnen, der sich in seinen beiden jüngsten Gutachten für eine Abschaffung aussprach. Leider nimmt die Regierung Schröder keine Notiz davon.

*

Als ich die Führung der IBM Deutschland übernahm, war mein Vorgänger von der Corporation für das schlechte Ergebnis verantwortlich gemacht worden, das zum großen Teil nur die Standortnachteile widerspiegelte. Was konnte er dafür, dass die Steuern und die Arbeitskosten so hoch waren? Mir dagegen brachte man von Anfang an viel Wohlwollen entgegen, und das hieß auch, dass ich erhebliche Freiheiten genoss. Vermutlich hat es nie wieder in der Geschichte der deutschen IBM einen General Manager gegeben, der so frei schalten und walten konnte wie ich. Der Austritt aus dem Arbeitgeberverband, immerhin ein epochaler Schritt – ich habe niemanden gefragt. Nach der Wende verlegte ich den juristischen Sitz der Firma zurück nach Berlin – ohne Rücksprache mit Armonk. Und auch bei der Sonntagsarbeit gab ich der Zentrale, vielleicht etwas voreilig, zu verstehen: »Lasst mich nur machen, ich kriege das schon hin.« Oder die Umstrukturierung des Werks in Hannover – auch dieses heikle Vorhaben konnten wir selbständig durchführen.

Dass alles so gut funktionierte, lag zum einen daran, dass die IBM Europa hinter mir stand, schließlich war ich ihr Kandidat gewesen. Zum anderen war die Mannschaft bereit, sich neu motivieren zu lassen, wodurch der alte Schwung in das Unternehmen zurückkehrte. Und zu guter Letzt hatte ich, wie so oft, Glück. Und dieses Glück, das mir förmlich in den Schoß fiel, hieß Wiedervereinigung. Wie meinem Vorgänger die schlechten Standortbedingungen angelastet wurden, schrieb man mir die blendenden Ergebnisse gut, die uns die deutsche Einheit dank einer überraschenden Sonderkonjunktur bescherte.

Ich persönlich hatte immer daran geglaubt, dass eines Tages die Mauer fallen würde. Nur wann, das stand in den Sternen. Ehrlich gesagt, habe ich es so schnell nicht erwartet. Ich empfand immer großen Respekt vor Axel Springer, der jahrzehntelang unbeirrt an der Wiedervereinigung festhielt und sich nicht scheute, deshalb zum Hassobjekt der deutschen Intellektuellen und Linken zu werden. Ich bewunderte sein Festhalten an dieser Utopie, von der sich viele deutsche Politiker längst verabschiedet hatten, und empfand es als dramatisches Signal, dass der Verleger seine Hauptverwaltung unmittelbar neben der Mauer errichtete.

Was dem deutschen Zeitgeist wie ein reaktionäres Hirngespinst erschienen war, lag seit Ende der Achtziger förmlich in der Luft. Die DDR rückte plötzlich näher, viel näher. Als wir uns damals überlegten, wohin unsere nächste Motivationsreise für die IBM-Vertriebsleiter gehen sollte, fiel die Wahl auf Dresden, und ich höre noch das Grummeln in der Führungsetage, wieso wir das abgewirtschaftete Honecker-Regime auch noch mit unserer Valuta stützen wollten.

Vier Monate vor der Wende, im Juni 1989, traten wir mit zweihundert Mitarbeitern zu unserem DDR-Besuch an, als dessen Höhepunkt uns ein Vortrag des berühmten Elektronikpioniers Manfred von Ardenne erwartete. Im Dresdner Vorzeigehotel »Bellevue« berichtete der Achtzigjährige über den Stand der Computertechnik in seinem Land, deren desolater Zustand mir längst bekannt war. Ardenne dagegen lobte die heimische Technologie in höchsten Tönen und kündigte sogar an, demnächst im Computerkombinat »Robotron« die Produktion von Ein-Megabit-Chips aufzunehmen. Ich konnte mir die Bemerkung nicht verkneifen, dass dieser Chip, nach Stand der DDR-Technik, wohl einen Quadratmeter groß sein müsse. Ich vergesse nie das säuerliche Lächeln unserer Gastgeber – es sollte sich bald herausstellen, dass ich mit meinem Scherz ins Schwarze getroffen hatte.

Während meines Aufenthalts im »Bellevue« erhielt ich einen Anruf von John Akers, dem Obersten Chef in Armonk, dass ich, als erster Deutscher, vom Corporate Board zu einem der Vice Presidents der Corporation ernannt worden sei. So konnte ich, versehen mit diesen unverhofften Würden, in das neue Computerjahrzehnt schreiten, ein Jahrzehnt, das für die IBM Deutschland sensationell begann: Während überall in Europa Rezession herrschte, ging es mit der deutschen Konjunktur steil bergauf (dank des Strohfeuers, das mit deutschem Steuergeld entfacht wurde).

Aber zunächst kam der 9. November 1989. Ich gehöre nicht zu den Leuten, die hinterher genau gewusst haben, wann die Mauer fallen würde. Aber, wie gesagt, ich habe immer daran geglaubt, ja, darauf gehofft und mich über all jene geärgert, die sich damit abfanden, dass unser Land geteilt war und dies auch noch aggressiv vertraten. Bei einer Beiratssitzung einer deutschen Firma Ende November 1989 – man reichte vor dem Abendbrot ein Glas Champagner –, stand ich mit Edzard Reuter und dem mir damals nicht persönlich bekannten SPD-Vordenker Hans-Jochen Vogel zusammen. Um höflich ein Gespräch in Gang zu bringen, fragte ich Vogel ganz arglos, was er eigentlich von der Wiedervereinigung halte. Ihm wäre fast der Champagner aus der Hand gefallen. Vogel steigerte sich in eine wahre Schimpftirade hinein, wie ich überhaupt so ein Wort in den Mund nehmen könne, aus welcher reaktionären Mottenkiste ich meine Vorstellungen zöge und was ihm sonst noch an Liebenswürdigkeiten einfiel. Hätte sich mein Freund Edzard Reuter nicht ins Mittel gelegt und dem empörten Herrn erklärt, dass ich kein Kalter Krieger, sondern ein ganz harmloser Staatsbürger sei, wäre Vogel vielleicht noch unter Protest hinausgeeilt.

Nach der ersten freien Volkskammerwahl, aus der Lothar de Maizière als Sieger hervorging, wurde mir das Ehrenamt angetragen, zusammen mit Hermann Rappe, Elmar Pieroth und anderen den neuen Ministerpräsidenten der DDR während der Einigungsverhandlungen zu beraten. Ich bin deshalb eine Zeit lang mehrmals pro Monat in das Haus der Ministerien gewandert, um in dieser Runde über die Rolle der Gewerkschaften, der Zukunft der Kombinate und den Erhalt der Absatzgebiete in den bisherigen Ostblockländern zu diskutieren.

Das beste Rezept, um der maroden DDR-Wirtschaft auf die Beine zu helfen, schien mir die Mehrwertsteuerpräferenz, die, ähnlich wie die Berlinhilfe, das »Made in East Germany« gefördert hätte. Doch statt, wie ich vorschlug, die Wertschöpfung durch Steuererleichterungen zu unterstützen, beschloss man, die Investitionen in Ostdeutschland steuerlich zu begünstigen – Investitionen, die in den meisten Fällen ohnehin getätigt worden wären. Der Vorteil meiner Variante, die vom BDI kam, wäre gewesen, dass Ostdeutschland einfach billiger produziert hätte, und dass nur dort gefördert worden wäre, wo auch tatsächlich etwas hergestellt wurde. Aber der Vorschlag wurde von Finanzminister Theo Waigel abgewiesen, da er »mit vierzig Milliarden zu teuer« sei. Später stellte sich heraus, dass dies die bei weitem billigste Lösung gewesen wäre. Die Ablehnung der Wertschöpfungspräferenz, die von mir, als Trojanischem Pferd des BDI, in die Beraterrunde von de Maizière eingebracht wurde, erwies sich als einer der entscheidenden Fehler der deutschen Politik beim Aufbau Ost.

Nach meiner leider nicht sehr erfolgreichen Beratertätigkeit für Lothar de Maizière wurde ich 1990 von Detlev Rohwedder, der im Aufsichtsrat der IBM Deutschland saß, in den Verwaltungsrat der Treuhand-Gesellschaft berufen. Da sich Rohwedder nach einem Präsidenten für die Treuhand umsah, empfahl ich den – ihm persönlich unbekannten – damaligen Bundesbahnpräsidenten Reiner-Maria Gohlke, den ich von gemeinsamen IBM-Tagen her außerordentlich schätzte. Leider blieb er nur sechs Wochen in diesem Amt, und ich zögerte lange, die wahren Gründe für sein Ausscheiden zu nennen.

Gohlke hatte ein Zeitungsinterview gegeben, das als Kritik an Kohls Wirtschaftspolitik im Osten gewertet wurde. Ich selbst hielt es für legitim, Bedenken am Wirtschaftskurs auch öffentlich vorzutragen, und des Öfteren forderte ich im Verwaltungsrat erst Reiner-Maria Gohlke, dann Detlev Rohwedder und später Birgit Breuel auf, deutlich Flagge zu zeigen und dies nicht immer nur dem BDI zu überlassen. Immerhin war die Treuhand der größte Arbeitgeber des Landes, und damit verpflichtet, sich zu den Standortbedingungen zu äußern. Nichts anderes hatte Gohlke getan.

Kohl hatte sich über das Interview maßlos geärgert und Rohwedder nicht minder. Dieser hatte zuvor einen neuen Pressesprecher eingestellt, ohne den Präsidenten, für den dieser ja eigentlich arbeiten sollte, zu fragen. Gohlke trat zurück. Er tat dies, obwohl die Kritik an ihm unberechtigt war – er hatte ja nur mutig seine Pflicht getan. Nun musste er sich von den Medien nachsagen lassen, er habe das Handtuch geworfen, weil er der Aufgabe nicht gewachsen sei. Gohlke, der noch mit jedem Problem fertig geworden ist, ließ die Verleumdung auf sich sitzen und verzichtete im Interesse der Sache darauf, die Wahrheit zu sagen.

Zu dieser gehörte, dass Gohlke sich mit Otto Gellert, dem Stellvertretenden Verwaltungsratsvorsitzenden der Treuhand und Rohwedder-Freund, immer öfter angelegt hatte. Gellert neigte dazu, Entscheidungen der Treuhand zu beeinflussen, indem er die Interessen deutscher Firmen beim Privatisierungsprozess, vorsichtig gesagt: begleitete. Da Gohlke größten Wert darauf legte, dass zwischen der Rolle des Verwaltungsrats, der die Aufsicht innehatte, und der operativen Verantwortung klar unterschieden wurde, konnte er derlei Lobbyarbeit nicht dulden. Da kam den Gohlke-Gegnern das Interview gerade recht: Man stimmte mit Kohl überein, dass Gohlke wegmüsse, und auf die Frage, wer sich als Nachfolger anböte, hob Rohwedder die Hand. So wurde der Verwaltungsratsvorsitzende selbst zum Präsidenten der Treuhand, ein Amt, das er, bis zu seinem gewaltsamen Tod durch einen terroristischen Anschlag, hervorragend ausübte.

Die Kritik, die heute an der Treuhand geübt wird, halte ich für völlig unangemessen. Als ich in den Verwaltungsrat berufen wurde, lag uns eine Schätzung vor, nach der wir durch die Privatisierung der insgesamt knapp zehntausend DDR-Betriebe bis zu 1,2 Billionen Mark einnehmen würden. Welch fahrlässige, durch die Desinformationspolitik der DDR hervorgerufene Fehleinschätzung! Nachdem diese Zahl schon bald auf die Hälfte herunterkorrigiert worden war, stellte sich schließlich heraus, dass durch den Verkauf der Ostbetriebe nicht nur nichts zu verdienen, sondern, um allein deren Existenz zu sichern, 240 Milliarden Mark zugezahlt werden mussten, und zwar vom deutschen Steuerzahler. Der Staat machte also ein gewaltiges Verlustgeschäft, das von uns organisiert werden musste. Immerhin konnte so der totale Zusammenbruch der Ostwirtschaft verhindert werden.

Aus der Sicht des Steuerzahlers war die Treuhand natürlich kein Erfolg, da sie der Staatskasse nichts hinzuverdiente, sondern Steuergelder in großen Mengen ausgeben musste. Aber das lag nicht an der Arbeit der Treuhand, sondern an der maroden Substanz, die wir vorfanden, sowie der sträflichen Fehleinschätzung ihres Wertes. Kurz gesagt, wir haben nicht gewusst, welcher »Schrott« uns da erwartete. Dass sich keiner unserer Vorstände damals bereicherte oder sich Vorteile verschaffte, dafür lege ich meine Hand ins Feuer. Und auch der Vorwurf, im Fall Leuna sei Schmiergeld gezahlt worden, scheint mir absurd: Man hat das Unternehmen den Käufern förmlich nachtragen müssen.

*

Die Mitarbeit am Prozess der Wiedervereinigung hat mich viel Zeit gekostet – Zeit, die ich eigentlich für die IBM und ihre

Kunden hätte aufbringen müssen. Ich habe das auch bei vielen meiner Kollegen in der Wirtschaft beobachten können, die sich von der nationalen Aufgabe dermaßen fordern ließen, dass sie ihre eigenen Unternehmen vernachlässigten und auch ein bisschen den Überblick verloren, weil nur noch Deutschland im Mittelpunkt stand. Wir alle wiegten uns dank der Sonderkonjunktur, die Ost wie West erfasst hatte, in Sicherheit.

Und begingen den Fehler, wichtige Zukunftsentwicklungen zu verschlafen. Abgelenkt durch die Wiedervereinigung und gleichsam berauscht von deren geschäftlichen Nebenwirkungen, ruhten wir uns auf unseren Einheitslorbeeren aus, während andere Länder, die nicht an dem Boom teilhatten, sich den weltwirtschaftlichen Entwicklungen anpassten und ihre Unternehmen restrukturierten. Damals erarbeiteten sie sich einen Vorsprung, den wir ohne die Euro-Schwäche bis heute nicht aufgeholt hätten.

Gerade die IBM Deutschland profitierte enorm von dem plötzlichen Boom. In Ostdeutschland entstanden neue Geschäftsstellen, und ich ließ es mir nicht nehmen, sie persönlich zu eröffnen. Dank des reichlich verrückten Investitionsprogramms der Bundesregierung wurden uns die Computer, da nun subventioniert, förmlich aus der Hand gerissen. So konnten sich Westfirmen zu besonders günstigen Bedingungen mit Computern ausrüsten, die sie ohnehin hätten kaufen müssen. Statt der Produkte, die der Osten produzierte, förderte man jene, die von West nach Ost transportiert wurden.

Ironie des Schicksals: Was mir als politisch Denkendem absurd erschien, brachte mir als IBM-Chef den entscheidenden Erfolg. Plötzlich waren wir die Firmentochter mit dem weltweit schnellsten Wachstum. 1991 erwirtschafteten wir erstmals ein besseres Ergebnis als die IBM Japan, das wir damit als größte Auslandsniederlassung ablösten. Durch dieses kapitale Ergebnis, das niemand erwartet hatte, stiegen wir zum Star der Corporation auf. Unter den gegebenen Voraussetzungen fiel der Erfolg allerdings so leicht, dass selbst Mickymaus als Chef der IBM Deutschland ihn hätte erzielen können.

Während wir boomten, geriet die Corporation 1992 in eine Krise. Die Aktien sackten in den Keller, Marktanteile gingen an Konkurrenten verloren, neue Trends wurden verpasst – kurz, die Probleme, mit denen die IBM Deutschland einige Jahre vorher zu kämpfen hatte, erfassten nun die Muttergesellschaft und Armonk ging dabei fast in die Knie. Man machte sich bereits Gedanken, ob die IBM als Ganzes überhaupt noch überlebensfähig war.

IBM-Chef John Akers geriet deshalb schwer unter Beschuss der Shareholder, die ihre Felle davonschwimmen sahen. Da man ihn für die Niederlagen verantwortlich machte, verlor er zusehends an Selbstvertrauen. Ich schätzte Akers sehr, und so litt ich förmlich mit ihm und fürchtete nebenbei auch, einen wichtigen Verbündeten zu verlieren, wenn man ihn zum Rücktritt zwang. Aber dazu musste es nicht kommen: Ich war überzeugt, dass die Krise deutlich übertrieben wurde und die Aktien, die vor dem Absturz überbewertet waren, sich wieder erholen würden. Ich glaubte an den Umschwung, man brauchte nur etwas Geduld. Die Frage war nur, ob auch die Shareholder diese Geduld aufbringen würden.

Damals meldete sich ein Mitarbeiter eines unserer Großkunden bei mir, dessen Chef mich sprechen wollte. »Oh je«, dachte ich, »da haben wir wohl etwas falsch gemacht.« Ich fragte beim Vertriebsleiter nach, der wusste von nichts. Da ich ein unangenehmes Gespräch erwartete, machte ich mich mit gemischten Gefühlen auf den Weg. Doch es kam anders. Der große Vorstandsvorsitzende sagte mir ohne Umschweife, er wolle mich zu seinem Nachfolger machen. Was bedeuten würde, dass ich mich nicht länger um übergeordnete Instanzen wie Paris oder Armonk kümmern musste – ich würde nun selbst zum Chef, frei in meinen Entscheidungen, »in charge«, wie man in Amerika sagt.

Am nächsten Tag erklärte ich mich einverstanden, wir flogen gemeinsam zum Hauptaktionär der Firma, man verstand sich, alles schien in bester Ordnung. Dann kam der Vertrag. Die Position war so üppig honoriert, dass ich sogar auf meine IBM-Optionen hätte verzichten können – allerdings fiel mir schon beim oberflächlichen Durchblättern des Vertrags auf, dass ein Paragraf in einer anderen Schrifttype gesetzt war, was nur bedeuten konnte, dass man ihn in das Formular, das für meinen Vorgänger galt, nachträglich eingefügt hatte. Ich sah ihn mir genauer an und staunte: Hier stand, dass sich der Vorstandsvorsitzende dieses Unternehmens öffentlich nur dann über Entwicklungen der Branche äußern durfte, wenn er dies zuvor mit dem Aufsichtsratsvorsitzenden abgesprochen hatte. Ein Maulkorberlass, der zudem einen Verstoß gegen das Aktiengesetz darstellte. Ich bat um Bedenkzeit.

Auf meine Ankündigung, ich würde möglicherweise die IBM verlassen, reagierte die Firmenspitze alarmiert, immer neue Besucher aus Paris und den USA trafen in Stuttgart ein, um mich zum Bleiben zu bewegen. Schließlich rief John Akers an, ich könne ihn jetzt, in dieser Situation, nicht im Stich lassen, er werde mich, als sein bestes Pferd im Stall, bald zum Chef der IBM Europa ernennen und, wer weiß, vielleicht als seinen Nachfolger in Armonk vorschlagen. Ich gab nach. Aus der Normandie schrieb ich dem Vorsitzenden einen Absagebrief, der sich daraufhin einen Vorstandschef aus den eigenen Reihen holte.

Nicht lange darauf, ich saß gerade mit meinen Kollegen in Paris zusammen, teilte John Akers uns mit, dass er sein Amt abgeben werde und einen Nachfolger suche. Er gab also auf, und ich sah mich, wieder einmal, vor einer ungewissen Zukunft. Wie würde sein Nachfolger, Lou Gerstner, zu mir stehen? Brachte er vielleicht eine eigene Führungsmannschaft mit, die er in den nationalen Organisationen installieren würde? Und was würde aus Akers' Versprechen, mich zum Europachef zu ernennen?

Wieder stand ich vor der Wand. Mittlerweile ein vertrauter Platz.

7

Lou Gerstner brachte nicht nur eine neue Führungsmannschaft mit – er machte sich auch daran, alles zu ändern, was ich bisher mit dem Begriff IBM verbunden hatte. Und offenbar entsprach dies dem Willen des Boards, das ihn eingestellt hatte. Bis dahin war die IBM stolz darauf gewesen, ihre Führungskräfte aus den eigenen Reihen zu rekrutieren, ja man war einer der größten Exporteure von Topmanagern geworden, die unsere Unternehmenstraditionen in andere Großfirmen einbrachten. Gerstner dagegen kam als Außenseiter. Seine beachtliche Karriere hatte ihn über McKinsey, American Express und Nabisco zu uns geführt, und er legte Wert darauf, dass einige seiner Wegbegleiter gemeinsam mit ihm an Bord gingen. Eine ganze Seilschaft kam, die Gerstners Karriere parallel begleitet hatte und nun vor der Aufgabe stand, die IBM neu zu definieren.

Die rasante Umorientierung wurde damit gerechtfertigt, dass die bisherige Führungsmannschaft den Unternehmensdampfer immerhin fast in den Sand gesetzt hatte. Unter uns Auslandschefs wuchs die Spannung, wer auf seinem Posten verbleiben und wer abgelöst würde. Ich selbst, zudem Vice President der Corporation, machte mich bereits auf mögliche Veränderungen gefasst. Ein wenig hoffnungsvoll stimmte mich allerdings die Erinnerung an Gerstners älteren Bruder, der sich als langjähriger Spitzenmanager bei der IBM Europa ausgesprochener Beliebtheit erfreut hatte. Vielleicht, so dachte ich, würde sich Gerstner als ähnlich sympathischer Typ erweisen.

Zu seinem Antrittsbesuch reiste er mit einem Intercontinentaljet der IBM an, was an sich schon ungewöhnlich war: Firmenflugzeuge sollten als »Arbeitspferde« nur für Kundenbesuche innerhalb Europas reserviert bleiben; nach Amerika flog man mit Linie. Als ich seine Maschine auf dem Stuttgarter Rollfeld landen sah, begriff ich, dass eine neue Ära begonnen hatte. Bei der Begrüßung lernte ich einen höchst freundlichen und aufgeräumten Mann kennen, der einige Jahre jünger war als ich. Unsere Begegnung ließ sich denn auch gut an: Eineinhalb Tage führte ich den gut gelaunten Boss durch unsere Hauptverwaltung, machte ihn mit einigen Großkunden bekannt und hatte, als ich ihn wieder zum Flugzeug brachte, das Gefühl, dass er zufrieden mit meiner Arbeit war und – in Zeiten der Umstrukturierung durchaus keine Selbstverständlichkeit – meine Position unangetastet lassen würde.

Bald schien es sogar, als wären meine Sorgen völlig gegenstandslos gewesen: Denn das Versprechen, zum Europa-Chef befördert zu werden, mit dem Akers mich zum Bleiben überredet hatte, löste Lou Gerstner nun ein. Und nicht nur das: Mit der Neubesetzung des Postens sollte die gesamte Europaorganisation umgestaltet werden. Und mir blieb die Aufgabe, dies in unserem Bereich – zwischen Lissabon im Westen und Karachi im Osten, Reykjavik im Norden und Johannesburg im Süden – durchzusetzen. Ich trug also die Verantwortung für rund neunzigtausend Mitarbeiter, die sich, gleich mir, der Neuorientierung stellen mussten.

Als ich 1993 mit dieser Aufgabe betraut wurde, war in Deutschland die Sonderkonjunktur der Wiedervereinigung zwar abgeflaut und die Ergebnisse unserer nationalen Organisation im Gleichschritt mit der gesamten Corporation zurückgegangen. Doch konnten wir immerhin unsere eigenen Vorgaben erfüllen und durch den massiven Abbau von Fertigungskapazität, also die Schließung von drei Werken, die deutsche IBM »sanieren«. Zudem hatten wir, früher als andere, den Vertriebsapparat in eine Serviceorganisation verwandelt und durch diese Prioritätensetzung der Corporation eine Strategie aufgezeigt, die – ähnlich der von Gerstner verordneten – zur Rettung der IBM weltweit beitragen sollte.

So glücklich und zugleich erleichtert ich mich über die Ernennung fühlte – völlig überraschend war sie also nicht gekommen. Diesmal ließ ich die Familie in Böblingen zurück und suchte mir in Paris eine möblierte Wohnung; nicht irgendeine allerdings, sondern ein Heim, in dem ich mich auch wohl fühlen konnte. Ich sah mir an die fünfzig Objekte an, bis ich endlich fündig wurde, in Neuilly, an einem wunderschönen Park – eine Trouvaille für einen Antiquitätenfreund, zumal wenn er auch noch Napoleonica-Sammler ist. Denn das gesamte Appartement, zu ebener Erde gelegen, war in reinem Empire eingerichtet, also in jenem Stil, den Napoleon Anfang des neunzehnten Jahrhunderts populär gemacht hatte: Vom Bett über Schreibtisch und Stühle bis zu Kerzenhaltern und Wandschmuck zeigte alles die feierliche Strenge des neurömischen Klassizismus, den der Korse so geliebt hatte.

Zwar wirkte alles ein wenig überladen, ja museal, und die Tischbeine, die aus geschnitzten Schwanenhälsen gebildet waren, brachten sogar eine komische Nuance hinein, aber die Geschlossenheit des Ensembles war eindrucksvoll. Im Übrigen brauchte ich in die Wohnung nichts mitzubringen außer einigen Napoleon-Porträts, die auf den alten Tapeten die Glanzlichter setzten. Ob es nun die Erinnerung an die dekorative Opulenz unseres Hauses in der Rothenbaumchaussee war oder mein Interesse an der Kaiserzeit Napoleons – ich bewegte mich jedenfalls von der ersten Stunde an in vertrauter Umgebung, zu der noch ein kleiner Garten, ähnlich dem in meiner Kindheit, beitrug, der von der Straße durch eine hohe Hecke abgetrennt war und mir das Gefühl vermittelte, in der Hektik des Pariser Alltags eine aus der Zeit gefallene Insel der Ruhe gefunden zu haben.

Zu jener Zeit machte die IBM Europa immer noch Gewinne und setzte sich erfolgreich von jenen Dinosauriern der Branche ab, die für die Zeichen der Zeit blind blieben und langsam ausstarben. Unser Geschäft lief also nach wie vor, wenn auch mit weniger üppigen Erträgen als in früheren Jahren. Andererseits war nicht zu übersehen, dass ein dramatischer Wandel in unserem Bereich stattfand: Die Kunden nahmen Abschied von den Großrechnern, um auf kleinere Abteilungsrechner zu setzen, und beim Kauf der PCs ging man zu den Billiganbietern über, die sich mit ihrer IBM-Kompatibilität schmückten. Täglich entstanden neue Softwarefirmen, die uns mit ihren Lösungen in den Schatten stellten, Konkurrenten schossen wie Pilze aus dem Boden, die uns, wie Cap Gemini in Frankreich oder Debis in Deutschland, Marktanteile abjagten. An allen Fronten wurden wir in die Zange genommen. Und Gerstner sah sich vor der schweren Aufgabe, die veränderte Situation mit einer veränderten Strategie meistern zu müssen.

Bei Antritt meines neuen Postens entwickelte die IBM Europa mehrere Programme, mit denen wir auf die erschwerte Lage reagieren wollten: Wir bauten Personal ab, dünnten die Stäbe aus, führten Regionalkonzepte ein, die es etwa den Nachbarn Deutschland, Österreich und Schweiz erlaubten, logistische Funktionen zusammenzulegen und bei der Organisation zu sparen. Zugleich legte ich großen Wert darauf, dass die Verantwortung für den Kunden vor Ort blieb und wichtige Entscheidungen, die den Verkauf betrafen, in Händen der lokalen Manager. Wie der Hamburger sagt: Wer am Meer lebt, weiß am besten, wie hoch der Deich sein muss.

Mit erstaunlicher Konsequenz verfolgte Gerstner seine Ziele immer direkter aus Armonk, wo er die Hauptverantwortung konzentrierte. Er musste den Karren aus dem Dreck ziehen, und dies schien ihm dazu der beste Weg. Erstaunt hatte ich seit seiner Ernennung beobachtet, wie problemlos diese Riesenorganisation auf den neuen Kurs einschwenkte. Andere Prioritäten wurden gesetzt, das Denken der Corporation änderte sich, selbst die Sprache bediente sich neuer Begriffe. Man redete, auch bei der IBM Europa, plötzlich anders. Hatten wir den Jahresplan immer als »Operating Plan« bezeichnet, führte Gerstner dafür das Wort »Budget« ein. Verblüffend, dass alle nur noch, wie auf geheime Verabredung, von »Budget« sprachen. Und dabei war es nicht einmal offiziell vorgegeben worden.

In den neuen Begriffen spiegelte sich der radikale Bedeutungswandel, der das Verhältnis der Mutterorganisation zu ihren weltweiten Töchtern nun bestimmte. Genau genommen kehrte es sich um. In immer kürzeren Zeitabständen flogen Abgesandte der Zentrale bei uns ein, während im Gegenzug Mitarbeiter der IBM Europa immer öfter nach Armonk reisten, um in Präsentationen das eigene Vorgehen zu erläutern. Ich habe wohl schon in jeder Concorde oder Boeing 747 der »Air France« gesessen. Ein reger Austausch, wie man ihn früher nicht gekannt hatte, setzte ein, der, bei allen positiven Aspekten dieser intensiven Kommunikation, auf Dauer doch die Unabhängigkeit der nationalen Organisationen beeinträchtigte.

Ende 1993 hatten sich die beiden Pole klar herausgebildet: Der eine Teil der IBM plädierte dafür, alles beim Alten zu lassen; der andere, angeführt von Gerstner, wollte den radikalen Umbruch. Und das bedeutete, dass die Country Manager ihre Linienverantwortung abgeben mussten. Nun gab es beispielsweise nicht länger in jedem Land einen Finanzchef, der dem Länderboss zugeordnet war, sondern ein Finanzchef zeichnete für ganz Europa verantwortlich, als wäre es bereits ein Staatenbund wie die USA. Die Frage, ob man weiterhin national oder zentralistisch geführt werden sollte, wurde zugunsten des Letzteren entschieden. Wie die Computerwelt sich völlig gewandelt hatte, setzte nun auch die IBM zu einer tief greifenden Umgestaltung an.

Auch ich spürte, dass eine Reform unvermeidlich war. Immer mehr Kunden, die mit ihren Niederlassungen in allen Ländern vertreten waren, dachten global und erwarteten von uns umfassende Lösungen. Die konnten nationale Organisationen natürlich nicht anbieten. In diesem Punkt hatte Gerstner Recht: Solange jedes Land eine eigene IBM-Struktur hatte, waren globale Vernetzungen aus einem Guss kaum zu realisieren, und gerade auf weltweite Lösungen kam es an. Da die IBM Europa auf diese Anforderungen nicht richtig vorbereitet war, entwickelten wir Modelle, um diese Schwachstelle zu beheben.

Und es gab einen weiteren Grund, der ein Umdenken nötig machte: Um näher an die Bedürfnisse der Kunden heranzukommen, durften wir nicht länger in Hardware und Software aufgeteilt sein, sondern mussten integrierte Lösungen bieten. Statt der traditionellen Trennung, bei der das eine Team die

Computer, das andere die Betriebssysteme verkaufte und installierte, organisierten wir unsere Mannschaft nun nach Branchen, das heißt die eine Abteilung war auf den Finanzbereich, die andere auf den Grundstoff- oder Fertigungsbereich spezialisiert. So gewann man neue Kompetenz, die aber ebenfalls den nationalen Rahmen sprengte. Wer nach Branchen organisiert war, kümmerte sich nicht mehr um Ländergrenzen.

Und genau hier lag das Dilemma: Entweder setzte man auf Kompetenz vor Ort, stärkte das lokale Management und spielte die nationale Karte – oder man spezialisierte sich und bot weltweite Branchenlösungen an. Beides zugleich konnte man in Reinform nicht haben. Ich befand mich in der schwierigen Lage des Schiedsrichters, der die Wichtigkeit beider Alternativen erkannte und sich doch für eine entscheiden musste. Ich sah mich vor dem klassischen Zielkonflikt, mit dem sich heute viele internationale Firmen konfrontiert sehen; ein Konflikt, der sich nicht mit Lehrbuch und Schablone lösen lässt.

Stellt man die beiden Möglichkeiten grafisch dar, so bietet sich für die Branchenlösung eine vertikale Befehlsstruktur an, bei der die Zentrale von oben auf die darunter angeordneten Bereiche direkten Einfluss nimmt und dementsprechend auch die Verantwortung trägt, während die nationale Lösung einer Horizontalen gleicht, auf der die einzelnen Länder eigenverantwortlich und unabhängig voneinander angeordnet sind. Eine befriedigende Lösung, das stand für mich außer Zweifel, konnte nur erzielt werden, wenn man diese gegensätzlichen Modelle miteinander verknüpfte. In einer Matrix ließen sich vertikale Branchen- und horizontale Länderlösung so verbinden, dass sich beide die Verantwortung teilten. Doch was sich als Grafik anschaulich darstellen lässt, muss in der Wirklichkeit noch lange nicht funktionieren.

Erschwerend kam hinzu, dass es sich eben nicht nur um zwei, sondern erheblich mehr Dimensionen handelte: Man hatte es mit Branchen und Ländern, mit Produkten und Kunden zu tun, die auf individuelle Lösungen Wert legten. Kurz, die Wirklichkeit verlangte eine multidimensionale Matrix, bei der optimale Resultate nicht leicht zu erzielen waren. Was für den einen Bereich als ideales Prozedere erschien, brachte einen anderen zwangsläufig ins Hintertreffen. Und so musste ich mit diesen hochkomplexen Organisationsstrukturen die Erfahrung machen, dass es umfassende Lösungen, bei denen jede Dimension optimal bedient wird, nicht gibt: Jeder Vorteil auf der einen Ebene wird mit einem Nachteil auf der anderen erkauft. Jede Entscheidung, die man fällt, ruft automatisch eine Gegenreaktion hervor, wie man es hätte anders machen können.

Meine Entscheidung fiel damals zugunsten der branchenorientierten Umorganisation der IBM Europa aus, die auch Armonk bevorzugte. Natürlich wurde dadurch die Macht der Länderchefs beschnitten, die schließlich meine alten Kollegen waren. Es kostete mich erhebliche Überzeugungsarbeit, bis die Weichen für die neue Struktur gestellt waren. Wohlgemerkt, es handelte sich nicht um einen Gewaltakt, sondern um den Versuch, die Länder vom besseren Weg zu überzeugen. Ich warb engagiert für die neue Lösung, und tatsächlich zog Europa mit.

Ein wesentliches Problem, das sich nun stellte, war die Frage, wonach sich in Zukunft die Leistung eines Länderchefs messen ließ. Wie konnte man etwa den Erfolg einer Fertigungslinie in einer Vertriebsorganisation feststellen, die über alle Grenzen hinweg arbeitete? Ich kam zu dem Ergebnis, dass sich dies nur nach Umsatz feststellen ließ, nicht aber nach Gewinn oder Verlust, »profit and loss«, wie es bei uns hieß. Denn so leicht es fiel, die in der Fertigungsindustrie der verschiedenen Länder erzielten Umsätze zusammenzuzählen, wodurch sich ein Vergleich mit der Konkurrenz ergab, so schwer, ja unmöglich war es, eine Gewinn- und Verlustrechnung über achtzig Länder hinweg zu erstellen. Ich plädierte also für ein branchenorientiertes Managementsystem, das sich am Umsatz orientierte und die Verantwortung für Gewinn und Verlust bei den Länderchefs beließ.

Armonk dagegen favorisierte den länderübergreifenden Nachweis von »profit and loss«, was mir eine harte Nuss zu knacken gab. Denn selbst wenn die IBM Europa dem folgen sollte, sprachen doch die nationalen Gesetze dagegen. In Deutschland etwa mussten wir eine Handelsbilanz aufstellen, in der wir unsere Gewinne vor den Steuerbehörden offen legten. Hätten wir geltend gemacht, dass die IBM dies eben anders halte, als der Gesetzgeber es vorschreibt, wären wir ausgelacht worden. Kurz, es ging nicht. Aber das galt es erst einmal in Armonk zu vermitteln.

Die IBM Europa, die mich begeistert unterstützte, setzte alle Hoffnung darauf, dass ich mich mit meiner Kompromisslösung durchsetzen würde. Ich redete also mit Engelszungen auf die Amerikaner ein, beschrieb die gesetzliche Situation in Europa, die eine andere Struktur gar nicht zuließ – und bemerkte doch, dass ich damit nicht durchkam. Das einst vertraute Terrain hatte sich verändert, die Atmosphäre schien mir ungewohnt. Kein Zweifel, die Corporation war in kurzer Zeit eine andere geworden. Ich empfand im Grunde sogar Sympathie dafür, denn eben dies war von Lou Gerstner erwartet worden: Eine Umorganisation, gleichgültig wie und in welche Richtung sie durchgesetzt wird, wirkt belebend auf ein Unternehmen, das in Schwierigkeiten steckt. Erst wenn jahrelange Routine in Frage gestellt und auch der letzte Mitarbeiter wachgerüttelt ist, können neue Gedanken entstehen, die wiederum zu der nötigen Aufbruchstimmung führen. Ich fühlte mich fremd, gewiss, aber ebenso wenig entging mir, dass etwas Neues im Entstehen war.

Dazu gehörte für die Länderchefs die bittere Medizin, dass nun eine hierarchische Befehlsstruktur eingeführt wurde, bei der Armonk die Hebel bewegte. Statt des traditionellen Modells, nach dem in jedem Land etwa für den PC-Verkauf ein eigener Manager verantwortlich war, sah die neue Struktur einen PC-Manager vor, der weltweite Verantwortung trug und dem der nationale Verkauf unterstellt war. Dementsprechend leitete ein anderer Manager den gesamten Servicebereich, so dass er beim deutschen Service-Manager direkt durchgreifen konnte, ohne den bis dahin üblichen Umweg über den Länderchef nehmen zu müssen. Während dies meiner eigenen Branchenlösung entsprach, schien mir dagegen der nächste Schritt, dass jeder dieser zentral geführten Bereiche zu einem eigenen Profitcenter wurde, aus den genannten Gründen schwer zu realisieren zu sein.

Zu diesem Dilemma, das mich Tag und Nacht beschäftigte, kam eine weitere Belastung hinzu. Im Zuge der Zentralisierung erhielt ich häufigen Besuch aus Armonk, der mir sozusagen »über die Schulter schaute«; im Gegenzug wurde ich immer wieder in die Zentrale eingeladen, wo ich kurzfristig an Meetings und Präsentationen teilnehmen sollte. Sosehr ich den Willen zur Kommunikation begrüßte, fiel es mir doch schwer, jedes Mal meinen Terminkalender umwerfen und Verabredungen absagen zu müssen. Sooft ich den Einwand vorbrachte, dass ich bestimmte Kundentreffen einfach nicht verschieben könne, erhielt ich die Antwort: »Hans-Olaf, you don't know how important this meeting is.«

Oft musste ich nicht einmal eine Zahnbürste auf diese Trips mitnehmen: Ich erhielt am späten Abend die Einladung, nahm am nächsten Morgen um elf die Concorde, traf um 8.30 Uhr Ortszeit in New York ein, wo mich ein Chauffeur nach Armonk brachte. Hier hatte ich einen ganzen Arbeitstag vor mir, an dessen Ende ich wieder mit der Air France nach Paris zurückflog – um 6 Uhr wurde ich am Flughafen abgeholt, um 9 Uhr konnte ich wieder im Büro antreten. Der Kontakt mit Armonk intensivierte sich auch über E-Mails. Sobald ich nach einer Geschäftsreise am Abend in Le Bourget landete, überreichte mir der Fahrer einen Riesenumschlag mit Post, den ich im Wagen durchsah: Der Anteil der Kundenpost und der Mitteilungen unserer Tochtergesellschaften wurde im Lauf der Zeit immer geringer, derjenige der ausgedruckten E-Mails aus der Zentrale immer größer. Für mich bedeutete das, dass ich wegen des Zeitunterschieds die späten Abendstunden in meiner Wohnung meist am Telefon mit Amerika verbrachte. Wirklich ruhig war nur die Zeit zwischen acht und vierzehn Uhr, denn da schliefen die dortigen Kollegen noch.

Eine Entscheidung aus Armonk traf mich damals besonders hart. Man hatte beschlossen, aus den nationalen Aufsichtsräten alle Nichtfirmenmitglieder zu entfernen und mit IBM-Leuten aus anderen Ländern zu ersetzen. Ich hatte die IBM Deutschland immer so nach außen vertreten, dass es sich zwar um ein amerikanisches Unternehmen handelte, aber, wie sich auch in unserer Entscheidung für Berlin zeigte, mit starker nationaler, wenn nicht patriotischer Komponente. Dazu gehörte, dass angesehene deutsche Persönlichkeiten in den Aufsichtsrat berufen wurden, wie dies auch bei anderen Unternehmen üblich ist. Da das Gesetz es verbietet, Führungskräfte des eigenen Hauses zu entsenden – was für die Vertreter der Mitarbeiter bezeichnenderweise nicht gilt –, stellte sich mir immer die Frage, wer von außen am besten zur IBM Deutschland passe. Ich lud also unabhängige Köpfe der deutschen Wirtschaft ein, darunter Detlev Rohwedder, Tyll Necker, Hans-Peter Stihl oder Helmut Werner, die in unser Gremium ihr eigenes Urteil einbrachten.

Armonk stellte sich auch hier eine andere Lösung vor. Warum sollte man, wenn das Gesetz Außenseiter vorschrieb, diese nicht aus dem eigenen Unternehmen rekrutieren, und zwar den deutschsprachigen Tochtergesellschaften? An die Stelle der Wirtschaftsführer traten bald österreichische und schweizerische IBMer, auch Vertreter der europäischen Zentrale, die gegen die Vorstellungen der Corporation natürlich nichts einzuwenden hatten. Nach Einführung der vertikalen Entscheidungsstruktur war das auch nur konsequent.

Natürlich fühlte ich mich in diesem veränderten Koordinatensystem unwohl. Meine Gestaltungsfreiheit war beschnitten, mein Spielraum eingeengt, und ich sorgte mich darum, ob der Spagat zwischen den Erwartungen meiner europäischen Kollegen und den Ansprüchen der Amerikaner zu schaffen sei. Der Druck erhöhte sich, aber ich war nicht bereit, ihn weiterzugeben. Es wäre das Einfachste gewesen, aus einer an mich gerichteten Anweisung achtzig weitere an die Länderchefs zu machen und nach Hause zu gehen. Da ich nie gelernt hatte, wie ein Soldat zu funktionieren, der einen Befehl, gleich ob sinnvoll oder absurd, einfach ausführt, kämpfte ich um meine Vorstellungen. Und begann, unter dieser neuen Situation zu leiden.

Wie kam ich über den enormen Druck hinweg? Einmal durch rastlose Tätigkeit: Ich stürzte mich förmlich in die Arbeit und reiste im Firmenjet von einem Land zum anderen, besuchte Kunden, Politiker, Country Manager, beriet und diskutierte, motivierte die Mitarbeiter und schob neue Geschäftsverbindungen an. Irgendwie schien sich der Druck, der auf mir lastete, in Energie umzuwandeln, lösten sich die täglichen Frustrationen in gesteigerter Aktivität.

Noch ein anderes Mittel sollte mir über diese schwere Zeit hinweghelfen, eine Leidenschaft, die ich neben dem Segeln immer gepflegt habe: das Schachspiel. Mit einem Freund aus Münchner Zeiten, Wilfried Rehder, traf ich mich abends in meinem kleinen Garten; aus der Wohnung drang Jazzmusik, auf dem Tisch wartete das Schachbrett, außerdem ein Baguette mit Ziegenkäse und eine Flasche Rotwein. Hier, im Schatten der alten Bäume, hinter der hohen Hecke, die uns von Lärm und Hektik der nicht weit entfernten Porte Maillot abschloss, lieferten wir uns im Qualm der Zigarren wahre Schachschlachten, über die wir sogar Buch führten: 112 Partien lieferten wir uns in dieser turbulenten Zeit, und sie waren so hart umkämpft, dass der Sieger in unserer »ewigen Schachmeisterliste« nur mit hauchdünnem Vorsprung gewann.

*

An einem Frühlingstag im Jahr 1994, an dem mich wieder einmal in aller Frühe eine Limousine am Kennedy Airport abgeholt hatte, saß ich in einem fensterlosen Raum in Armonk, wo sich die 35 Topleute der IBM versammelt hatten, um gemeinsam mit Lou Gerstner über die Zukunft des Unternehmens zu beraten. Während eines langen Monologs kam eine Sekretärin hereingehuscht, die mir einen Zettel reichte. Erstaunt las ich die Worte: »Please call Mr. Tyll Necker«, auf die eine Handynummer folgte.

Was, um Gottes willen, konnte der deutsche BDI-Präsident von mir, dem Europachef eines amerikanischen Unternehmens, wollen? Zwar kannte ich ihn seit vielen Jahren aus dem IBM-Aufsichtsrat, hatte auf seine Bitte hin Vorträge gehalten und auf einer BDI-Jahrestagung die Podiumsdiskussion geleitet, doch entsann ich mich keiner aktuellen Berührungspunkte. Hatte er womöglich eine Beschwerde als Kunde vorzubringen? Dass es mit dem BDI zusammenhängen konnte, war unvorstellbar. Ich hatte nie eine Einladung bekommen, an einer Sitzung teilzunehmen, und sicher wusste er auch, dass mir jede Form von Verbänden, Sitzungen und Tagesordnungen ein Gräuel war, ganz abgesehen davon, dass ich über die inneren Abläufe dieser Organisation so gut wie nichts wusste.

Kurzerhand erhob ich mich und rief ihn vom Vorzimmer aus an. »Ach Herr Henkel«, sagt er ins Autotelefon, »nett, dass Sie zurückrufen. Könnten Sie sich vorstellen, mein Nachfolger als BDI-Präsident zu werden?« Ich war einigermaßen konsterniert. Wie war er gerade auf mich gekommen? Vielleicht, weil ich mich seit Jahren für den Standort Deutschland engagiert hatte? Er selbst hatte zwei Amtszeiten hinter sich und versah den Posten nun zum dritten Mal, nachdem sein Nachfolger Heiner Weiss überraschend abgetreten war. Die Details seines Ausscheidens waren mir damals unbekannt und ganz verstehe ich sie bis heute nicht; hätte ich allerdings davon gewusst, wäre es mir eine Warnung gewesen.

So war ich erst einmal amüsiert. »Das ist eine reichlich verrückte Idee«, antwortete ich Necker. Aber da ich den Höhepunkt meiner IBM-Frustration erreicht hatte und mich in Armonk wieder einmal durch die gesammelten Monologe der Führungsspitze quälen musste, während sich in meinem Pariser Büro die Arbeit türmte, empfand ich gerade die Tatsache, dass es so verrückt und überraschend klang, als besonderen Reiz. Mitten in der Misere schien sich die Chance eines Auswegs zu bieten. Da ich mich jedoch nicht festlegen wollte, erklärte ich Necker, ihm in einer Woche meine Antwort zu geben. Er war einverstanden.

Nein, einen Ausweg hatte ich bisher nicht gesehen. Natürlich hätte ich mich hinauswerfen lassen können, aber die bewusste Konfrontation, die dazu nötig gewesen wäre, lag mir nicht. Hätte ich dagegen selbst gekündigt, wäre ich meiner IBM-Optionen verlustig gegangen. Doch durch diesen Anruf, der wie der Blitz aus heiterem Himmel gekommen war, hatte sich mir eine neue Alternative eröffnet – allerdings mit einem verzögert nachfolgenden Donner, der mir noch mächtig in die Glieder fahren sollte.

Ich kehrte also an meinen Platz im Konferenzraum zurück, und während der Monolog munter fortrauschte, schossen mir die Gedanken nur so durch den Kopf. Verrückt war es schon, und das sogar in mehrfacher Hinsicht: Alle bisherigen BDI-Präsidenten, das wusste ich, hatten gleichzeitig einen Job inne und versahen das Amt ehrenhalber. Die Zeit, die dafür nötig war, konnte ich in meiner jetzigen Funktion gar nicht erübrigen. Außerdem war ich alles andere als prädestiniert dafür. Wie sollte ich, als Chef des in Paris ansässigen Tochterunternehmens einer amerikanischen Firma, die Interessen der deutschen Industrie vertreten können? Und wer im BDI würde mich wählen? Allein die nationale Konkurrenz wie Siemens würde vermutlich zu verhindern suchen, dass sie künftig von einem IBM-Mann repräsentiert wird. Je länger ich darüber nachdachte, umso absurder erschien mir die Idee. Und bedauernd resümierte ich, dass dieser Anruf von einem deutschen Autotelefon vielleicht doch nicht ganz so seriös gewesen war, wie ich mir einen Augenblick lang erträumt hatte.

Bei meinem Rückflug nach Paris nahm ich mir dennoch vor, die Woche Bedenkzeit zu nutzen. Statt mich am Abend unserer ewigen Schachmeisterschaft zu widmen, entwarf ich ein Szenario, wie sich aus dieser scheinbar absurden Idee eine vernünftige Lösung für alle Seiten ergeben könnte – für den BDI, die IBM und natürlich auch für mich. Fast fühlte ich mich wie ein Gefangener, dem eine Feile in die Zelle gereicht wurde. Egal, wohin es führte, Hauptsache, ich feilte. Ich vertiefte mich also in diese Vorstellung, grübelte und telefonierte, und genoss dabei das herrliche Gefühl, von den Aufsehern unbemerkt an meiner Befreiung zu arbeiten.

Nach einer Woche rief ich Necker zurück. »Ich bin bereit zu kandidieren«, sagte ich. Doch die begeisterte Reaktion, die ich erwartet hatte, blieb aus. Da ich ihm nicht in die Augen sehen konnte, blieb ich mir über seine Gefühle im Unklaren. Die vielen Facetten seiner beeindruckenden Persönlichkeit waren mir damals noch nicht vertraut, und aus den kargen Worten, mit denen er meine Zusage quittierte, ließ sich nichts ablesen. Heute glaube ich, dass er eher erschrocken war, da er ernsthaft gar nicht mit meinem Interesse gerechnet hatte. Wahrscheinlich war es nicht einmal seine eigene Idee gewesen, sondern die Empfehlung eines Dritten, ich vermute: Edzard Reuters, des damaligen Daimler-Benz-Chefs, weshalb Necker den Anruf bei mir möglicherweise auch nur pro forma und stillschweigend in der Annahme getätigt hatte, dass ich ohnehin ablehnen würde. Denn sicher war sich Necker darüber im Klaren, dass eine Kandidatur des IBM Europa-Chefs seiner Verbandsführung schwer zu vermitteln sein würde. Um in diesem Punkt Klarheit zu schaffen, bot ich also an, bei Antritt des Postens von Paris nach Deutschland zurückzukehren. Das Einverständnis meiner Firma setzte ich dabei stillschweigend voraus.

Wie aber sollte ich diesen Schritt der IBM vermitteln? Ich erklärte meinem Vorgesetzten, dass mir ein höchst ehrenvolles Amt angetragen worden sei – ehrenvoll nicht nur für mich, sondern auch für die IBM –, das eine gewisse Flexibilität erfordere, da es mit meiner jetzigen operativen Funktion nicht vereinbar sei. Es gelte also über Alternativen nachzudenken. Ich trug das in der Hoffnung vor, dass die Idee, mich gegen einen pflegeleichteren Europa-Chef austauschen zu können, für meine Bosse eine Gelegenheit bot, das Angenehme mit dem Nützlichen zu verbinden, das heißt, den unbequemen Henkel loszuwerden und einen Imagegewinn für das Unternehmen zu verbuchen. Mir schwebte dabei vor, der IBM zugleich das Prestige der BDI-Präsidentschaft als Zugabe bieten zu können.

Meine Wunschvorstellung entsprach durchaus den amerikanischen Usancen, wo es eine lange Tradition hat, dass bewährte Manager sich für öffentliche Aufgaben und Ämter zur Verfügung stellen. Von diesem Zusammenspiel von Wirtschaft und Politik profitiert die Gesellschaft, und es gibt kaum ein geeigneteres Mittel, die Zusammengehörigkeit beider Bereiche zu demonstrieren. Was in den USA gang und gäbe ist, dass etwa ein Vorstandsvorsitzender zum Minister wird, erweist sich bei uns, wo die beiden Bereiche ideologisch getrennt sind, als fast unmöglich. Hier zählt nicht die Persönlichkeit und der Nutzen, den sie für die Gemeinschaft bringen könnte, sondern allein die Parteizugehörigkeit, also die Glaubensrichtung. Ausnahmen bestätigen die Regel.

Parteien sind in Deutschland weit mächtiger als in den USA und den meisten anderen Ländern. Da man sich in ihren Strukturen langsam von unten nach oben arbeiten muss, haben Politiker meist mehr Erfahrung mit ihren Parteistrukturen als mit der Wirklichkeit, was ihnen selbst nicht bewusst ist. Denn die Parteibrille »ist« für sie die Wirklichkeit. Seiteneinsteiger, die weder unter der parteiüblichen Betriebsblindheit noch der Realitätsferne des Funktionärs leiden, werden zwar offiziell begrüßt, in Wahrheit aber von den Mitgliedern beargwöhnt und, wenn erfolgreich, sogar gemobbt. Dies ist ein speziell deutsches Problem, und deshalb hoffte ich, dass die IBM hier meiner »amerikanischen« Lösung zustimmen würde. Konkret hieß das, dass ich von der IBM eine finanzielle Unterstützung oder eine Funktion erhielt, die mir die Arbeit im BDI ermöglichen würde, wie dies im Übrigen bei allen Vorgängern in diesem Amt der Fall war.

Leider kam es anders. Die erhoffte finanzielle Unterstützung, die man allenfalls gewähren wollte, bestand darin, dass mir bei meinem Weggang ein Teil meiner angesammelten Optionen und die für IBMer übliche Pension erhalten bliebe. Allerdings legte man – auch um des Eindrucks nach draußen willen – Wert darauf, dass ich im Aufsichtsrat der deutschen und im Beirat der europäischen IBM verbleiben sollte. Die Verhandlungen, die zu diesem für mich höchst ernüchternden Ergebnis führten, nahmen einige Wochen in Anspruch und erwiesen sich als höchst kompliziert. Wir einigten uns, dass ich zum 1. Januar 1995 ausscheiden würde, um mich im November 1994 für die Wahl des BDI-Präsidenten präsentieren zu können. Da ich mich Tyll Necker gegenüber in diesem Punkt festgelegt hatte, sah ich keinen Grund, ihn über Verlauf und Ergebnis meiner Trennungsgespräche auf dem Laufenden zu halten.

Die Einigung mit der IBM war alles andere als ein »goldener Handschlag«. Meine Laufbahn in dieser Firma, der ich mehr als mein halbes Leben gewidmet hatte, war zu einem abrupten Ende gekommen. Es brauchte eine gewisse Zeit, bis mir das dämmerte. Ich befand mich wieder einmal am Anfang, und der Ausgang war offener denn je. Immerhin stand mir die BDI-Präsidentschaft bevor und ich beschloss, mich vollständig auf diese neue Aufgabe zu konzentrieren. Kein Blick zurück also, und schon gar nicht im Zorn. Vielmehr »volle Kraft voraus«. In dieser Aufbruchstimmung fiel mir nicht weiter auf, dass der Kontakt zu dem Mann, der all dies verursacht hatte, seit einigen Wochen abgerissen war. Necker rührte sich nicht, und auch ich wartete noch mit weiterer Kontaktaufnahme. Es gab auch keinen Grund dafür.

Das sollte sich schlagartig ändern. Eines Morgens fiel mir in der »Wirtschaftswoche« eine Überschrift auf, die ich mehrmals lesen musste. Ich traute meinen Augen nicht. Hier stand, dass der Nachfolger Tyll Neckers nun endlich gefunden sei – es handle sich um Klaus Asche, Präses der Handelskammer Hamburg und Vorstandsvorsitzender der Holsten-Brauerei, der für die BDI-Präsidentschaft kandidiere. In diesem Moment fühlte ich, was mit dem Ausdruck »den Boden unter den Füßen verlieren« gemeint ist. War ich einer Farce, einem Ränkespiel zum Opfer gefallen? Hatte man sich, ohne mir auch nur eine Chance zu geben, gegen mich entschieden? Und das gerade in dem Augenblick, als ich mich mit der IBM geeinigt hatte. Ich konnte schwerlich zu Gerstner zurück und mit einem fröhlichen »April, April« meinen Posten doch behalten wollen.

»Aber Herr Henkel«, erklärte mir Necker am Telefon, »ich hatte so lange von Ihnen nichts gehört, dass ich glauben musste, Sie hätten gar kein Interesse mehr. Außerdem ist das nur eine voreilige Zeitungsmeldung, in Wahrheit haben wir noch gar nichts entschieden. Tatsache ist allerdings, dass wir jetzt neben Ihnen einen zweiten Kandidaten haben.« Ich musste tief durchatmen. Wäre mir das zwei Wochen vorher gesagt worden, hätte ich mich kaum auf dieses dünne Eis gewagt. Das feste Ufer IBM, um bei diesem Bild zu bleiben, hatte ich weit hinter mir gelassen, und schon knisterte es verdächtig unter mir. Denn die Anwartschaft Asches war in dem Artikel wie ein »fait accompli« behandelt worden, während mein Name nicht einmal erwähnt wurde. Vielleicht war ich auch schon eingebrochen und hatte es nur noch nicht bemerkt …

Natürlich war ich reichlich naiv in diese Sache hineingegangen. Ich hatte keine Ahnung, welche komplizierten Meinungsbildungsprozesse der Wahl eines BDI-Präsidenten vorausgehen, wusste nichts von der Findungskommission, die alle möglichen Kandidaten ventiliert, und ahnte ebenso wenig, wie wichtig die Rolle der Vizepräsidenten des Präsidiums der Mitgliederversammlung war. Ahnungslos war ich in diese einigermaßen dramatische Lage geraten, und das nicht als Einziger.

Heute weiß ich, dass Klaus Asche dasselbe erlebt hatte. Auch er war, vielleicht sogar schon vor mir, gefragt und ermuntert worden, um sich plötzlich mit einem Konkurrenten konfrontiert zu sehen, von dem er nichts geahnt hatte. Man hatte ihn mehr oder weniger in eine Kandidatur hineingezogen, die er eigentlich gar nicht gewollt hatte. Und er war wohl nur deshalb in die »Wirtschaftswoche« hineingeraten, weil ein Mitglied seines Aufsichtsrats, den er über die anstehende Veränderung informieren musste, die frohe Botschaft sogleich ausposaunte. So haben sich zwei Wirtschaftsführer parallel und ohne voneinander zu wissen in eine Position manövriert, aus der einer von beiden nur mit ernsten Beschädigungen hervorgehen konnte. Im Rückblick eine schwer erträgliche Vorstellung.

Was blieb mir übrig, als die Herausforderung anzunehmen und um die Position zu kämpfen? Als Erstes verlangte ich von Necker, dass ich Gelegenheit bekam, mich der ominösen Findungskommission persönlich vorzustellen, da es in ihrem Ermessen lag, welcher Kandidat am Ende den Vizepräsidenten vorgeschlagen würde. Das Treffen fand statt – ich konnte mich präsentieren und mit den Mitgliedern über meine Vorstellungen sprechen. Allerdings nutzte auch mein Konkurrent diese Möglichkeit. Später erfuhr ich, dass sich die Kommission nach eingehender Beratung gegen mich und für Klaus Asche entschieden hatte. Heute kann ich dieses Urteil sehr gut verstehen: Er ist eine beeindruckende, im norddeutschen Umfeld sehr geschätzte Persönlichkeit, dazu ein eloquenter Kämpfer für die Vernunft in der Politik, unprätentiös und voller Ideen.

Die Findungskommission lehnte mich also ab. Aber ich wusste, dass ihr Vorschlag für die Vizepräsidenten, von denen es immerhin sieben gab, nicht bindend war. Deren Entscheidung dagegen wurde normalerweise vom Präsidium angenommen und an die Mitgliederversammlung weitergeleitet. Lag meine Chance vielleicht darin, im Vizepräsidium aktiv zu werden? Pikanterweise waren zwei Mitglieder der Kommission auch Vizepräsidenten, und die hatten mich ja bereits abgelehnt – aber es blieben noch fünf übrig. Ich zog also einen von ihnen, den ich seit langem kannte, ins Vertrauen und weihte ihn in mein Dilemma ein. Er war überrascht, da auch er erst aus der Zeitung von Asches Kandidatur erfahren hatte, und zeigte Verständnis für meine Lage. Der Zufall wollte es, dass wir beide in der Kanzlerrunde saßen, die Kohl nach der Wiedervereinigung gegründet hatte, um sich von Vertretern aus Wirtschaft und Gewerkschaft in Sachen Aufbau Ost beraten zu lassen. Dass die Besetzung des BDI-Postens bis in diese Runde Wellen schlagen würde, hätte ich mir damals nicht träumen lassen.

Nicht lange nach dem »Wirtschaftswoche«-Artikel legte das Blatt eine weitere »Enthüllung« nach und berichtete in süffisantem Ton, dass sich nun auch Hans-Olaf Henkel, der Chef der IBM Europa, Hoffnungen auf die BDI-Präsidentschaft mache. Der Tenor des Artikels war etwa: »Jetzt bildet sich dieser Typ aus Paris ein, er könne noch etwas ausrichten, wo die Entscheidung doch längst gefallen ist – für Asche«. Meine Chancen schwanden, und keiner hätte mehr einen Pfifferling auf mich gesetzt.

Da schaltete sich das Bundeskanzleramt ein. Nach Erscheinen der ersten Schlagzeile über Asches Kandidatur hatte man dort eilig zum Hörer gegriffen und vorauseilend zum neuen Amt gratuliert. Als nun ein neuer Name – noch dazu in abwertender Weise – ins Spiel gebracht wurde, setzte in Bonn, verständlicherweise, eine Abwehrreaktion ein. Man kannte mich, hatte sich schnell ein Urteil gebildet, und so durfte ich meine erste Erfahrung mit dem langen Arm des Bundeskanzleramtes machen.

Ich saß wieder einmal in der Kanzlerrunde Ost, lauschte einem langen Monolog und beobachtete aus dem Augenwinkel, wie Staatssekretär Ludewig, Kohls engster Mitarbeiter in Wirtschaftsfragen, einen Zettel bekritzelte und durch einen Saaldiener dem mir bekannten Vizepräsidenten des BDI, der ebenfalls anwesend war, zutragen ließ. Kurz darauf erhob sich Ludewig, als wolle er, wie in diesen oft fünf Stunden langen Sitzungen üblich, zur Toilette gehen. Kaum hatte er die Tür hinter sich geschlossen, erhob sich der BDI-Mann und ging ebenfalls hinaus. Beide kehrten in kurzen Abständen zurück, ohne sich eines Blickes zu würdigen. Ich konnte kaum das Ende der Runde erwarten, da mir bereits dämmerte, was zwischen den beiden Herren besprochen worden war.

Kohl kannte mich von früheren Kanzlerrunden als einen Gesprächspartner, der nicht, wie von den Teilnehmern erwartet wurde, zu allem Ja und Amen sagte. Was den BDI betraf, war er ein gebranntes Kind. Schon mit der sehr selbstbewusst vorgetragenen Kritik des immer kompetenten Necker war er nie zurechtgekommen und hatte sein Unbehagen kaum verhehlen können. Sobald Necker das Wort ergriff, veränderte sich Kohls Mimik und Körpersprache: Er verkrampfte, begann sich einzuigeln und auf Verteidigung einzurichten. Noch bevor sein Kontrahent auch nur ein Wort gesagt hatte, zeigte sich der sonst betont gelassene und joviale Kohl gestresst. Ihm sträubten sich förmlich die Nackenhaare. Während er die anderen Teilnehmer immer zu Kommentaren ermunterte, ging bei Necker das Visier herunter. Denn der redete ihm nicht nach dem Mund, im Gegenteil, er verschonte ihn nicht mit offener Kritik – was in dieser Runde unerhört genug war –, weshalb Blüm, Kohls treuester Gefolgsmann, mit säuerlicher Miene das Wort vom »Neckern« aufbrachte. Und nun, so vermutete ich, sah Kohl in mir einen Mann, der in die Fußstapfen des Unbequemen treten und munter an seiner Politik weiter»neckern« würde. Da dies verhindert werden musste, so kombinierte ich, wurden nun im Kanzleramt die Strippen gezogen.

Mein Verdacht bestätigte sich. Der BDI-Vizepräsident berichtete mir später, dass Ludewig ihn auf dem Zettel hinausgebeten hatte, um ihm Folgendes zu übermitteln: »Wir haben erfahren, dass Henkel für die Präsidentschaft des BDI kandidiert und wissen außerdem, dass Sie sich für ihn einsetzen. Wir – der Staatssekretär benutzte immer das ›Wir‹ – finden das allerdings nicht so gut und würden es begrüßen, wenn Sie mithelfen, dass Asche den Posten bekommt.« Offenbar konnte man sich im Kanzleramt nicht vorstellen, dass eine solche Intrige auch kontraproduktiv sein konnte – zumal wenn man es mit Menschen zu tun hatte, die nicht ans Abnicken gewöhnt waren.

Die Zeit von Juni bis September 1994 war vermutlich die härteste Zeit meines Lebens. Ich hatte die Stelle aufgegeben, auf die ich jahrzehntelang hingearbeitet hatte, und mich im Gegenzug zum Spielball eines mir unzugänglichen Gremiums gemacht, das über mein Schicksal entschied. In diesen Monaten waren die Überlebensreflexe meiner frühen Jahre wieder erwacht. Das hieß, ich schickte mich nicht in die gegebene Situation, sondern versuchte sie aus eigener Kraft zu verändern. Ich kämpfte. Einmal übersandte ich Tyll Necker sogar einen handgeschriebenen Brief, in dem ich ihm noch einmal alle Argumente zusammenstellte, die für meine Berufung sprachen. Das schien mir auch dringend nötig, da er, der mich schließlich in diese Lage gebracht hatte, sich nun völlig neutral verhielt. Übrigens auch zum großen Ärger Asches, der Necker ebenfalls auf seiner Seite geglaubt hatte.

Wie erklärt sich dessen langes Schweigen? Ich habe die Beobachtung gemacht, dass es vielen Menschen sehr schwer fällt, anderen etwas Unangenehmes zu sagen. Tyll Necker genauso wie mir. Die gute Nachricht kommt auf Rennpferden angaloppiert – die schlechte bewegt sich im Tempo einer Schnecke.

Während der ganzen Zeit arbeitete ich weiter in Paris, als wäre nichts geschehen, versah meinen Posten und saß dabei wie auf Kohlen. Doch wieder einmal hatte ich das Glück, dass die Dinge sich zu meinen Gunsten bewegten. Trotz der Präferenz der BDI-Geschäftsführung, die sich unverhohlen für Asche ausgesprochen hatte, trotz der Presse, die mir als Außenseiter wenig gewogen war, und trotz der Intrige des Bundeskanzleramtes kippte das Vizepräsidium das Votum der Findungskommission und schlug mich vor. Das sagt nichts über Herrn Asche, der mit Sicherheit einen hervorragenden BDI-Präsidenten abgegeben hätte, sehr viel dagegen über das Selbstbewusstsein und die Unabhängigkeit dieses Gremiums, wie ich in den kommenden sechs Jahren auch selbst – im guten wie im anstrengenden Sinn – immer wieder erfahren durfte.

Nachdem die Entscheidung getroffen war, fiel Necker die unangenehme Aufgabe zu, den unterlegenen Kandidaten am nächsten Morgen zu informieren. Klaus Asche, der nicht im Entferntesten daran dachte, dass dieser Fall eintreten könnte, hatte sich auf eine Kreuzfahrt begeben und war deshalb für Neckers Hiobsbotschaft gar nicht erreichbar. Erst nach seinem Urlaub, bei einer Zwischenlandung in Frankfurt, konnte Necker ihn unterrichten; Asche reagierte, wie zu erwarten war, mit Empörung.

Schon am Tag nach meiner Wahl flog ich nach Hamburg, um mich mit Klaus Asche auszusprechen. Erst bei dieser Gelegenheit fiel uns auf, wie sehr sich unsere Geschichten ähnelten, wie wir parallel angesprochen und darüber im Ungewissen gehalten worden waren. Der Holsten-Chef erwies sich als guter Verlierer; uns verbindet seitdem ein freundschaftliches Verhältnis. Abgesehen von diesem positiven Aspekt trägt die Erinnerung an jene Zeit für mich eine sehr ernste Prägung. Ich erhielt Einblicke in politische Zusammenhänge, in das Verhalten von Menschen, ja in Abgründe, wie ich sie in meinem Leben noch nie erfahren hatte. Es sollte die passende Ouvertüre zu dem Konzert sein, dessen Leitung ich für die folgenden sechs Jahre übernommen hatte.

*

Am 1. Januar 1995 trat ich mein neues Amt an. Seit meiner Wahl im November hatte ich mich bewusst mit Kommentaren gegenüber der Presse zurückgehalten und alle Angaben über die Prioritäten meiner Tätigkeit sowie die Grundzüge meiner Verbandspolitik für meinen ersten öffentlichen Auftritt reserviert, der in Berlin stattfinden sollte. Beim Neujahrsempfang der dortigen Handelskammer lautete das Thema meiner Rede eigentlich: »Der Wandel von der Industrie- zur Dienstleistungsgesellschaft«; doch der Tenor war: »Was ich mir als BDI-Präsident vorgenommen habe« – und das wiederum ließ sich mit keinem Begriff besser fassen als dem der »Wettbewerbsfähigkeit unserer Gesellschaft«. Ich sprach darüber, dass der Wettbewerb zwischen Gesellschaften nach dem gleichen Muster abläuft wie der zwischen Firmen – und zwar nicht, weil wir dies so wollen, sondern weil dies einfach der Wirklichkeit entspricht.

Seit Jahren hatte ich mir über diese Frage Gedanken gemacht und des Öfteren versucht, sie Politikern schmackhaft zu machen. Als ich sie Anfang der neunziger Jahre zum ersten Mal Ministerpräsident Teufel vortrug, schaute der mich nur groß an. »Wettbewerb« und »Gesellschaft« passten für ihn einfach nicht zusammen. Vermutlich verwirrte ihn die Vorstellung, dass nicht, wie gewohnt, wirtschaftliche Unternehmen, sondern ganze Gesellschaften miteinander konkurrieren. Dass sich der

Wettbewerb zwischen den Nationen abspielt und die Politik sich eigentlich danach richten müsste, gehört heute zum Allgemeinwissen – wenn auch nicht unter allen Politikern –, und ich werde nicht müde, zur Verbreitung dieser Erkenntnis beizutragen.

Schon zu Beginn meiner BDI-Zeit wurde mir klar, dass der Verband zwar eine Satzung besitzt – aber was wir eigentlich machen sollten, stand nicht darin. Auch hatte ich, wie die meisten Deutschen, immer geglaubt, der BDI sei eine Versammlung der Großindustrie, von Daimler-Benz bis Thyssen, von Hoechst bis BMW. Stattdessen erfuhr ich, dass er eigentlich eine Mittelstandsvereinigung ist – er vertritt rund 98 Prozent des gesamten Geschäftsvolumens der deutschen Industrie, und das setzt sich aus rund 85 000 Firmen zusammen, von denen wiederum 98 Prozent mittelständisch sind. Deshalb muss BDI-Politik immer Mittelstandspolitik sein.

Damals setzte ich mich mit der Führung meiner Mannschaft zusammen, um zu klären, welches Ziel wir eigentlich erreichen wollen. Die Antwort haben wir in einem langen Brainstorming gefunden, und wie alle guten Antworten ließ sie sich in einem einzigen Satz zusammenfassen: »Wir wollen mithelfen, die Wettbewerbsfähigkeit der deutschen Industrie langfristig zu sichern.« So einfach war die Vorgabe, und so schwer der Weg dahin, wie ich sechs Jahre lang feststellen sollte. Diese Wettbewerbsfähigkeit, das war mir von Anfang an bewusst, war nur dann gewährleistet, wenn auch unsere Gesellschaft international wettbewerbsfähig wurde. Da dies nicht in die Denkschablonen vieler Politiker passte, engagierte ich mich selbst, vielleicht mehr als meine Vorgänger, in Bereichen, die scheinbar mit dem BDI gar nichts zu tun haben.

»Was muss der Henkel sich da auch noch einmischen«, wurde oft gesagt, aber offenbar begriff man nicht, dass etwa die Bildungspolitik, der ich mich besonders intensiv widmete, ganz entscheidend zur Konkurrenzfähigkeit unseres Landes beiträgt. Was heute in den Schulen und Universitäten gelehrt und gelernt wird, entscheidet darüber, wo wir in Zukunft stehen werden – am unteren oder am oberen Ende der modernen Gesellschaften; im Wohlstand, der uns im Augenblick – leider, wie ich sagen muss – in einer falschen Sicherheit wiegt, oder in einer Krise von Staatsverschuldung und Arbeitslosigkeit. Wie schnell kann es mit einer Volkswirtschaft abwärts gehen, wenn etwa die bildungspolitischen Voraussetzungen für eine zukunftsfähige Gesellschaft fehlen. Denn bietet ein Land nicht mehr die nötigen Bedingungen, muss die Wirtschaft, um wettbewerbsfähig zu bleiben, ins Ausland gehen.

Wer nun denkt, »ab mit Schaden«, täuscht sich gewaltig. Ich bin tief überzeugt davon, dass alles, was gut ist für die Industrie, zu 99,9 Prozent auch für die Gesellschaft gut ist. Und dass die ideologische Unterscheidung zwischen den »Interessen der Wirtschaft« und den »Interessen der Gesellschaft«, die unsere Politiker so gerne im Mund führen, längst der Vergangenheit angehört; sie ist deshalb in den meisten modernen Ländern schon abgeschafft. Nur bei uns wird dieser angebliche Interessenkonflikt von den Politikern wie eine Monstranz hochgehalten. Aber wer in Deutschland arbeitet, muss sich leider an derlei Anachronismen gewöhnen.

Bundeskanzler Gerhard Schröder erweist sich als Meister darin, diesen angeblichen Interessenkonflikt zu beschwören, ohne zu bemerken, dass eine solche Polarisierung nicht der Wirklichkeit, sondern nur einer ideologischen Voreingenommenheit entspringt. Er polarisiert, um sich dann geschickt dazwischenzustellen, sich gleichsam als Vermittler der Gegensätze anzubieten, die er selbst erst geschaffen hat. Der »Genosse der Bosse« ist darin immer ein »Genosse der Genossen« geblieben, für die jene innergesellschaftliche Trennungslinie, die alljährlich zu überflüssigen Tarifritualen, Maifeiern und Streikdrohungen führt, zur eignen Daseinsberechtigung dient. Was im letzten Jahrhundert fortschrittlich war, ist heute zum Hemmschuh der modernen Gesellschaft geworden.

»Herr Henkel«, sagt Schröder gerne zu mir, »Ihre Vorschläge sind ja interessant, aber Sie vertreten eben die Interessen der Industrie; ich dagegen vertrete die Interessen der Gesellschaft und muss zwischen beiden vermitteln.« Diese höchst bequeme Position ermöglicht es ihm, jede Reform, die unsere Wettbewerbsfähigkeit verbessert, seine Popularität aber beeinträchtigt, zu blockieren. Und das angeblich im Interesse der Gesellschaft. Dabei ist er allerdings etwas ehrlicher als sein Vorgänger, der das im Prinzip genauso gehandhabt hat. Wie Kohl relativiert und verzögert er, bis von unseren Vorschlägen nur noch wenig übrig ist. Wie Kohl hält er es für richtig, die Kreditwürdigkeit unserer Reformvorschläge zu beschädigen, indem er auf deren vermeintlichen ideologischen Hintergrund abhebt – wobei er, wie jener, geflissentlich übersieht, dass er selbst aus einer ideologischen Grundstellung heraus argumentiert, die, im Gegensatz zu der unseren, ins vergangene Jahrhundert gehört. Beide repräsentieren Dogmen ihrer Parteien, die mit modernen Gesellschaften und ihrer Wettbewerbsfähigkeit nicht das Geringste zu tun haben. Aber da in Deutschland nun einmal die Parteien herrschen, wählt man, ob man will oder nicht, diese altbackenen Glaubenssätze mit.

Wie oft erlebte ich als BDI-Präsident, dass Kohl wichtige Entscheidungen einfach abwies, indem er die Quelle der Vorschläge diskreditierte. Diese Methode, sich den Notwendigkeiten zu verschließen, scheint mir wie ein roter Faden, der sich durch Kohls sechzehnjährige Kanzlerschaft zieht. Mit Hilfe von Blüm und anderen verstand er es immer wieder, sich zum Schiedsrichter zwischen uns und der Gesellschaft aufzuspielen, um dann seine eigene Position als ausgewogen, neutral und »objektiv« durchzusetzen. Diese angebliche Vertretung von »Interessen« der Gesellschaft führte aber nur dazu, dass deren Zukunftsfähigkeit, wie wir heute erleben müssen, erheblich beeinträchtigt wurde.

Von Anfang an bemerkte ich, wie wohltuend sachbezogen und vernünftig Wolfgang Schäuble sich von dieser Verhinderungspolitik abhob. Mit ihm konnte man alles besprechen, ohne sogleich mit den gewohnten Gegenreden abgespeist zu werden. Er hat, wie kein anderer in seiner Partei, die Zeichen der Zeit begriffen und wäre auch fähig gewesen, die nötigen Reformen durchzusetzen – wenn nicht Helmut Kohl, der ihn scheinbar förderte, ihm in Wahrheit die Möglichkeit dazu verbaut hätte. Ich sage noch einmal: Schäuble wäre der richtige Kanzlerkandidat gewesen, und er könnte es, wenn seine Partei Reformen wirklich ernst nähme, bei der nächsten Bundestagswahl wieder sein.

Zu diesen Reformen gehört auch das Ladenschlussgesetz, mit dem wir hinter den meisten anderen Ländern herhinken, die längst zu liberalen Regelungen gefunden haben. Wie Kohl sich zu dieser anstehenden Änderung verhielt, lässt sich an folgender, scheinbar marginaler Beobachtung ablesen: In seiner vorletzten Amtszeit hielt er eine Rede vor dem Einzelhandelsverband, bei der er auch besagtes Thema anschneiden wollte. In seinem Redemanuskript fand sich ein Passus, der, einer Forderung seines Koalitionspartners FDP entsprechend, für eine Lockerung des Ladenschlusses plädierte. Als der damalige Verbandschef dies auf dem Weg zum Versammlungsort bemerkte, sagte er sinngemäß zu Kohl: »Herr Bundeskanzler, wenn Sie das sagen, dann gibt es keinen Beifall.« Kohl reagierte blitzschnell. Statt, wie in seiner Rede vorgesehen, die Änderung des Gesetzes anzukündigen, sagte er: »In dieser Legislaturperiode wird das Ladenschlussgesetz nicht mehr geändert.«

Natürlich bewundere ich Kohls Verdienste um Einheit, Europa und Euro – dennoch ist Deutschland unter seiner Kanzlerschaft Jahr für Jahr weiter hinter andere Länder zurückgefallen. In einigen Bereichen hat Deutschland sich objektiv verschlechtert, in anderen zu langsam verbessert, um mit den Konkurrenten Schritt halten zu können. Oft beschleicht mich auch heute noch das Gefühl, dass es der jeweiligen Bundesregierung weniger darauf ankommt, wie wir im Wettbewerb mit anderen bestehen, als darauf, was die anderen über uns denken. Nur ist mit »political correctness« und Imagepflege die Zukunft nicht zu gewinnen. Um einem Missverständnis vorzubeugen: Die CDU war während ihrer Regierungszeit mit Sicherheit weniger wirtschaftsfeindlich als Rot-Grün im ersten Jahr unter Lafontaine – aber das heißt nicht, dass sie wirtschaftsfreundlich im eigentlichen Sinn war. Kohls Methode bestand gerade darin, seine Partei mit einem sozialdemokratischen Zuckerguss zu versehen, um sich damit auch linke Wählerstimmen zu sichern, weshalb er auch während der gesamten Zeit an seinem Freund Blüm festgehalten hat. Aber das bedeutete eben, aus populistischen Rücksichten sowohl auf die Aufklärung über wirtschaftspolitische Zusammenhänge als auch auf die entscheidenden Reformen zu verzichten.

In den so genannten Kanzlerrunden, den Vorläufern von Schröders Bündnisrunden, konnte Helmut Kohl auch sehr gewinnend und für Anregungen offen sein – eine typische Eigenart deutscher Spitzenpolitiker, die sich im kleinen Kreis als »Mensch unter Menschen« geben, auch gern mal einen trinken, der eine Weiß-, der andere Rotwein, der eine Pfälzer, der andere Bordeaux, und dabei volksnah und mitteilsam sind. Vielleicht ein Dutzend Mal habe ich von Kohl gehört, wie er einst bei der BASF gearbeitet hat, er erzählte diese Geschichte immer wieder, da sie seine Volksnähe bewies, und Zuhören war ohnehin nicht seine Stärke.

Schon mein Antrittsgespräch als BDI-Präsident – ich war gewählt, aber noch nicht im Amt – verlief etwas deprimierend. Mein Plan war gewesen, dem Kanzler Vorschläge zu unterbreiten, wie ich ihn bei den wichtigen anstehenden Reformvorhaben unterstützen könnte – fest überzeugt, dass er diese Reformen auch ernst nahm. Ich wollte ihm erklären, dass ich immer dann, wenn er »hundert« liefern könne, »hundertfünfzig« fordern würde, damit er bei jenen, die nur »fünfzig« anbieten, sagen könne: Ich habe mich ins Mittel gelegt, dies ist der Kanzlerkompromiss. Damit wollte ich ihm helfen, seine Spielräume zu erweitern, und hoffte auf einen konstruktiven Gedankenaustausch.

Von den sechzig Minuten, die Kohl mir eingeräumt hatte, erzählte er eine dreiviertel Stunde lang Dönekens aus seinem bewegten Leben, darunter auch die BASF-Geschichte, um mir, wie gewohnt, zu signalisieren, dass er trotz seiner historischen Größe auch nur ein Mensch sei. Beim Rausgehen bot er mir dann überaus freundlich an, ihn jederzeit sprechen zu können. »Wenn Sie ein Problem haben, rufen Sie mich einfach an.« Das war die Ebene, die ihm lag. Allerdings: Wenn man seine Hilfe brauchte, etwa weil etwas Unvorhergesehenes geschehen war, konnte er schnell handeln und sich, hinter den Kulissen, für eine Lösung einsetzen.

Oder mit souveräner Geste Bedenken zerstreuen. Als 1995 die Einführung der Ökosteuer erstmals zur Debatte stand, rief ich ihn kurz nach der NRW-Wahl an, bei der Rot-Grün erheblich zugelegt hatte. Ich teilte ihm meine Bedenken mit, dass diese Machtverschiebung zugunsten der Umweltpartei auch in der CDU die Neigung verstärken könnte, für die Ökosteuer zu plädieren – man suchte ja ständig nach neuen Steuerquellen. »Also, Herr Henkel«, antwortete Kohl, »machen Sie sich wegen Nordrhein-Westfalen keine Sorgen. Die Grünen haben nur deshalb so gut abgeschnitten, weil die Wahlbeteiligung so gering war. Davon lassen wir uns nicht beeindrucken.« Und das war's dann. Die Ökosteuer wurde damals nicht eingeführt. Auch bei diesem Gespräch spürte ich, dass Kohls persönliche Stärke im Kumpelhaften lag – das ist übrigens bei dem neuen Kanzler nicht anders, und es ist durchaus ein Pfund, mit dem sich wuchern lässt.

Kohl gab sich mir gegenüber von Anfang an reserviert. Vielleicht schien ich ihm auch wie die Fortsetzung Neckers mit anderen Mitteln. Zum BDI hatte er – im Gegensatz zu anderen Verbänden wie dem DIHT, den Gewerkschaften oder dem Handwerk – immer ein zwiespältiges Verhältnis. Während er mit den anderen relativ entspannte Beziehungen aufbauen konnte, fühlte er sich gegenüber unserem Verband immer unsicher. Vielleicht war es sogar ein Komplex, unter dem er hier litt, jedenfalls wurde es mir so zugetragen.

Wenn in der Kanzlerrunde, wie das Bündnis für Arbeit damals hieß, BDA-Präsident Murmann sprach, wirkte Kohl locker und aufnahmebereit. Ergriff dagegen ich das Wort, wiederholten sich die Reaktionen, die er in den zahlreichen Ostrunden bei meinem Vorgänger an den Tag gelegt hatte. Gelegentlich versuchte er davon abzulenken, indem er während meines Vortrags in Akten blätterte oder einmal sogar mit seinem Nachbarn Blüm plauderte. Einmal, sage ich, denn ich hörte mitten im Satz auf zu reden, was ihn so sehr irritierte, dass er derlei nie wieder unternahm.

Unser Verhältnis hat sich bis zum Schluss nicht entkrampft; vielleicht, so nehme ich heute an, weil der BDI eine Art schlechtes Gewissen für ihn darstellte, das ihn an Notwendigkeiten erinnerte, denen er sich aus taktischen Gründen entzog. Nein, es schmeckte ihm ganz und gar nicht, immer wieder mit unseren Positionen konfrontiert zu werden, deren Berechtigung er vermutlich eingesehen hat. Aber er wollte nicht akzeptieren, dass er gerade aus den »eigenen Reihen« Kritik einstecken musste. Für mich dagegen gibt es keine »eigenen Reihen«, und so befand ich mich als BDI-Präsident nicht nur im Widerspruch zur »eigenen« Regierung, sondern in einigen Punkten auch zu unserem »natürlichen Verbündeten«, dem Arbeitgeberverband BDA. Man muss sich eben entscheiden, ob man auf die »eigenen Reihen« setzen will oder auf die Vernunft – eine dritte Alternative gibt es für mich nicht.

Der mutigste Verbündete, den ich in dieser Hinsicht in der Kohl-Partei fand, war Wolfgang Schäuble. Er hatte eine klare Vorstellung, in welche Richtung sich unsere Gesellschaft bewegen musste und welche teilweise unpopulären Maßnahmen dafür zu ergreifen waren. Wie oft haben wir uns vor den Bündnisgesprächen getroffen, um offen über Reformen zu sprechen, die in der Kanzlerrunde tabu waren. Denn damals wurde das Bündnis im Wesentlichen dazu benutzt, die Gewerkschaften ruhig zu stellen – wie Schröder es heute benutzt, um die Wirtschaft ruhig zu stellen. Und dem Volk soll dabei der Eindruck vermittelt werden: Es tut sich was. Aber in Wahrheit tut sich nichts.

Meist lief es – und zwar bei beiden Kanzlern – nach demselben Schema ab. Reformvorschläge wurden mit dem Stereotyp abgefertigt: »Ja, das ist wirklich eine hervorragende Idee, aber bitte erst nach den nächsten Landtagswahlen.« Oder Bundestagswahlen. Oder Europawahlen. So wurde jahrelang hinausgeschoben. Kohl sagte selten: »Nein.« Er sagte: »Nicht in dieser Legislaturperiode.« Er brauchte gar nicht zu widersprechen und abzulehnen. Er musste nur hinauszögern. Er war kein Verhinderer, sondern ein Aufschieber, und das heißt, rückblickend gesehen: ein schlauer Verhinderer.

Ich war von Anfang an maßlos frustriert. Ich stieß gegen eine Gummiwand, griff in Watte. Des Öfteren machte ich meinem Unmut auch nach außen Luft. Bei der Pressekonferenz zur Eröffnung der Hannover-Messe 1996 sagte ich in der Metapher meines Lieblingssports, wir müssten das deutsche Schiff endlich wieder flottmachen, die Segel auf den Wind ausrichten und Ballast über Bord werfen. Vor allem aber sollte der Kapitän endlich einmal sagen, welchen Kurs er fahren möchte. Schon in der nächsten Kanzlerrunde kam die Retourkutsche. Zur Begeisterung seiner Entourage ereiferte sich Kohl darüber, dass ich offenbar nur zu holzschnittartigen Argumenten fähig sei und er den Hinweis auf die nötige Kursbestimmung völlig überflüssig finde. Leider führte das nicht dazu, dass er der Runde endlich verriet, welche Richtung er in wichtigen Bereichen der Steuer-, Sozial- und Finanzpolitik einschlagen wollte.

Zu dieser jahrelangen Stagnation hat auch die Opposition nach Kräften beigetragen. Die zaghaftesten Reformversuche wurden sogleich von der SPD niedergeschrien und im Bundesrat verwässert oder vollständig blockiert. Leider wurde nicht einmal die längere wahlfreie Periode genutzt, und erst kurz vor den Bundestagswahlen hat Wolfgang Schäuble drei wichtige Reformen durchsetzen können: die Änderung des Kündigungsschutzes, die so genannte Rentenreform und die Kürzung der Lohnfortzahlung im Krankheitsfall. Nach den Wahlen, die Rot-Grün an die Macht brachten, hat Oskar Lafontaine diese vorsichtigen Ansätze sofort kassiert.

Doch schon von der CDU/FDP-Koalition waren die entscheidenden Schritte zu innenpolitischen Reformen versäumt worden. Nicht die Politik hat unsere Wettbewerbsfähigkeit verbessert, sondern die deutsche Wirtschaft – trotz der schlechten politischen Vorgaben. Leider sind viele Unternehmen, müde des Wartens, mit ihren Investitionen ins Ausland abgewandert, weil sie nur so wettbewerbsfähig bleiben konnten. In Helmut Kohls Amtszeit wurde von der deutschen Industrie an internationalen Investitionen ein Vielfaches von dem getätigt, was das Ausland in den deutschen Markt investierte. Ein Zeichen, dass unsere Wirtschaft in der richtigen Geschwindigkeit marschiert, während der Rest unserer Gesellschaft nachhinkt. Hätte die Industrie sich im selben Kohl'schen und-Schröder'schen Schneckentempo bewegt, wäre unser Staat heute schon bankrott.

Was man zwischenzeitlich über Kohls Spendenpraxis erfahren hat, ändert mein Bild von ihm nicht. Ich glaube auch nicht an diese anonymen Spender, wie ich die »jüdischen Vermächtnisse« zugunsten der hessischen Union von Anfang an für ein Märchen gehalten habe. Denn wären diese unbekannten Gönner wirklich so großzügig gewesen, Kohl kofferweise Geld zuzuschieben, dann hätten sie kaum schweigend mit angesehen, wie er selbst und um ein Haar auch seine Partei dabei zu Boden ging. Waren sie damals so generös, so wären sie es jetzt erst recht gewesen. Dass sie schweigen, beweist für mich, dass es sie nicht gibt. Jedenfalls nicht in der deutschen Industrie.

Woher die Millionen kommen, weiß ich nicht. Es ist vielleicht auch nicht so wichtig. Kohl war immer ein Meister der Ablenkung. Und mir scheint, dass sich die Öffentlichkeit wie auch die veröffentlichte Meinung von »Zeit« bis »Spiegel« von ihm hat an der Nase herumführen lassen. Er hat es nämlich verstanden, das Hauptinteresse auf die Frage zu lenken, ob er bestechlich gewesen sei. Diese Frage stellte er in den Raum, um dann vor der Öffentlichkeit zu beteuern: »Ich war nicht käuflich.« Toll, dass ein deutscher Kanzler nicht käuflich ist! Dabei war das, wie gesagt, nur die Ablenkung vom eigentlichen Thema. Dieses lautet auch nicht, wer die anonymen Spender waren, obwohl sich ganze Legionen von Journalisten auf die Suche nach ihnen machten.

Die Frage, die mir politisch einzig relevant erscheint und den Kern des ganzen Skandals ausmacht, lautet: Was hat Kohl mit den Millionen gemacht? Er war höchst geschickt darin, seine Macht zu sichern. Ob er das über diskrete Telefonate oder das Versprechen von Pöstchen oder das Einfordern von Loyalitäten oder welches Mittel immer versuchte – er hatte jahrzehntelang Erfolg damit und seine parteiinternen Gegner, auch wenn sie ihm als politische Köpfe weit überlegen waren, das Nachsehen. Offenbar hat er auch Geld verteilt, um seine Macht zu sichern. Und das ist der springende Punkt.

Das einzige wirkliche Opfer dieses Skandals heißt Wolfgang Schäuble. Der beste Mann der CDU, einer der wenigen, die versuchten, etwas zu bewegen, und der, ohne auf die Wählergunst zu schielen, nötige Reformen in Gang setzte, stolperte über Kohls Affäre. Und ich kann mich des Gedankens nicht erwehren, dass dieser integre Mann einen Fehler, der ihm möglicherweise zum Verhängnis wurde, aus Loyalität begangen hat

– vorausgesetzt, er hat ihn begangen. Und dass er, in treuer Gefolgschaft, in eine Falle getappt ist. Dies wäre die wahrhaft tragische Konsequenz eines Machtskandals, über den das letzte Wort noch nicht gesprochen ist.

8

Auch heute noch wird unser Land durch Kohls Regierungszeit bestimmt – direkt und indirekt. Sechzehn Jahre stand er an der Spitze, und die Zahl der Wirtschaftsminister, die von ihm berufen und wieder abberufen wurden, ist enorm, ihre Namen größtenteils vergessen. Da in diesem sensiblen Bereich Kontinuität und Nachhaltigkeit gefordert sind, sehe ich auch dies als Indiz für verfehlte Politik. Als ihm im Dezember 1996 wieder einmal ein Wechsel in diesem Amt fällig schien – diesmal stand der FDP-Minister Rexrodt im Kreuzfeuer sogar aus den eigenen Reihen –, sprach ich Kohl in der Kanzlerrunde direkt an: »Wenn Sie diesen ausgesprochen fähigen Mann auch noch ablösen«, sagte ich, »dann haben Sie es fertig gebracht, in Ihrer Amtszeit mehr Wirtschaftsminister zu verschleißen als sämtliche Bundesregierungen vor ihnen.« Ob ich damit Eindruck auf ihn machte, weiß ich nicht. Rexrodt ist Gott sei Dank im Amt geblieben.

Der einzige Minister, der ihm von Anfang bis Ende brav zur Seite stand, war Norbert Blüm – ein Meister in den Disziplinen der Reformverhinderung sowie der Ablenkung von den wirklichen Problemen, mit der er seinem Chef die gewünschte Ruhe verschaffte. Dank Blüms wortreichem Einsatz konnte Kohl Reformen bei Rente und Arbeitsmarkt jahrelang blockieren; und diejenigen, die sich für Veränderungen einsetzten und die Bevölkerung über die wahren Probleme aufklärten, konsequent wegbeißen.

Sechzehn Jahre Stagnation in Wirtschafts-, Finanz- und Sozialpolitik wegen eines einzigen Mannes und seiner dienstwilligen Helfer. Und welch ein Paradoxon, dass die Reformfähigkeit, die sich heute bei CDU wie SPD wieder zaghaft bemerkbar macht, durch ebendiesen Mann, wenn auch indirekt, ausgelöst wurde. Ich spreche von Kohls Spendenskandal. Im September 1999 war Kanzler Schröder politisch am Ende, seine rot-grüne Regierung abgeschrieben. Nachdem für die SPD alle wichtigen Landtagswahlen verloren gegangen waren, schien es nur noch eine Frage der Zeit, wann die Opposition wieder an die Macht kommen würde. Auch die Linke in der SPD lauerte bereits auf Schröders Sturz, Nachfolgekandidaten von Müntefering bis Scharping wurden gehandelt. Mir selbst fiel bei meinen Begegnungen mit Schröder auf, dass sein Selbstvertrauen etwas angeschlagen war und er sich in Selbstironie flüchtete.

Die Partei, die von Schröders Flaute profitierte, hatte sich seit der verlorenen Bundestagswahl kaum verändert. Zwar gewann sie mit Wolfgang Schäuble wieder Wahlen, aber man erhielt den Eindruck, dass ein Neubeginn schwierig wäre, solange Kohl die Fäden in der Hand behielt. Im Gegenteil, die Partei duckte sich wie gewohnt unter dem Bann seines Machtanspruchs. Aus dem Kanzler war der Ehrenvorsitzende geworden, und das wog bei den Seinen genauso schwer. Sollte also »alles beim Alten« bleiben?

Es blieb, bis zum Spendenskandal, dieser mit Verzögerung gezündeten Zeitbombe der Kohl-Ära. Ohne dieses unerwartete, auch für viele, die ihn kannten, überraschende Ereignis, hätte sich weder in der CDU noch in der SPD die dramatische Entwicklung Bahn gebrochen, die bis heute, im Herbst 2000, noch nicht zu ihrem Abschluss gekommen ist. Wie vieles scheint wieder möglich, was jahrelang durch ideologisch verhärtete Fronten undenkbar war. Ohne den Skandal und den dadurch ausgelösten Rückgewinn der Wählergunst hätte Schröder niemals die Kraft aufgebracht, seine Partei von den linken Dogmen abzuziehen und auf eine vernünftigere, wirklichkeitsnähere Politik festzulegen – auch wenn ihm seine Linke immer noch ab und zu wie ein Terrier am Hosenbein zerrt.

Dieselbe wundersame Wandlung vollzog sich mit der CDU.

Ohne die Kohl-Katastrophe wäre die Partei nie in der Lage gewesen, sich auf sich selbst, ihre Basis, ihre Ideen zu besinnen und schließlich eine Frau, noch dazu aus den neuen Bundesländern, an die Spitze zu bringen. Angela Merkel erreichte dies nicht, weil sie sich im Intrigenkampf um Kohls Gunst durchgesetzt hätte – was sonst wesentliche Bedingung für den Aufstieg gewesen wäre –, sondern weil die Parteimitglieder, beeindruckt von dieser vernünftigen und mutigen Frau, einen radikalen Neuanfang wollten. Wann war in der CDU jemals etwas Entscheidendes »von unten« durchgesetzt worden? Der Skandal hatte die Partei in ihren Fundamenten erschüttert – und gerade damit neue Gedanken freigesetzt.

Dass der beste Mann der Union, Wolfgang Schäuble, niemals wirklich zum Zuge kommen sollte, geht auch auf Übervater Kohl zurück. Ich erinnere mich, wie Schäuble bei einem Parteitag für seine programmatische Rede weit mehr Beifall erhielt als Kohl. Allen war klar, dass dies eine Willensdemonstration der Delegierten war, die ein Ende der Dauerherrschaft des Pfälzers sozusagen herbeiklatschen wollten. Per Akklamation hatte sich die Gunst verschoben, ein neuer, objektiv besserer Mann sah sich auf den Schild gehoben. Aber man hatte die Rechnung ohne Kohl gemacht. Mit einem raffinierten Schachzug, der den instinktiven Machtpolitiker verriet, verkündete er am nächsten Tag, dass er sich Schäuble als seinen Nachfolger wünsche – womit er die Partei ausmanövriert, den »Neuen« in seine eigene Planung integriert und sich selbst wieder als unumstrittener Herr des Verfahrens durchgesetzt hatte. Vom ernsten Konkurrenten war Schäuble zum Kronprinzen von Kohls Gnaden degradiert worden. Dieser Trick warf die Union um Jahre zurück – nun hat Angela Merkel die Chance, und hoffentlich wird sie klug genug sein, Wolfgang Schäuble in ihre Zukunftsstrategie einzuplanen. Für mich ist er immer noch der beste Kandidat einer Kanzlerschaft.

*

Als ich 1995 zum BDI kam, bestand diese Organisation bereits seit 46 Jahren. In Köln, wo sie damals gegründet worden war, hatte man Anfang der sechziger Jahre eine Verbandszentrale errichtet, die Eindruck machen sollte: Direkt am Rhein gelegen, einer Burg nicht unähnlich, geizte sie nicht mit den damals sehr beliebten Materialien Beton und Stahl. Ihre besondere Note verdankt sie dem Umstand, dass die Budgetkommission während des Baus ein Loch in der Kasse entdeckte, zu dessen Behebung die eingeplante Klimaanlage durch wärmedämmende Fensterscheiben ersetzt werden musste. Diese wiederum verliehen der BDI-Zentrale einen weithin sichtbaren Goldschimmer, der ihr den schmückenden Beinamen »das güldene Haus« eingebracht hat, was auch deshalb passend erscheinen mochte, weil man dies Edelmetall, zumal in großen Quantitäten, ohnehin gerne mit der Industrie assoziiert. Ich persönlich fand diese goldenen Scheiben abgrundtief hässlich – sie erinnerten mich an eine Mode der Fünfziger, in denen in allen Wohnungen noch die gewöhnlichsten Gegenstände durch eloxiertes Aluminium »vergoldet« wurden.

Bei meinem Amtsantritt arbeiteten hier 220 Personen, ein kompetentes, von meinem Vorgänger gut geführtes Team, dessen Effizienz kurz zuvor, in Neckers Auftrag, durch den Unternehmensberater Roland Berger überprüft worden war. Für mich stand die Realisierung seines Gutachtens, auch der beschlossene Abbau von Personal, ganz oben auf der Tagesordnung. Trotz dieser Ausdünnung war das Team bestens eingestellt, alles lief rund, und ich hatte fast das Gefühl, dass für mich gar keine »große Arbeit« übrig bleiben würde. Bei jedem meiner Wechsel im IBM-Gefüge war das anders gewesen, da hatte man mich ins Feuer geschickt, und ich musste häufig genug den Retter in der Not spielen. Hier dagegen, so schien es, herrschte effiziente Routine, in die ich mich mühelos einfügen konnte. Welch angenehme Überraschung, so dachte ich.

Das Team war aufgeteilt nach Arbeitsgebieten, die bestimmten Themen, man könnte auch sagen, Ministerien zugeordnet waren. Es gab eine Umweltabteilung, eine Energieabteilung, Abteilungen für Mittelstand, für Außenwirtschaft, für Steuern, Bildung und Forschung, natürlich auch für die Presse. Auf all diesen Feldern erarbeitete man eigene Konzeptionen und Problemlösungen, die der Politik angeboten wurden und ohne die, wie ich bald bemerkte, die Politik oft auch nicht auskam.

Neben den BDI-internen Abteilungen fand ich auch Ausschüsse zu den verschiedensten Bereichen vor, die ehrenamtlich von Industrieführern besetzt waren, einen Umweltausschuss, Energieausschuss oder Verkehrsausschuss. Kurz, Gremien zu allen denkbaren Fragen, in denen Vertreter großer und auch kleiner Firmen die präsidiale Führerschaft über diese Themen im BDI ausübten.

Bis dahin hatte ich den BDI immer nur über die wohlformulierten Äußerungen seiner Präsidenten wahrgenommen. Jetzt sah ich, dass zwischen diesen öffentlichen Einlassungen und der täglichen Arbeit eine erhebliche Diskrepanz bestand; was der BDI tatsächlich, hinter den Kulissen, leistet, ist wesentlich breiter angelegt als das, worüber in der Presse berichtet wird. Denn die Presse wiederum sucht sich nur jene Zitate aus, die ankommen, die »sexy« sind. Von der täglichen Arbeit des BDI lässt sich das selbstverständlich nicht behaupten; andererseits hat der willkürliche Maßstab der Publikumswirksamkeit nicht das Geringste mit der wirklichen Bedeutung einer Institution zu tun.

Wenn etwa ein früherer BDI-Präsident zu dem gerade aktuellen Thema »Pflegeversicherung« Stellung nahm, konnte er auf Balkenüberschriften in Bildzeitung und »Handelsblatt« rechnen – obwohl wir zu diesem Thema nicht die geringste Kompetenz im Hause hatten. Aber wenn ein Thema »heiß« ist, wiegt jedes Zitat doppelt, egal wie berufen der Mund ist, aus dem es kommt. Meldeten wir uns dagegen zur Ökosteuer zu Wort, einem Thema, mit dem sich der BDI seit Jahren intensiv beschäftigte, wurde das höchstens im Umweltbundesamt registriert – die Medien nahmen kaum Notiz davon.

Die von der Öffentlichkeit meist unbemerkte Arbeit des BDI bezieht sich auf sämtliche Gesetzesvorhaben, die Einfluss auf die Wirtschaft ausüben. Entweder fordern uns die Ministerien direkt zur Kommentierung auf oder wir erhalten die Entwürfe aus anderen Kanälen, etwa weil man sich Unterstützung von uns erwartet. Der BDI kommt an alles heran, was auf gesetzgeberischem Gebiet vorbereitet wird, und das macht auch Sinn. Stehen die Umrisse der geplanten Regierungsvorhaben auch meist schon in der Zeitung – wir kennen die Details, und das zum Nutzen der Politiker, die auf die geballte Kompetenz unserer 165 Mitarbeiter nur ungern verzichten.

Oft sind unsere Erfolge nur indirekt bemerkbar, indem wir den Gesetzgeber von Fehlern abhalten. Unsere Wirkung zeigt sich also nicht nur im Aufbauen, sondern auch im Verhindern. Sobald die Politik, aus ideologischen oder populistischen Gründen, die Wettbewerbsfähigkeit unserer Wirtschaft bedroht, schrillen bei uns die Alarmglocken. Wir verstehen uns als Korrektiv, nicht als Alternative zum Gesetzgeber. Und es gehört zu den frustrierenden Aspekten unserer Tätigkeit, dass wir am Ende eines Arbeitstages nur selten resümieren können, was wir aufgebaut und in die Wege geleitet haben, sondern uns allenfalls darüber freuen, den einen oder anderen Politiker davon überzeugt zu haben, seinen Unsinn in der Schublade zu behalten. Und die Phantasie der Politiker im Hervorbringen von Unsinn, von dem sie sich einen Aufstieg in der Beliebtheitsskala erhoffen, ist wahrhaftig grenzenlos.

Unsere Themen sind sehr breit gefächert. Ich habe in meinem Leben nie auf einer solchen Klaviatur gespielt, nicht nur was die Vielfalt der Register und Töne, sondern auch deren Lautstärke betrifft. Wenn ich voll in die Tasten greife, wird das auch gehört. Dabei erfordert jedes Thema Einarbeitung. Nur wenn wir uns auf dem jeweils aktuellsten Stand bewegen, können wir mitreden; nur wenn wir Zukunftsentwicklungen rechtzeitig absehen, können wir das Schlimmste verhindern. Vielleicht macht gerade dies den besonderen Reiz des BDI aus, dass wir an vielen Fronten gleichzeitig präsent sein müssen, um jederzeit in den Kampf eingreifen zu können.

Als Beispiel mag ein scheinbar so trockenes Thema wie die Verpackungsordnung dienen. Diese haarsträubende Idee der alten Regierung, beim Kauf einer Dose ein Zwangspfand von fünfzig Pfennig zu erheben, beschäftigt uns seit Jahren. Denn die Konsequenz für die Händler, eigene Geräte aufzustellen, in die der Kunde oben seine alten Dosen einfüttert, um unten seine Pfennige zurückzubekommen, ist wirklich unzumutbar. Zum einen würde ein florierender Mülltourismus aus den pfandfreien Nachbarländern einsetzen, zum anderen würden sich professionelle Dosensammler auf Europas Müllkippen umsehen und ihre übel riechenden Schätze in die Geschäfte schleppen. Wie unhygienisch und geräuschvoll es dann an den Rücknahmeautomaten zugeht, am besten direkt neben der Lebensmittelabteilung, kann man sich zur Not vorstellen.

Deutsche Umweltpolitiker, die sich ihre Stimmen bei den Naturschützern holen wollen, können dies offensichtlich nicht. Ich erinnere mich noch genau, wie unsere Umweltabteilung mich auf diesen drohenden Schildbürgerstreich hinwies. Da das Gesetz schon 1990 vom damaligen Minister Töpfer erlassen worden war, kann heute Herr Trittin jederzeit dieses Zwangspfand einführen und hat auch noch die Ausrede parat, es sei schließlich lange vor ihm beschlossen worden, dass diese Regelung greife, sobald eine Mehrwegquote von 72 Prozent unterschritten wäre. Dies ist nun allerdings der Fall, doch nicht deshalb, weil die Deutschen nicht länger auf ihr hochsensibles Müllgewissen hörten, sondern weil sich zwischenzeitlich herausgestellt hat, dass Einwegverpackungen häufig nicht nur hygienischer, sondern ökologisch genauso vernünftig sind wie ihre Mehrwegalternativen. Das nehmen die Umweltpolitiker aber nicht zur Kenntnis, die schließlich ihre unerschütterlichen Überzeugungen haben und an dem Dogma, dass Mehrweg besser als Einweg sei, nicht rütteln wollen. Was einmal wahr gewesen ist, kann heute ja nicht falsch sein.

Der BDI muss solchen Unsinn natürlich zu verhindern suchen. Also leisten wir Überzeugungsarbeit, dass es ökologisch wesentlich schädlicher ist, wenn eine Flasche Dutzende Male gewaschen, dementsprechend auch hin und her transportiert wird, als wenn man, sagen wir, die Milch in einen Pappkarton füllt. Das hat sich in der Wirklichkeit bewährt, aber es lässt sich von den Politikern anscheinend nicht öffentlichkeitswirksam verkaufen. Nur deshalb, weil sich diese vernünftige Einweglösung durchgesetzt hat, sank die Mehrwegquote unter 72 Prozent, und Töpfers Großtat kann jederzeit eingeführt werden. Heute müssen wir nun dagegen ankämpfen, indem wir mit den Vertretern des Umweltministeriums, den Länderbehörden, dem Handel, der Verpackungsindustrie sprechen, indem wir Verbündete sammeln, zu denen bereits, obwohl SPD-regiert, das Umweltministerium Rheinland-Pfalz gehört.

Bei unseren Gesprächen kristallisieren sich häufig die unterschiedlichsten Interessenlagen heraus, nicht nur zwischen den Bundes- und den Länderministerien, sondern auch innerhalb der Industrie. So hätte der Handel, der erbittert gegen das Zwangspfand kämpft, nicht das Geringste gegen eine Sonderabgabe auf Dosenverbrauch einzuwenden, da diese Strafsteuer von den Herstellern oder den Kunden zu tragen wäre; umgekehrt hätten die Hersteller keinerlei Vorbehalte gegen das Zwangspfand. Jeder denkt an die eigene Klientel oder die eigenen Interessen, und hier versucht nun der BDI, eine gesamtwirtschaftliche Lösung zu erarbeiten.

Deshalb wehren wir uns heute sowohl gegen das Zwangspfand auf Dosen wie gegen die alternativ angedrohte Steuer, da wir uns in Deutschland ohnehin schon eine weit überteuerte Abfallwirtschaft leisten. Mehr noch, wir befinden uns, wie kein anderes Land auf der Welt, im Griff von Müllmonopolisten. Die Industrie arbeitet zwar mit dem »Dualen System« zusammen, weil der Gesetzgeber es vorschreibt, doch wir vom BDI stehen ihm heute recht kritisch gegenüber. Ich persönlich lehne es schon deshalb ab, weil ich gegen Monopole bin. Hier wird auf dem Rücken der Industrie und der Konsumenten eine Riesenbehörde unterhalten und der Wettbewerb außer Kraft gesetzt. Man kann zwar Apfelsinen von überall her importieren, aber Apfelsinenschalen dürfen nicht von einem Bundesland ins andere gebracht werden. Jede Kommune besteht auf ihrem Entsorgungsmonopol, also auch auf jeder einzelnen Apfelsinenschale, die in ihrem Bereich anfällt.

Mit dem Begriff »Müllnotstand« verbindet man schon lange nicht mehr die Vorstellung von gewaltigen Abfallhalden, über denen die Krähen kreisen – der heutige Müllnotstand ist eigentlich ein Müllentsorgungsnotstand: Wir leiden paradoxerweise nicht mehr unter zu viel Müll, sondern unter zu viel Müllanlagen. Die Kommunen haben jahrzehntelang in höchst aufwendige Entsorgungsparks investiert, um damit Abgaben einzutreiben, die man auf anderen Feldern wieder wählerfreundlich ausgeben wollte. Und plötzlich stellen sie fest, dass diese Anlagen nicht nur sehr teuer ausgelegt sind – alles, was der Staat anfasst, kostet grundsätzlich viel Geld –, sondern zum wirtschaftlichen Betrieb weit mehr Müll benötigen, als ihnen zur Verfügung steht. Ihnen fehlt das Futter. Und deshalb ist in Deutschland ein regelrechter Kampf um den Müll entbrannt, mit dem Nebeneffekt, dass sich die Kommunen gegeneinander abschotten und mittels immer neuer Verordnungen sicherstellen, dass ihr eigener Müll auch in ihren eigenen Anlagen verschwindet und nicht etwa in kostengünstigeren Anlagen jenseits der Landkreis- oder Ländergrenze.

Eigentlich absurd: Die Bürger versuchen, möglichst wenig Abfall zu erzeugen, und die Politiker versuchen, möglichst viel Abfall zu bekommen. Mir erscheint es als ungeheuerlicher Vorgang, wie bundesweit unter dem Deckmantel des Umweltschutzes Steuergelder für überdimensionierte Entsorgungskapazität vergeudet wurden, von den logistischen und landschaftlichen Folgen ganz zu schweigen, ohne sich zuvor – Günter Mittag lässt grüßen – über die Bedürfnisse der Bevölkerung und die Wirtschaftlichkeit der Anlagen Klarheit verschafft zu haben. Man hätte sich diese gigantische Verschwendung sparen können, wenn man auf den freien Wettbewerb gesetzt hätte. Wettbewerb ist das Schlüsselwort, und was für die Abfallentsorgung gilt, trifft nicht weniger auf andere von den Kommunen, den Ländern oder dem Staat beanspruchte Unternehmerschaft wie etwa bei Sparkassen und Banken zu. Der Staat hat meines Erachtens keine Bank zu betreiben, so wenig wie ein Stahlwerk, und auch keine besondere Haftung für diese Sparkassen zu übernehmen. Auch hier wird die Politik sich nicht um die Privatisierung herumdrücken können.

Wie gesagt, wir haben nicht die Einzelinteressen der Industrie, sondern die gesamtwirtschaftliche Verantwortung im Auge. Es wäre mir auch unmöglich erschienen, Positionen einzunehmen, die der einen Seite auf Kosten einer anderen Nutzen bringen. In diesem Punkt hatte sich, was meiner eigenen Überzeugung sehr entgegenkam, schon vor meiner Präsidentschaft eine Richtungsänderung des BDI ergeben. Frühere Vorgänger wie Fritz Berg hatten noch echte Lobbyarbeit betrieben und sich gelegentlich für Subventionen eingesetzt. Und wenn es um Einfuhrerleichterungen an den Grenzen ging, war auch der BDI manchmal dagegen, soweit es einen deutschen Industriezweig betraf, der vor ausländischer Konkurrenz geschützt werden musste. Damals gab es klare Fronten, und die Frage nach dem gesamtgesellschaftlichen Interesse wurde den Politikern überlassen. Man betrieb ganz bewusst Industriepolitik, wenn auch nicht so wie die Japaner mit ihrem MITI, auf das immer wieder lobend hingewiesen wurde.

Heute findet sich in Deutschland wohl kaum ein Verband, der ordnungspolitisch ähnlich sauber argumentieren würde wie der BDI. Wir sehen uns dabei in einer Reihe mit der Europäischen Zentralbank, dem Sachverständigenrat, dem Kieler Weltwirtschaftsinstitut oder der »Chicagoer Schule«. Diese Gruppe von Ökonomen – ihr bekanntester Vertreter ist Milton Friedman – befürwortet seit Jahren die weltweite Liberalisierung und Privatisierung, dazu die Sanierung der Staatshaushalte, um eine freie Wettbewerbsgesellschaft zu ermöglichen. Ihre Gegner, zu denen Oskar Lafontaine oder das Deutsche Institut für Wirtschaftsforschung zählen, folgen im Wesentlichen den Theorien von John Maynard Keynes. Dieser hoffte, durch staatliche Ausgaben Kaufkraft zu erzeugen, die wiederum Nachfrage hervorruft und neue Arbeitsplätze schafft, wodurch neuer Konsum ermöglicht wird – er hoffte es vergeblich, denn der Keynes'sche Kreislauf, so ansprechend er auf dem Papier aussieht, hat sich in der Wirklichkeit in nichts aufgelöst. In Deutschland nimmt der BDI zu diesem Irrglauben die entschiedenste Gegenstellung ein.

Die Idee, an der gesamtpolitischen Diskussion teilzunehmen, kam mir übrigens nicht erst mit Antritt meiner Präsidentschaft. Schon als Chef der IBM Deutschland hatte ich jahrelang an den Rahmenbedingungen gerüttelt, meist ohne Erfolg. Jetzt wollte ich auf direkterem Wege versuchen, Einfluss auszuüben. Und so wollte ich gleich zu Beginn einige Akzente setzen, die über diesen Job im traditionellen Sinn hinausgingen. Die wirtschaftliche Situation war ohnehin kritisch genug: Deutschland war aus dem Rausch der Wiedervereinigung und der Sonderkonjunktur erwacht, um sich ernüchtert einzugestehen, dass seine Lage in der Welt weit weniger rosig war, als man sich eingeredet hatten. Die Konkurrenz war uns auf vielen Feldern davongeeilt und unsere Wettbewerbsfähigkeit hatte, aufgrund der jahrelangen nationalen Selbstbezogenheit, Schaden genommen.

Einer der schwersten Nachteile für die wirtschaftliche Entwicklung ergab sich bereits im Februar 1995. Damals unterschrieben Dieter Hundt und Walter Riester einen Flächentarifvertrag, der wie eine Bombe einschlug. Mich empörte nicht nur die Nonchalance, mit der uns der Arbeitgeberverband wieder einreden wollte, es handle sich um einen »maßvollen Abschluss«; oder die Tatsache, dass der Abschluss zwar nach München verlegt, jedoch wie üblich zwischen den aus Stuttgart angereisten Hundt und Riester unter vier Augen ausgehandelt worden war, sondern überhaupt das ganze Ritual, mit dem die beiden »Kontrahenten« morgens um vier unrasiert und übernächtigt ins Blitzlichtgewitter traten, um den »Durchbruch« zu verkünden. Tyll Necker rief mich sofort aus Bad Oldesloe an: »Hans-Olaf, ich habe eben mal nachgerechnet – das ist unterm Strich ein zweistelliger Abschluss.« Offenbar führte die Arbeitgebervereinigung die Öffentlichkeit wie die eigenen Mitglieder an der Nase herum. Tatsächlich gehört für Wirtschaftsfachleute der 95er Tarifvertrag – neben der 35-Stunden-Woche und dem Stufentarif Ost – zu den verheerendsten Abschlüssen, die der deutschen Wirtschaft in den vergangenen Jahren zugemutet wurden.

Ich kenne Walter Riester seit vielen Jahren, habe ihn zu IBM-Zeiten auch einmal zum Essen eingeladen. Er hat nichts von einem Schlitzohr, wie manche glauben, sondern zeigt eine gesunde Mischung aus Selbstbewusstsein und Sturheit, die er bei Verhandlungen wirkungsvoll einzusetzen weiß. Außerdem ist ihm jede Eitelkeit fremd. Dank der Schwächen seines Gegenparts auf Arbeitgeberseite kann Riester bei Verhandlungen schnelle Fortschritte machen. Als Schröder ihn in sein Schattenkabinett holte, habe ich ihm spontan gratuliert, allerdings mit der Empfehlung, das Amt neu zu sortieren: Wenn Riester wirklich etwas für den Arbeitsbereich erreichen solle, so empfahl ich, dann müsse er von der Rentenproblematik entlastet werden, da er sonst wie seine Vorgänger nur noch als Rentenminister wahrgenommen würde. Meiner Ansicht nach gehören alle Sozialversicherungssysteme, da ihre Probleme ziemlich identisch sind, in ein eigenes Ressort. Schröder schlug meinen Rat in den Wind, und die Voraussage über Riester ist prompt eingetroffen. Man nimmt ihn, wie seinen Vorgänger Blüm, als Renten- und nicht als Arbeitsminister wahr.

Nachdem Walter Riester sich 1995 bei seinem bewährten Tarifpartner durchgesetzt hatte, schrieb ich dem damaligen BDA-Chef einen langen Brief, in dem ich ihn aufforderte, eine langfristige Strategie zu entwickeln, die auch eine Konfliktstrategie sein dürfe – zwar nicht in dem Sinn, dass die Arbeitgeber nun vom Extrem ihrer Harmoniesucht ins andere Extrem verfallen und selbst streiken; aber doch so, dass der Gegner nicht länger das beruhigende Gefühl hat, man könne gar nicht anders, als seinen Forderungen nachzugeben. Wenn man dann der Öffentlichkeit auch noch verkündet, man selbst sei nicht mehr streikfähig, und in Auseinandersetzungen mit dem stillschweigenden Einverständnis hineingeht, nur die Gewerkschaften besäßen das Privileg, die Folterwerkzeuge zu zeigen, muss man sich nicht wundern, wenn man letzten Endes zu allem Möglichen Ja und Amen sagt. Dies war mein erster Eindruck von der Arbeitgeberseite, und er übertraf meine schlimmsten Befürchtungen.

Woher aber kommt diese Nachgiebigkeit und defensive Grundeinstellung der BDA? Im Gegensatz zum BDI sitzen in den Verbänden oft nicht die Unternehmensführer, die Gesamtverantwortung tragen, sondern häufig Personalchefs, die in ihren Betrieben auf die Unterstützung der Arbeitnehmerbank angewiesen sind, wenn sie nicht schon ihren Posten der Tatsache verdanken, dass sie die Unterstützung jener Seite genießen. Auch die Langzeitwirkung der Mitbestimmung in den Aufsichtsräten, die wir nun seit über zwanzig Jahren haben, trägt ihr Teil dazu bei, dass die BDA weit mehr auf Entgegenkommen als auf Selbstbehauptung eingestellt ist. Auf diese Weise beschädigt die Mitbestimmung indirekt auch die Rahmenbedingungen unserer Gesamtwirtschaft, mithin die internationale Wettbewerbsfähigkeit unserer Gesellschaft.

In der Absicht, diese Rahmenbedingungen zu verbessern, entwarf ich – in Absprache mit meinem Vorgänger, doch zunächst ohne den BDI zu involvieren – ein Grundsatzpapier, das ich 1995 in die Kanzlerrunde einbrachte. Das Thema war, »wie wir innerhalb der nächsten drei Jahre zwei Millionen zusätzliche Arbeitsplätze schaffen können«. Das war bereits einmal in den achtziger Jahren während Kohls Regierungszeit gelungen, als Gerhard Stoltenberg seine mutige Steuerreform durchsetzte. Voraussetzungen für dieses Ziel waren neben einer Steuerreform und der Senkung der Lohnnebenkosten eine teilweise Lockerung des Arbeitsmarktes, aber auch eine Lockerung des Tarifkartells und der Abbau anderer bürokratischer Hemmnisse. Ich übersandte das Thesenpapier dem Bundeskanzler, den Ministerien und den Teilnehmern der Runde. Bald hörte ich, dass die Vorschläge für einigen Aufruhr in Kanzleramt und Regierung gesorgt hätten, und hoffte natürlich, dass man nun in der Kanzlerrunde ernsthaft darüber diskutieren würde.

Offiziell erhielt ich keine Antwort, doch wurde mir zugetragen, dass Kanzler und Kabinett keineswegs erfreut seien; vielmehr ärgere man sich darüber, dass derlei Vorschläge nicht von ihnen als den eigentlich »Zuständigen«, sondern vom BDI entwickelt worden seien. Nach einigem Nachdenken kam man zu dem Schluss, dass man sich, um das Regierungsmonopol auf gesamtwirtschaftliche Rezepte zu wahren, das Ziel durchaus zu Eigen machen könne, allerdings unter Umwandlung meiner Formulierung. Statt der Schaffung von zwei Millionen Arbeitsplätzen wollte man lieber versprechen, die Arbeitslosenquote zu halbieren. Und mit diesem blendenden Einfall trat Kohl auch an die Öffentlichkeit. Doch war die Übereinstimmung der Ziele nur scheinbar, und die »Reduzierung der Arbeitslosigkeit« führte in eine gänzlich andere Richtung als unser Vorschlag, neue Arbeitsplätze zu schaffen.

Um ihr an sich schon verfehltes Ziel zu erreichen, suchte die Regierung auch noch nach verfehlten Rezepten, wie sie dann von Sozialpolitikern und Gewerkschaftsführern angeboten wurden. Man befasste sich mit dem Symptom, das heißt der steigenden Arbeitslosigkeit, statt die Ursache für die mangelnde Bereitschaft, Arbeitsplätze zu schaffen, ins Auge zu fassen. So verließ man sich auf ABM-Maßnahmen, entwickelte Programme für neue Lehrstellen und plante den vorgezogenen Ruhestand in der Industrie. Am Ende wurde es eine Veranstaltung zur Beruhigung der Sozialpolitiker und Gewerkschaften, unter Benutzung der Wirtschaftsvertreter. Man schmückte sich vor der Öffentlichkeit mit einem Ziel und ließ die dafür unverzichtbaren Rezepte einfach unter den Tisch fallen. Es wurde, wie voraussehbar, ein Schuss in den Ofen, der nicht unbedingt zur Glaubwürdigkeit der Politik beitrug. Aber so ist die Politik, und diese höchst enttäuschende Erfahrung gehört zu den Ergebnissen meines ersten Amtsjahrs. In mir staute sich eine enorme Frustration. Ich sah, wie die Tarifpartner die Wettbewerbsfähigkeit der Gesellschaft verschlechterten, und wie gleichzeitig die Bundesregierung, obgleich mit dem Etikett der Wirtschaftsfreundlichkeit versehen, die Vorschläge der Wirtschaft ignorierte.

Ein großes Thema, das mich in meiner BDI-Präsidentschaft jahrelang in Atem halten sollte, war die Ökosteuer. Schon als Chef der IBM Deutschland hatte ich mich, wie viele andere Unternehmer auch, für den Umweltschutz eingesetzt und dafür gesorgt, dass unsere bis dahin weitgefächerten Sponsoring-Aktivitäten auf dieses Feld konzentriert wurden. Für diese Bemühungen wurde uns von Außenminister Genscher der Umweltpreis »Der weitblickende Falke« verliehen, den ich zu einem Wanderpokal für Unternehmensmitarbeiter umfunktionierte: Wer innerhalb eines Jahres den besten Vorschlag zum Umweltschutz bei der IBM einbrachte, erhielt diese Auszeichnung weitergereicht.

1992 wurde ich vom WWF und der Zeitschrift »Capital« mit dem Titel »Ökomanager des Jahres« ausgezeichnet, unter anderem weil wir, noch bevor der Gesetzgeber es verlangte, bei unserer Chip-Produktion auf die umweltschädlichen FCKW verzichteten und sie durch Wasser ersetzten. Ein nicht minder anspruchsvolles Projekt war der Reinigung des damals extrem belasteten Elbwassers gewidmet. Wie oft hatte ich als Junge beim Övelgönner Kühlhaus in der Elbe gebadet, und deshalb setzte ich es mir nun als IBM-Chef in den Kopf, dies eines Tages wieder tun zu können, und zwar ohne hinterher den Hautarzt aufsuchen zu müssen. Wir installierten entlang des Flusses computergestützte Messsysteme, erst bis an die Grenze bei Lauenburg, dann, nach der Wiedervereinigung, bis nach Tschechien. Ich glaube, es gibt heute kaum einen Strom, bei dem eine so deutliche Verbesserung seiner Wasserqualität in so kurzer Zeit erreicht wurde. Drei Faktoren haben hier zusammengewirkt: Der Abbau von industrieller Aktivität im Osten, der Umbau der Produktionsprozesse in Ostdeutschland unter gewaltigem Einsatz von Hightech und die jahrelangen Anstrengungen der Umweltbehörden zusammen mit der IBM. Ein weiteres Projekt, das wir zusammen mit dem WWF förderten, galt der ökologischen Stabilisierung des Naturparks Wattenmeer, außerdem widmeten wir uns den neuen Nationalparks Ostdeutschlands. Es hat mir damals ausgesprochenes Vergnügen bereitet, mich innerhalb und außerhalb des Unternehmens für solche Projekte einzusetzen.

Das bewahrte mich allerdings nicht davor, als Präsident des BDI vom Naturschutzbund NABU 1995 mit dem »Dinosaurier des Jahres« ausgezeichnet zu werden. Die Schelte hatte ich mir zugezogen, weil ich mich entschieden gegen eine Einführung der Ökosteuer wehrte. Ehrlich gesagt, bin ich auf diese Auszeichnung nicht weniger stolz als auf den »Ökomanager des Jahres«. Auch ich war übrigens einmal, unter dem Eindruck Ulrich von Weizsäckers und der Thesen des Wuppertaler Instituts, vom Sinn dieser Steuer überzeugt, bis mich die Fakten eines Besseren belehrten. Nach langen Diskussionen mit Umweltverbänden und Politikern aller Couleur, mit Vertretern aus Wuppertal und des DIW, auch dem Initiator des dänischen Ökosteuermodells, Minister Mogens Lykketoft, kam ich zu dem Schluss, dass derlei Steuern paradoxerweise der Umwelt mehr schaden als nützen.

Im Herbst 1995 diskutierte ich in Hannover, als Gast des niedersächsischen Wirtschaftsministers Fischer, mit seinen Kollegen aus den sechzehn Bundesländern über dieses Thema. Allgemein ging man davon aus, dass in der Kohl-Regierung die Einführung dieser Steuer bereits beschlossene Sache sei. Selbst FDP-Vertreter zeigten Neigung, diese neue und noch dazu höchst populäre Steuerquelle zu erschließen, wurden aber durch Graf Lambsdorff gebremst. Am Schluss der leidenschaftlichen Diskussion fasste der damalige Wirtschaftsminister Nordrhein-Westfalens, Wolfgang Clement, das Ergebnis in der für ihn typischen Knappheit mit den Worten zusammen: »Meine Herren, ich stelle fest, dass hier heute Abend niemand mehr für die Ökosteuer ist.«

Der damalige Konsens wurde auch deshalb erreicht, weil die wechselnden Gründe, die im Lauf der Zeit für eine solche Steuer angeführt wurden, allesamt auf schwachen Füßen stehen. Am Anfang rückte der Klimaschutz ins Zentrum der Argumentation, und man sprach allgemein von der »CO_2-Steuer«. Dann scheint aufgefallen zu sein, dass gerade die verhasste Kernenergie keinerlei Kohlendioxid freisetzt, weshalb der Name in »Energiesteuer« umgewandelt wurde. Als weiterer Grund für sie wurde die Knappheit der Ressourcen ins Feld geführt, was sich ebenfalls als windiges Argument entpuppte – die als sicher bestätigten Reserven an nicht erneuerbarer Energie haben heute einen neuen historischen Höchststand erreicht.

Also taufte man das schwierige Kind in »Ökosteuer« um und entdeckte in ihr ein Mittel, mit dem man nebenbei die Sozialversicherungssysteme entlasten konnte. In Wahrheit ging es nur darum, sich eine durchgreifende Reform dieser Systeme zu ersparen und sie dauerhaft aus dem Haushalt subventionieren zu können. Diese Koppelung von höheren Energiesteuern und niedrigeren Sozialbeiträgen schien mir völlig willkürlich: Wenn man sich aus Umweltgründen für die Steuer einsetzte, sollte man sie auch mit Umweltargumenten begründen. Aber das gelang eben nicht.

Gerade heute, wo sich die fatalen Konsequenzen der Ökosteuer in einem Anstieg der Inflation und einer Schwächung der Autoindustrie niederschlagen, scheint es sinnvoll, noch einmal auf die Alternative hinzuweisen, die wir damals beim BDI entwickelten. Das Modell, das ich Angela Merkel und Wolfgang Schäuble vorschlug – dieser fügte es in sein Zukunftspapier für die Bundestagswahlen 1998 ein –, sah einen dritten Mehrwertsteuersatz auf nicht erneuerbare Energien vor; diese Lösung des Problems »Ökosteuer« wäre zwar auch keine gute, aber ohne Zweifel die am wenigsten schädliche gewesen. Diese Idee stammte ursprünglich von Tyll Necker.

Allerdings verbieten auch heute noch die EU-Richtlinien eine solche partielle Erhöhung der Mehrwertsteuer, während sie kurioserweise eine Ermäßigung, etwa bei Landwirtschaftsprodukten oder Dienstleistungen, gestatten. Statt sich um den Export unserer verfehlten Ökosteuer nach Europa zu bemühen, sollten unsere Politiker eine Änderung des europäischen Mehrwertsteuergesetzes anstreben. Denn die Vorteile eines dritten Mehrwertsteuersatzes gegenüber den anderen, noch schädlicheren Modellen liegen auf der Hand: Durch ihn kommt es nicht länger, wie bei der Ökosteuer, zur einseitigen Belastung von deutschen Exportgütern, und man kann gleichzeitig bei Importgütern aus weniger umweltbewussten Ländern, in denen der erhöhte Steuersatz nicht existiert, diesen an der Grenze aufschlagen. Damit würde auch verhindert, dass deutsche Industrieprodukte, die in umweltfreundlichen Prozessen hergestellt werden, ins Ausland exportiert werden, während wir uns im Gegenzug Produkte mit weniger umweltfreundlicher Herstellung ins Land holen und diese sogar noch steuerlich begünstigen.

Den Schaden, den die Ökosteuer beispielsweise bei den Tankstellen in Grenznähe anrichtet, habe ich täglich in meinem Wohnort Konstanz vor Augen. Während die hiesigen Zapfsäulen verwaist sind, stehen die Autos vor den Tankstellen im schweizerischen Kreuzlingen Schlange. Das bedeutet nicht nur, dass in Deutschland Arbeitsplätze verloren gehen, sondern dass auch erheblich mehr Sprit verfahren wird, um an das billigere Benzin zu kommen. Dieselbe Wirkung, nur in weit größerem Ausmaß, zeigt sich bei anderen Industrieprodukten wie Aluminium oder Zement, die im Ausland in eindeutig umweltschädlicheren Prozessen hergestellt und dann noch über längere Wege transportiert werden, um unsere eigenen ökologisch lupenreinen, aber steuerbelasteten Produkte zu verdrängen.

Als die Bundesregierung 1995 die Ökosteuer einführen wollte, sind wir dagegen in die Schlacht gezogen. Wir schlugen Frau Merkel einen Deal vor: Die Koalition verzichtet auf die Ökosteuer, und im Gegenzug geben wir eine Selbstverpflichtung ab, nach der die deutsche Industrie bis zum Jahre 2005 den spezifischen CO_2-Ausstoß um zwanzig Prozent senken wird. Die Regierung akzeptierte, wir einigten uns auf das Rheinisch-Westfälische Wirtschaftsinstitut als »Schiedsrichter«, der die Schadstoffreduzierung überwachen sollte, und dann mussten wir nur noch diese Verpflichtung in den zahlreichen Verbänden der Wirtschaft einsammeln. Es hat übrigens glänzend funktioniert, ohne allerdings, wie wir heute wissen, seinen eigentlichen Zweck, die Verhinderung der Ökosteuer, zu erreichen.

Damals, im Hochgefühl dieses Erfolgs, schlugen wir 35 meiner Kollegen im Ausland vor, dem guten Beispiel der Deutschen zu folgen. Die Reaktionen fielen unterschiedlich aus. Ein Drittel schrieb mir sinngemäß: »Vielen Dank, aber diesen Blödsinn machen wir nicht mit.« Ein Drittel versprach: »Wie interessant, wir werden das studieren und die weitere Entwicklung beobachten.« Ein Drittel hat nicht einmal geantwortet. Die Selbstverpflichtung der deutschen Industrie sollte einmalig in der Welt bleiben.

Genauso einmalig wie die Ökosteuer, die Rot-Grün nun eingeführt hat. Übrigens haben wir uns entschlossen, trotzdem an der freiwilligen CO_2-Reduktion festzuhalten – auch diese Regierung wird nicht ewig an der Macht bleiben. Einstweilen bemerke ich, dass Ökosteuer-Minister Trittin bei internationalen Auftritten keine Gelegenheit auslässt, mit dieser Selbstverpflichtung der Industrie zu renommieren, über die er sich einst als Grünen-Politiker lustig gemacht hatte, weil sie »nicht verbindlich« sei.

Schon im ersten Jahr meiner Amtszeit musste ich unerwartete Kritik einstecken, die sich bald an meiner Person festmachte. In vielen Diskussionen lernte ich damals eine besonders unangenehme Eigenschaft von Berufspolitikern kennen: Wagt man es, eines ihrer Schlagwörter durch differenzierte Argumentation zu entkräften und ihnen damit die gewohnte Waffe aus der Hand zu nehmen, dann schlagen sie um sich. Dann geht es nicht länger gegen den Standpunkt, den der Gegner einnimmt, sondern direkt gegen dessen Person. Und das äußert sich in vielen Schattierungen: Das Wort wird einem im Munde herumgedreht, die eigenen Überzeugungen werden auf unredliche Motive zurückgeführt, schließlich wird man mit höchst schmeichelhaften Etiketten versehen, die – nach der alten Weisheit, dass immer etwas hängen bleibt – langfristigen Schaden anrichten sollen.

Wie oft musste ich hören, ich sei nur ein verdeckter Lobbyist, ein bezahlter Funktionär, das Sprachrohr des Großkapitals. Oder ich sei ein liberaler Glaubenskrieger, womit angedeutet wird, dass ich nicht der Vernunft, sondern gleichsam religiösen Dogmen folge. Der BDA ist kürzlich sogar der irrwitzige Einfall gekommen, ich gebe mich zwar als Gegner des großen Tarifkartells aus, sei in Wahrheit aber Befürworter vieler kleiner Betriebskartelle – als bedeute die Aufhebung eines Kartells automatisch die Schaffung anderer. Das ist zwar nicht logisch, setzt den Gegner aber dem Verdacht aus, ein falsches, zumindest unlogisches Spiel zu spielen.

Ich lernte folgende Lektion: Nicht nur mit Politikern, sondern mit allen Menschen, die in erster Linie ihren eigenen Job verteidigen, kann man nur schwer diskutieren. Ich würde auch keinen Streit mit dem DIHT um die Zwangsmitgliedschaft in der Handelskammer beginnen, oder mit dem Handwerkerverband über Sinn und Unsinn des Meisterbriefs diskutieren – wo es um Eigeninteressen der Verbände und ihrer Repräsentanten geht, kommt man nicht weit mit vernünftigen Argumenten. Und so war ich, was meine Einflussmöglichkeiten selbst im eigenen Lager betraf, nach dem ersten Amtsjahr doch sehr ernüchtert. Zwar hatten wir einige Erfolge wie die Idee der »wettbewerbsfähigen Gesellschaft« und die »Selbstverpflichtung« verbuchen können. Doch meinem eigentlichen Ziel, unsere internationale Wettbewerbsfähigkeit zu verbessern, waren wir kaum näher gerückt.

*

Die BDI-Stadt Köln war mir vor meiner Rückkehr aus Frankreich immer ein Buch mit sieben Siegeln gewesen – außer Fasching, Klüngel, Dom und dem seltsamen Bier fiel mir nichts dazu ein. Anfang 1995 standen mir zwei Jahre Präsidentschaft in dieser ungewohnten Stadt bevor, und ich stellte mir die Frage, ob ich nach Köln ziehen oder lieber in der Nähe meiner geliebten »Swan« bleiben sollte. Die Entscheidung fiel mir leicht, weil ich mit dem neuen Amt ein neues Lebensdesign verband: Man hatte mir versichert, dass meine Vorgänger in der BDI-Präsidentschaft mit einem Drittel ihrer Arbeitszeit auskamen; der Rest sei für ihren eigenen Betrieb oder ihren Angestelltenjob geblieben, wie im Fall von Hanns-Martin Schleyer, der Stellvertretender Vorstandsvorsitzender von Daimler-Benz gewesen war. Da ich keine andere Stelle mehr hatte, würde mir also genug Zeit für mein Hobby bleiben, und so entschied ich mich kühn für den Bodensee und Konstanz.

Ich plante also, meine Zeit so aufzuteilen, dass ich neben dem Drittel, das die BDI-Arbeit beanspruchte, zwei Drittel für mich selbst nutzen konnte, für mein Segelhobby, für die Weiterbildung, für alle möglichen Projekte, die mir durch den Kopf gingen, und wollte dabei auch ein wenig das Leben genießen. Ein kühner Entschluss, sage ich, doch nach so vielen Jahrzehnten Managementarbeit gönnte ich es mir.

Da das Kölner Ehrenamt kein Gehalt vorsah, wollte ich von der Betriebsrente der IBM leben, die mir, mit demografischem Abschlag, bereits jetzt ausgezahlt wurde. Zwar hegte ich schon immer eine Vorliebe für einen gewissen Lebensluxus, den man mir gleichsam in die Wiege gelegt hatte, doch war es mir nie schwer gefallen, mich, wenn nötig, einzuschränken und auch mit geringeren Mitteln auszukommen. Ich will nicht verschweigen, dass dies sogar einen besonderen Reiz auf mich ausübt, den Reiz der Einfachheit, dem das Vergnügen am Kultivierten durchaus nicht widerspricht. Ein Gehalt war, wie gesagt, nicht vorhanden, aber man hatte sich immerhin bereit erklärt, meine Kosten, Spesen, Aufwendungen zu bezahlen. Der BDI brachte mir finanziell nichts, kostete aber auch nichts.

Entscheidend für mich war, dass ich zwar für ein paar Jahre kostenlos arbeiten würde, mir zugleich aber die Vision erfüllen konnte – diesen Traum, der mich seit Jahrzehnten begleitet hatte –, zu meiner Jacht zu ziehen. Und hier in Konstanz, nicht weit vom Hafen, richtete ich mir ein Büro ein, von dem aus ich einerseits die BDI-Arbeit abwickeln, andrerseits den Ansprüchen meiner »Swan« genügen konnte. Der Bodensee lag vor der Haustüre, die nächste Regatta wartete schon auf mich …

Leider musste ich wieder einmal feststellen, dass ich mich selbst nicht kannte. Denn aus meiner Vision vom grenzenlosen Segel- und Selbstverwirklichungsglück wurde nichts. Es erwies sich als unvermeidlich, dass ich an allen Werktagen bis spätabends im BDI beschäftigt war – die Nächte verbrachte ich im Dom-Hotel – oder von Köln aus Dienstreisen unternahm, die mich ebenfalls fern von meinem Traumboot hielten; und dass ich Freitagabend den letzten Flieger der »Crossair« nach Zürich bestieg, von wo ich nach Konstanz fuhr – um mich Montagmorgen um fünf wieder wecken zu lassen, damit ich Punkt neun in meinem Büro im »güldenen Haus« antreten konnte.

Was war geschehen? Ich hatte mich meinem neuen Job mit Haut und Haaren verschrieben, und an die Ein-Drittel-Lösung war nach wenigen Tagen gar nicht mehr zu denken. Schlimmer noch: Jede Stunde Freizeit, die ich mir zuvor paradiesisch ausmalte, wurde vom BDI für mich verplant. Die Mitarbeiter bemerkten sehr schnell, dass ich einsetzbar war und für jede Aufgabe, egal wann und wo, zur Verfügung stand. Im Handumdrehen waren aus dem einen Drittel, das ich opfern wollte, fünf Drittel geworden. Irgendwann stellte ich fest, dass der Unterschied zwischen Werktagen und Wochenenden für mich aufgehoben war, weil der BDI mir fast ununterbrochenen Einsatz verschrieb – vom Frühstücksgespräch mit Politikern über das informative Businesslunch und die wegweisende Rede bei Verbandsabenden bis zu Talkshowauftritten im Nachtprogramm. Henkel funktionierte rund um die Uhr, und er fand das wohl auch gut so.

Die Wohnung, die ich weit seltener zu sehen bekam, als ich mir hatte träumen lassen, gehört zu einer alten, in mehrere Appartements aufgeteilten Villa direkt am Seeufer. Von meinem Balkon aus habe ich einen Blick auf das gesamte Alpenpanorama samt Säntis; im Winter, wenn die Bäume entlaubt sind, kann ich sogar mein Schiff im Konstanzer Hafen sehen. Als ich die Wohnung einrichtete, brach ich bewusst mit jener, mir vermutlich seit der Rothenbaumchaussee anhaftenden Gewohnheit, mich mit antiken Möbeln zu umgeben. Stattdessen besorgte ich mir in Paris Art-déco-Mobiliar aus den dreißiger Jahren, das, zumindest ästhetisch, zu einer gewissen Befreiung führte. Vielleicht war es auch nur eine sich im Design ausdrückende Midlife-Crisis – aber ich wollte einfach den ganzen Plunder und die alten Klamotten, die ich jahrelang mit mir herumgeschleppt hatte, loswerden, um zu klaren Formen durchzustoßen.

Leider entpuppte sich die Wohnung am See bald als Außenstelle meines Kölner Büros. Wenn ich am Freitagabend eintraf, war der BDI schon vor mir da – in Form von Faxbotschaften und E-Mails, die sich in meinem elektronischen Terminal stauten, oder auch Telefonanfragen auf meiner Mailbox. War die Arbeit zu Ende, fing sie erst richtig an. Statt endlich an Bord zu gehen und die Leinen loszumachen, bin ich zwischen Küche und Terminal hin und her gesegelt, kochte Spaghetti und beantwortete dabei alle Anfragen, Vorschläge und Einladungen, weil ich nichts auf die lange Bank schieben kann. Der Dauerstress hatte mich wieder.

Und ich schien nicht in der Lage, dies zu verhindern. Vielleicht wollte ich das auch gar nicht, denn meine Vorgänger hatten es offenbar mit weit weniger Zeit- und Energieaufwand geschafft. Rolf Rodenstock etwa, der ja auch noch ein bedeutendes Unternehmen führen musste, kam höchstens einmal die Woche in den BDI, ließ zwischendurch den Hauptgeschäftsführer nach München reisen und wusste im Übrigen, dass der Apparat die Arbeit schon für ihn erledigte. Und wie ich bei Herrn Stihl vom DIHT beobachte, der auch ein großes Unternehmen nebenbei leitet, schickt er gerne seinen Geschäftsführer Schoser vor, der persönlich weit mehr abdeckt als dessen Kollege von Wartenberg beim BDI. Dieser hat sich nach meinem Antritt auf die Innenarbeit zurückgezogen – nicht etwa, weil ich das so wollte, sondern weil es sich so ergeben hat. Sein lakonischer Kommentar: »Nun, ich habe einen fleißigen Präsidenten.« Stimmt. War ich zum Schwamm geworden, der alles Wasser aufsog? Oder ein Eimer ohne Boden, in den man alles hineinschütten konnte und sich dabei wunderte, dass er nie voll wurde?

Meine Naivität und leider auch meine Ansprechbarkeit hatten den privaten Lebensplan über den Haufen geworfen. Ich war zum Workaholic ohne Bezahlung geworden. Bei der IBM hatte ich genauso gearbeitet, aber eben mit dem Traum im Hinterkopf, einmal einen Job zu haben, der mir Zeit für mich selbst ließ. Ich war überzeugt, dass meine schier grenzenlose Verfügbarkeit, die ich bei der IBM an den Tag gelegt hatte, mit den Notwendigkeiten eines Großunternehmens zusammenhing. Nun wurde mir klar, dass sie mit mir selbst zusammenhing. Insofern war das ganze wunderbare Lebensdesign, das ich für mich entworfen hatte, Makulatur.

Trotzdem, der Job gefiel mir und bot mir das Wichtigste: Freiheit. Keiner konnte mich mehr aus Amerika anrufen und zum Rapport nach Armonk am nächsten Tag zitieren. Alle, fast alle Auftritte, Konferenzteilnahmen oder Einladungen hatte ich selbst und freiwillig übernommen. Man sieht: Macht die Arbeit Spaß und herrscht kein Zwang, kann man auch mehr arbeiten!

Während der ganzen Zeit wohnte ich im Kölner Dom-Hotel, und zwar für den BDI äußerst kostengünstig. Es war mir eine Ehrensache gewesen, möglichst geringen Aufwand zu treiben – das Beispiel Cassanis wirkte nach –, und deshalb war das Zimmer 401, in dem ich die erste Zeit logierte, so klein bemessen, dass man darin nicht einmal hätte umfallen können. Zudem ließ das Hotel keine Gelegenheit zur Fremdnutzung aus. Ging ich auf Dienstreise oder ins Wochenende, wurden meine Klamotten aus den Schränken geholt, um Platz für Übernachtungen zu machen, und schnell wieder zurückgehängt, wenn ich wieder eintraf. Dann roch es meist nach Zigaretten oder Zigarren, verführerischer Parfümduft hing in der Luft. Immerhin, meine Krawatten, meine Unterwäsche, meine grauen Anzüge fanden sich an ihrem Platz.

Ich kehrte also, nachdem ich meist mehrere Nächte in Hotels verbracht hatte, in mein winziges Zimmerchen zurück, wo ich mir amüsiert vorstellte, wer es vor mir gemietet hatte. Ich lachte über mich selbst, dass ich, statt in der bequemen Kajüte meiner »Swan« zu liegen, in einem schmalen Bett saß, ein Kissen im Rücken, und dabei die letzte Ausgabe der Tagesschau verfolgte. Eigentlich war ich im Hotel kaum zu sehen. Fragte man heute Herrn Schindler, den Barkeeper, nach mir, würde er vermutlich sagen: »Ach ja, der Herr Henkel, meist kam er abends um elf aus dem Büro, löffelte an der Bar seine Suppe, blätterte in der druckfrischen Zeitung vom nächsten Tag und rauchte eine Zigarre, bevor er im Aufzug verschwand.« Was er nicht weiß: Um zwölf ist Henkel wie tot ins Bett gefallen.

Am nächsten Morgen stand der Chauffeur am Empfang, um mich abzuholen – Herr Ruland, mit dem ich in den kommenden fünf Jahren, bis zum Umzug nach Berlin, 300 000 Kilometer kreuz und quer durch Deutschland gefahren bin. Ich denke, dass ich die Hälfte der Zeit unterwegs war, die andere im BDI. Und dabei habe ich immer, außer in Konstanz, aus dem Koffer gelebt. Hätte ich gewusst, dass ich für so lange Zeit BDI-Präsident sein würde, wäre ich sicher nach Köln gezogen.

Man fragt mich oft, ob ich mich für einen der letzten Idealisten halte. Das sicher nicht. Aber ein wenig könnte der Begriff, ob ich es will oder nicht, auf mich zuzutreffen. Ein Beispiel: Ich habe in den letzten Jahren von zwei großen deutschen Firmen den Chefsessel angeboten bekommen, jeweils mit einem Gehalt ähnlich dem bei der IBM Europa. In einem Fall war ich sogar versucht, darüber nachzudenken, weil es mir mehr politisches Gewicht eingebracht hätte und die Hebelwirkung meines Präsidentenamtes noch verstärkt worden wäre. Ich konsultierte Tyll Necker, ob sich die beiden Aufgaben vertrügen, und wir kamen zu dem Ergebnis, dass ich es wagen könnte. Kaum hatte ich mein Interesse signalisiert, als das Unternehmen die überraschende Bedingung nachschob, ich müsse, um mich der neuen Aufgabe widmen zu können, mein BDI-Amt niederlegen. Ich musste also entscheiden, was mir wichtiger war, der hoch bezahlte Topjob oder die ehrenamtliche Verbandstätigkeit. Ich zögerte keine Sekunde. Da man mich gerade wieder gewählt hätte, wäre es mir wie schlechter Stil erschienen, den BDI nur deshalb im Stich zu lassen. Heißt das, dass ich ein Idealist bin?

Im Vergleich zu vielen meiner Kollegen in der Industrie, die selbst zu beschäftigt sind, um meine Arbeit zu unterstützen und mich manchmal auch »im Regen stehen lassen«, könnte der Ausdruck sogar zutreffen. Wenn ich beobachte, wie sich manche darum drücken, zu Positionen zu stehen, von denen ich weiß, dass sie sie einnehmen, nur weil sie Angst vor ihrem Aufsichtsrat oder ihren Kunden haben, dann würde ich ihnen eine kleine Dosis von diesem Idealismus empfehlen – den übrigens eine ganze Reihe von Wirtschaftsführern aufbringt, die sich aktiv im BDI engagieren und den Mut haben, auch öffentlich zu ihren Überzeugungen zu stehen. Sie sitzen im BDI-Präsidium, engagieren sich im Vorstand, arbeiten in unseren Ausschüssen und helfen in den 35 Verbänden, die den BDI tragen. Aber es sind immer dieselben, und leider sind es nicht genug.

Was mich, rückblickend, am meisten geärgert hat, waren nicht die Attacken von machtbewussten Gewerkschaftsbossen oder linken Wirtschaftsjournalisten; es waren auch nicht die Wutausbrüche von Politikern, die sich von mir auf den Schlips getreten fühlten – mich ärgerte vor allem die Bequemlichkeit und satte Selbstzufriedenheit vieler Leute in Industrie und BDA, also in den eigenen Reihen; mich ärgerte die unbegreifliche Illoyalität, mit der hinter meinem Rücken gegen unsere Ziele intrigiert wurde; mit welcher Selbstverständlichkeit sie es hinnahmen, dass wir vom BDI uns für unsere Überzeugungen einsetzten, während sie sich schlau im Hintergrund hielten, um nur ja im entscheidenden Augenblick auf der richtigen Seite zu stehen; mit welcher Arroganz etwa ein Wirtschaftsführer, statt mit uns gegen die Ökosteuer anzukämpfen, sich bei den Medien zu profilieren suchte, indem er eine »differenzierte Haltung« einzunehmen vorgab. Man könnte selbstverständlich ununterbrochen differenzierte Haltungen einnehmen, aber es ging hier darum, die Interessen unserer Gesellschaft, ihre Wettbewerbsfähigkeit, ihre Zukunftsfähigkeit gegen kurzsichtige Ideologen zu verteidigen.

Statt uns zu unterstützen, hielten es Vertreter der Wirtschaft des Öfteren für angemessen, die Positionen des BDI zu schwächen. So hat der Steuersprecher des DIHT im Dezember 1998 öffentlich verkündet, dass die durch Lafontaine geplante Mehrbelastung der Wirtschaft teilweise schon von der Regierung Kohl geplant gewesen sei – wozu also die ganze Aufregung... Und warum unternahm er diesen Schritt? Offensichtlich, um sich für den Vorsitz in der Steuerkommission der Regierung zu bedanken. Klar, dass ein Bundeskanzler sich lieber mit Wirtschaftsführern umgibt, die ihm, wenn überhaupt, ganz vorsichtig und höchstens in kleiner Runde widersprechen, als mit einem unbequemen BDI-Mann, der ihn unter vier Augen genauso kritisiert wie in der Öffentlichkeit.

Auch wundert es mich, mit wie viel Energie und Einfallsreichtum Firmenchefs, um konkurrenzfähig zu bleiben, den letzten Pfennig aus der Kostenkalkulation ihrer Unternehmen quetschen, während sie sich um die wahre Bedrohung ihrer Konkurrenzfähigkeit, nämlich durch Steuern und Tarifverträge, nicht zu kümmern scheinen. Durch diese geht aber ein Vielfaches dessen verloren, was sie in der Firma zusammensparen können. Warum machen sie sich so wenig Gedanken darüber, was man tun müsste, um die Steuern und Abgaben zu senken? Weil sie oft nur auf das Unternehmensergebnis vor Steuern fixiert sind – was nach der Steuer herauskommt, interessiert sie weniger.

Viele Vorstandsvorsitzende halten sich auch deshalb zurück, weil sie von ihrem Aufsichtsrat nicht daran gemessen werden, ob sie sich öffentlich äußern oder nicht. Man empfiehlt den Managern sogar: »Halt am besten den Mund und kümmere dich um den Laden.« Ich weiß noch, wie schockiert ich war, als ich im Vertragsentwurf des deutschen Großunternehmens, das mich von der IBM Europa abwerben wollte, einen solchen »Maulkorb«-Passus entdeckte. Es ist aber ein schwerer Fehler, die öffentliche Auseinandersetzung um unsere wirtschaftliche Zukunft einigen Gewerkschaftsbossen und ehrenamtlichen Verbandschefs zu überlassen. Ich habe deshalb großen Respekt vor Wirtschaftsführern wie Heinrich von Pierer von Siemens oder Jürgen Schrempp von Daimler-Chrysler, die den Mut aufbringen, sich nicht nur zu ihren Unternehmensinteressen zu bekennen, sondern, wenn nötig, für die Verbesserung der Rahmenbedingungen auch auf den Tisch zu hauen.

Noch haben zu wenige Industrielle begriffen, dass die Zeiten der vornehmen Zurückhaltung vorbei sind. Jede halbe Stunde, die sie mit dem Bundeskanzler verbringen, um ihm den Schaden klarzumachen, der durch Ökosteuer oder die 630-Mark-Regelung angerichtet wird, kann sich tausendfach für ihre Betriebe auszahlen. Dort drehen sie jeden Pfennig dreimal um, doch wenn der Staat ihnen die Markstücke abnimmt, schauen sie diskret beiseite. Vor solchen Menschen, die sich im Hintergrund halten und dabei sagen: »Ich wirke lieber im Stillen«, habe ich keinen Respekt mehr. Und es empört mich geradezu, wenn sie zur Bemäntelung ihrer eigenen Sprachlosigkeit jene, die ihren Mund aufmachen, in den Geruch des »Unseriösen« bringen. Dann werden die »leisen Töne« gepriesen, und wenn die Wirtschaftspresse etwas besonders Schmeichelhaftes über einen Firmenchef sagen will, so schreibt sie, er sei ein »Mann der leisen Töne«, will sagen, der etwas ohne viel Wirbel bewirken kann. Wenn es nur so wäre. Aber darin besteht eben der Selbstbetrug: Mit leisen Tönen ist noch keiner gegen ein Blasorchester aus Vorurteilen angekommen.

Schon im ersten BDI-Jahr habe ich deshalb meine Tonart geändert. Bis dahin hatte ich mich diplomatisch und sozusagen mit nobler Zurückhaltung ausgedrückt, wie man es von einem BDI-Präsidenten erwartete; und wenn »FAZ« oder »Handelsblatt« das druckten, was verlautbart wurde, dann war man zufrieden. So wurde ich zwar von den Insidern gehört, aber die Öffentlichkeit nahm mich nicht wahr. Ein Schlüsselerlebnis brachte mich zu meinem Kurswechsel. Ich hatte im Sommer 1995 am Plattensee eine Woche Segelurlaub verbracht, als mir, kaum wieder an Land, von einem Kiosk die Balkenüberschrift der Bildzeitung entgegenleuchtete: »Seid ihr denn alle verrückt geworden?«

Was war geschehen? Herr Louven, ein sehr begabter und mutiger CDU-Sozialpolitiker hatte das Sommerloch genutzt, um eine Änderung der Lohnfortzahlung im Krankheitsfall vorzuschlagen. Ihm war klar geworden, dass bei Krankheit nicht nur die hundert Prozent vom Lohn fortgezahlt werden – obwohl der Arbeitnehmer, da er nicht zur Arbeit muss, weniger Kostenaufwand hat –, sondern dass häufig mehr als diese hundert Prozent erreicht werden, wenn nämlich kurz vor Eintritt der Krankheit Überstunden angefallen waren, die beim Durchschnittsverdienst in Anschlag gebracht werden. Kein Wunder, dass die deutsche Krankenrate, die besonders an Montag und Freitag in die Höhe schnellt, führend in der Welt dasteht.

Auch ich hatte in der Kanzlerrunde wiederholt auf diesen Rekord hingewiesen und für eine Änderung plädiert, vergeblich. Nun also fasste Louven sich ein Herz, ging vor die Mikrofone – und die Bildzeitung schoss voll dagegen. Ich vermute, Helmut Kohl, auf Urlaub am Wolfgangsee, griff sofort zum Telefon, alarmierte Kanzleramtsminister Bohl, der eiligst den guten Louven zurückpfiff. Dank Bildzeitung wurde die Lohnfortzahlung für längere Zeit nicht mehr angefasst, bis Schäuble sie dann doch durchsetzte und Lafontaine, kaum an der Macht, sie wieder kippte – damit die Deutschen wieder auf ihren unbegreiflich hohen Krankenstand stolz sein konnten. Er ist denn auch im ersten Jahr nach der Rücknahme des Gesetzes wieder nach oben gegangen.

Ich lernte daraus, welche Sprengkraft eine einzige Schlagzeile entwickeln kann. Offensichtlich war es möglich, Einfluss auf die Politik zu nehmen; nur eben nicht auf die diskrete Weise, wie ich sie bisher gewohnt war. Ich wollte das Monopol für knackige Sprüche nicht nur den Blüms und Riesters überlassen. Um verstanden zu werden, musste ich »holzschnittartig« sprechen, wie das abschätzige Wort dafür lautet. Auch wenn es mich die Wertschätzung mancher Kollegen kostete, die sich hinter vorgehaltener Hand über mich mokierten – »Muss er sich denn wieder so ausdrücken?« oder »Das hätte er auch etwas gewählter formulieren können« –, ich gewöhnte mir an, Fraktur zu reden. Wenn ich mich in die Politik einmischen wollte, dann musste ich mich auch öffentlich verständlich machen.

Als die Presse diesen Tonwechsel auch noch begrüßte, schien es dem BDI, der derlei nicht gewohnt war, etwas unheimlich. Die einen klagten, Henkel käme zu häufig vor, die anderen, er drücke sich nicht BDI-mäßig aus, und wieder andere gaben zu bedenken, dass er sich mit Politikern anlege, die man dringend brauche. Letzteres erwies sich als das Gefährlichste. Im Frühjahr 1996 erreichten mich Signale, dass das Kanzleramt meine Einlassungen in der »Morgenlage« mit Stirnrunzeln kommentiere; brühwarm wurde mir zugetragen, dass ich Anstoß erregte. Im Rückblick erscheint es erstaunlich, wie wenig Kohl seine Vertrauten in dieser Hinsicht im Griff hatte.

Natürlich wurde uns gelegentlich auch etwas »unter dem Siegel der Verschwiegenheit« gesteckt, aber da war es immer klar, dass es sich dabei um gezielte Indiskretionen handelte. Das funktionierte übrigens in beide Richtungen. Einer Person in meiner Umgebung musste ich nur ein »großes Geheimnis« anvertrauen, das für die Regierung relevant war, dann konnte ich sicher sein, dass es dort auch landen würde.

Als ich das politische Parkett betrat, machte ich mich angreifbar. Wer sich exponiert, wird zur Zielscheibe. Doch besaß ich einen großen Vorteil gegenüber den Politikern: Ich war wirklich frei und unabhängig und musste von niemandem gewählt werden, brauchte also dem Wahlvolk nicht nach dem Mund zu reden. Einen besonderen Vorteil stellte meine finanzielle Unabhängigkeit dar. Da mich keiner bezahlte, konnte mir auch keiner Vorschriften machen. Ich war frei, auf eigene Kosten und eigene Gefahr. Ich konnte die Wahrheit sagen. Und mit dem Stirnrunzeln und Augenverdrehen hinter meinem Rücken würde ich auch fertig werden. Denn die klare Sprache, mit der ich in öffentliche Diskussionen eingriff, brachte mir jede Menge neuer Verbündeter. Je mehr ich meine Tonart veränderte, umso vernehmlicher wurden auch die Stimmen, die mich unterstützten. Sie stammten vor allem aus dem Mittelstand. Man förderte mich, weil man sah, dass man auf diese Weise wirklich etwas erreichen konnte.

Das blieb der Politik nicht verborgen. Sie versuchte, mir den Teppich unter den Füßen wegzuziehen, indem sie mich als Vertreter einer amerikanischen Firma oder als Lobbyist der Großindustrie diskreditierte. Man störte sich in der Regierung daran, dass hier jemand, wie schon Tyll Necker, von einer Seite angriff, die man als verbündet ansah und auf deren noble Zurückhaltung man sich verlassen konnte. Spielte sich hier jemand als außerparlamentarische Opposition auf? In der Tat, so sah ich mich. Und viele sagten: »Unerhört, wer glaubt er, dass er ist.«

Auch auf der Linken suchte man damals nach Schwachpunkten, mit denen man mich zu Fall bringen konnte. 1996 wurde ich Gegenstand einer »Enthüllung« der Presse, deren Hintergrund darin bestand, dass ich einen unehelichen Sohn habe, damals acht Jahre alt, den ich vor meiner Familie verschwieg. Nun hatte ich für Oliver ein Konto eingerichtet, in das ich ab und zu Geld für die Alimente einzahlte und das ich von einem Freund verwalten ließ. Ohne mein Wissen benutzte dieser Olivers Konto, um Immobiliengeschäfte zu tätigen, worauf sein Partner, dem mein Name als Kontoinhaber auffiel, ihn zu erpressen versuchte. Anonym spielte er dem »Spiegel« die Information zu, der BDI-Präsident unterhalte in München ein »schwarzes« Konto, aus dem sein Freund sich für Immobilienspekulationen bediente.

Der »Spiegel« versuchte nun, mich auseinander zu nehmen, mit dem Immobiliengeschäft nicht weniger als mit meinem verheimlichten Sohn. Ich habe viele Nächte kaum schlafen können. Aust vom »Spiegel« und sein Vorgänger Kaden, inzwischen beim »Manager Magazin«, wetteiferten darin, in diese Geschichte etwas hineinzuinterpretieren, was einfach nicht darin war. Denn weder mit dem Immobiliendeal, von dem ich nichts wusste, noch mit Oliver, von dem meine Familie nichts wusste, ließ sich eine »Story« rechtfertigen.

Ich bin sogar zu Stefan Aust gefahren, um ihm zu beweisen, dass nichts Ungesetzliches vorgefallen war, und legte dem »Spiegel« meine sämtlichen Überweisungen vor. »Aber wo kam das Geld her?«, wollte der »Spiegel« wissen. Da meine Frau für mich mein Gehaltskonto verwaltete, so erklärte ich, bestand die einzige Möglichkeit, meinem Sohn unbemerkt Geld zukommen zu lassen, darin, dass ich einige Schecks von meinen Aufsichtsratsmandaten direkt auf sein Konto einzahlte. »Der Spiegel« schloss messerscharf, dass ich diese Schecks nicht versteuert hatte, und es folgte eine Steuerprüfung.

Mit acht Beamten rückte die Steuerfahndung in meiner Wohnung in Konstanz und meinem Haus in Böblingen an und nahm alle Akten mit. Drei Wochen später wurde mir bestätigt, dass ich sämtliche Steuern ordnungsgemäß abgeführt hatte. Ich war rehabilitiert. Man berichtete wohl über die Steuerfahndung, nicht jedoch darüber, dass alles in Ordnung war. Um einen Zeugen für meine mangelnde Eignung im Amt zu haben und vielleicht am Ende auch noch beweisen zu können, was für ein Schwein ich sei, suchte eine Journalistin dieses Magazins Olivers Mutter in München auf – ohne Erfolg allerdings. Zum Glück habe ich meine Vernichtung in der Presse überlebt. Später erfuhr ich, dass das Bundeskanzleramt die Bemühungen des »Spiegel« um meine Person mit Wohlwollen zur Kenntnis genommen hatte.

Auch aus dieser traumatischen Erfahrung habe ich Wichtiges lernen können – über den Verrat von Freunden, die Macht der Presse, die Hilflosigkeit gegenüber Verleumdungen, die Schadenfreude der Politiker. Doch jede Krise trägt in sich eine Chance, jedes Unglück bringt auch ein Glück mit sich: Ohne diese »Enthüllung« hätte ich es nie geschafft, meiner Familie den Sohn zu beichten und mich seiner anzunehmen, wie ich es seitdem getan habe. Heute verbindet mich mit dem zwölfjährigen Oliver ein wunderbares Verhältnis. Zusammen mit meinen »großen« Kindern war er bei meinem sechzigsten Geburtstag und hat mir auf seinem Altsaxophon ein Ständchen gebracht. Jazz natürlich.

9

Mit einer für mich erstaunlichen, ja überwältigenden Mehrheit wurde ich nach zwei Jahren Amtszeit im November 1996 wieder gewählt. Gerade weil »Spiegel« und »Manager Magazin« mich aufs Korn genommen hatten und andere sich dadurch bestärkt fühlten, mich aus den verschiedensten Gründen aus dem Amt zu drängen, war es ein bewegendes Erlebnis, als ich in einer geheimen Wahl mit 98 Prozent bestätigt wurde. Ich hatte das, ehrlich gesagt, gar nicht mehr für möglich gehalten. »Es bleibt immer etwas hängen«, heißt es, aber diesmal war es anders gelaufen. Ich hatte mit meiner Darstellung überzeugen können, und auch Tyll Necker, der meine Sache zu seiner eigenen machte, war mir, vor der Öffentlichkeit wie dem Präsidium, zur Seite gesprungen. Ich konnte mich vollständig rehabilitiert fühlen und ging ins neue Jahr mit »hoch gekrempelten Ärmeln«.

Eines der herausragenden Ereignisse 1997 war die berühmte Rede von Bundespräsident Roman Herzog im Berliner Hotel Adlon, die so genannte »Ruck«-Rede. In ihr brachte er viele Missstände zur Sprache, die lange tabuisiert gewesen waren. Vor allem, und dies war entscheidend, wies er von höchster Warte auf den Reformstau hin, den zuvor nur eine Minderheit beklagt hatte. Nun ging ein Ruck durchs Land, der Geist war aus der Flasche. Mir erschien das wie eine ideale Aufforderung an alle, die in Deutschland etwas bewegen wollten.

Auch in einem zweiten Punkt setzte der Bundespräsident Maßstäbe: Er hatte den Mut, uns mit dem Ausland zu vergleichen. Ähnlich wie wir mit unserer Idee von der »wettbewerbsfähigen Gesellschaft« regte er an, von anderen Nationen zu lernen – etwa in Sachen Arbeitsmarktpolitik von den angelsächsischen Ländern. Bis dahin hatte es immer als »politically incorrect« gegolten, auf dieses Vorbild hinzuweisen; Herzog tat es trotzdem und mit guten Gründen. Schließlich erklärte er das Bildungsproblem zum Megathema oder vielmehr: Er führte der Öffentlichkeit vor Augen, dass wir in der Tat ein Bildungsproblem haben und dass an diesem Pulverfass die Zündschnur bereits brennt.

Herzogs Rede begeisterte mich auch deshalb, weil er endlich von den Politikern eine Zukunftsvision für unsere Gesellschaft einforderte. Einige Wochen lang beobachtete ich die Reaktionen der deutschen Politik und der Medien auf Herzogs Appell – und war enttäuscht. Bei der Bundesregierung hatte ich das Gefühl, dass sie nur mit größtem Widerwillen an die Vorschläge heranging; die Opposition hatte auch nichts Wesentliches beizutragen, vermutlich weil sie sich durch diese Rede angegriffen fühlte. Und selbst die Elite, die nicht weniger angesprochen war als die Politik, hielt sich auffallend zurück. Gab es denn keinen, der aufstand und sagte: Der Präsident hat Recht, unsere Gesellschaft braucht eine Vision? Es hat sich keiner gefunden.

Dass die Wirtschaft schwieg, ist immerhin nachvollziehbar. In ihrem Bereich stehen Visionen nicht mehr allzu hoch im Kurs. Es gab zu viele Vorstandsvorsitzende, die mit ihren Visionen ganze Konzerne umstrukturieren wollten, und dabei Schiffbruch erlitten. Deshalb habe ich mich nach einiger Zeit entschlossen, dies im Rahmen des BDI selbst zu versuchen und eine Zukunftsperspektive für unser Land zu entwerfen. Mit Hinweis auf die Herzog-Rede brachte ich im BDI-Präsidium den Antrag ein, dass wir eine Gruppe angesehener Persönlichkeiten zusammenrufen sollten, um ein solches Konzept ausarbeiten zu lassen. Siebzig Vertreter aus Politik, Forschung, Lehre, Wissenschaft, Wirtschaft und Medienwelt – von Gerhard Cromme, dem Vorstandsvorsitzenden von Krupp, über Hans-Jürgen Ewers, den Präsidenten der TU Berlin, und Hubert Markl, den Präsidenten der Max-Plank-Gesellschaft, bis zum

Staatsrechtler Rupert Scholz und Bertelsmann-Chef Mark Wössner – beschäftigten sich monatelang damit, ein Bild der deutschen Gesellschaft im Jahre 2010 zu entwerfen.

In neun Arbeitsgruppen widmeten sie sich den verschiedensten gesellschaftlichen Bereichen: So ging es in der »Weltoffenen Gesellschaft« um die Zusammenarbeit in der Europäischen Union und deren Erweiterung sowie die Öffnung für hoch qualifizierte Zuwanderer; in der »Mobilen Gesellschaft« wurde über eine Verringerung der Umweltbelastung durch neue Technologien diskutiert, sowie die weitere Vernetzung der Verkehrssysteme und eine kostengünstigere Mobilität; in der »Vitalen Gesellschaft« ging es um sichere Bio- und Gentechnik und im »Schlanken Staat« um das Ziel, sich auf die Kernaufgaben zu konzentrieren, Bürokratie abzubauen, Steuern zu senken; wir sprachen außerdem über die »Produktive Informationsgesellschaft« und die »Umweltbewusste Energiewirtschaft«. Kurz – alle Bereiche wurden abgedeckt und mit Zukunftsperspektive versehen.

Drei Ziele hatten wir uns dabei gesteckt: Zuallererst sollte der Reformbedarf in unserem Land definiert werden, indem wir dem, was bis 2010 erreicht werden konnte, den heutigen Zustand gegenüberstellten, worauf die Wege beschrieben würden, auf denen diese Reformen erreicht werden konnten. Zweitens sollte, ganz im Sinne Roman Herzogs, die Reformbereitschaft im Lande selbst erhöht werden: Leider zeigt die Erfahrung, dass ein Politiker, der Wohltaten verspricht, am Ende auch gewählt wird, während sein Mitbewerber, der notwendige Einschnitte ankündigt, leer ausgeht. Deshalb hofften wir, die Opferbereitschaft in der Gesellschaft erhöhen zu können, indem wir den Menschen einen besseren Zustand vor Augen führten, der diese Anstrengungen wert war. Eben eine Vision, die sich – im Gegensatz zu den politischen Utopien – auch verwirklichen ließ. Reformen lohnten sich also, so lautete unsere Botschaft.

Das dritte Ziel für unser Zukunftskonzept: Wir wollten mit der Vorlage einer solchen Vision werben, damit unser Land auch für ausländische Investoren wieder attraktiv würde. Anleger beurteilen bekanntlich einen Standort wie Börsianer ihre

Aktien – nicht der Istzustand zählt, sondern die Zukunftserwartung. Sobald wieder bei uns investiert wird, lohnt es sich auch für junge Leute hier zu bleiben, dann müssen unsere jungen Akademiker nicht mehr abwandern, sondern im Gegenteil: Dann wird Deutschland auch für ausländische Eliten attraktiv.

Fehlte nur noch ein Name für das Projekt. Ich erinnerte mich an unseren japanischen Schwesterverband Keidanren, der einmal seinem Land, das ähnlich reformschwach ist wie unseres, mit einem solchen Zukunftspapier einen gesellschaftlichen Ruck geben wollte. Das Manifest bot zwar nur ein Sammelsurium von Vorschlägen, die uns längst vertraut waren – aber sein Titel gefiel mir. Er lautete: »For an attractive Japan«, und so sollte auch unser Projekt genannt werden: »Für ein attraktives Deutschland«. Es wurde zum Markenzeichen der BDI-Arbeit während der letzten Jahre meiner Präsidentschaft.

Mit Deutschlands Zukunftsperspektiven im Kopf, erschienen mir die Kanzlerrunden immer anachronistischer. Auch wenn der Name sich änderte – IG-Metall-Chef Zwickel schlug den Slogan »Bündnis für Arbeit« vor, den die Politiker sich sofort zu Eigen machten –, die Bewegungslosigkeit und Reformscheu blieb. Leider trug auch die Arbeitgeberseite ihr Teil dazu bei. Als wir einmal anregen wollten, zur Senkung der Lohnnebenkosten die Lohnfortzahlung im Krankheitsfall einzuschränken, hatte ich mich vor der nächsten Kanzlerrunde über eine Telefonkonferenz mit Hans Peter Stihl vom DIHT und Klaus Murmann von der BDA abgesprochen. Dieser las uns sein geplantes Statement zum Zwickel-Vorschlag eines »Bündnisses« vor, und wir stimmten ihm zu. Am gleichen Abend las Klaus Murmann den Text im Kanzleramt beim »Bündnis für Arbeit« vor, nahm aber plötzlich seine Brille ab und wich vom Konzept ab. »Herr Bundeskanzler«, sagte er zu unserer Verblüffung, »das mit der Kürzung der Lohnfortzahlung im Krankheitsfall, das sollten wir nicht machen.« Es war ein eklatanter Bruch unseres Abkommens vom Vormittag. Offenbar hatte man Murmann im Kanzleramt klargemacht, dass man in diesem Punkt keinen Ärger mit der Gewerkschaft wollte.

Durch diesen Rückzieher wurde die notwendige Einschränkung der Lohnfortzahlung um mindestens ein Jahr verschoben. Mit dem Hinweis auf anstehende Landtagswahlen oder Wahltermine bei den Gewerkschaften wurde bei uns immer wieder um Verständnis dafür geworben, dass man im Augenblick nichts entscheiden könne. Da ich mir von dieser Runde keinen Fortschritt mehr erwartete, baute ich meine Kontakte zu den Fraktionsvorsitzenden Schäuble, Glos und Solms aus – in Vier-Augen-Gesprächen vertrauten sie mir an, dass ihnen die Kanzlerrunde genauso gegen den Strich ging wie mir: Bestenfalls kam es zu einer Verschiebung der notwendigen Reformen, schlimmstenfalls zu einer Entmachtung des Parlaments. Denn was dort oft im kleinen Kreis ausgehandelt wurde, hätte eigentlich im Bundestag diskutiert werden müssen. Welches Demokratieverständnis drückt sich wohl darin aus, dass man in Kungelrunden mit Personen, die nicht demokratisch legitimiert sind, Absprachen trifft, die dann im Bundestag nur noch abgenickt werden müssen?

Ich bemerkte, dass gerade Wolfgang Schäuble gegenüber diesen Bündnis-Treffen sehr unruhig wurde. Er wollte Reformen und sah, dass die Stagnation programmiert war. Während der BDI an seinem Zukunftskonzept für ein attraktives Deutschland arbeitete, sprach ich, sozusagen im Rücken des Bündnisses, mit den Fraktionsvorsitzenden über Reformen, die sie dann irgendwann auch einführten. Immerhin wurde auf diesem Weg erreicht, dass 1997 die Kürzung der Lohnfortzahlung im Krankheitsfall Gesetz wurde, außerdem eine bescheidene Rentenreform, die den demographischen Faktor berücksichtigte, sowie eine Lockerung des Kündigungsschutzes für kleine mittelständische Unternehmen. Dass es einen Zusammenhang gibt zwischen der Bereitschaft, einen Mitarbeiter in guten Zeiten einzustellen, und der Möglichkeit, sich in schlechten Zeiten von ihm zu trennen, wurde vom »Bündnis für Arbeit« nicht aufgenommen – die drei Fraktionsvorsitzenden dagegen setzten sich, um neue Arbeitsplätze zu schaffen, nachdrücklich für diese Idee ein und überzeugten irgendwann auch den Bundeskanzler davon, dass etwas geschehen musste, wenn man die Bundestagswahl 1998 gewinnen wollte.

Leider wurden die Lohnfortzahlung und damit auch die beiden anderen Reformen nicht zuletzt auch durch die Kehrtwendung der BDA um mindestens ein Jahr verschoben, was gravierende Konsequenzen für das Überleben der Koalition nach sich zog: Nach der verspäteten Einführung waren bis zu den Wahlen zu geringe Erfolge zu verzeichnen, während Lafontaine seinen Wahlkampf genau gegen diese Reformen – als Belege für den angeblichen neuen Turbokapitalismus – ausrichtete. Die Verzögerung, die der Bundeskanzler selbst aus wahltaktischen Gründen betrieben hatte, trug damit zu seiner Niederlage bei.

Einigkeit unter den Verbänden hatten wir auch darüber erzielt, dass die Mehrwertsteuer nicht zur Finanzierung weiterer Sozialleistungen erhöht werden sollte. Plötzlich kam 1997 das Problem auf, dass die Rentenbeiträge angehoben werden sollten. Hinter den Kulissen machte sich die BDA mit großem Engagement dafür stark, dass man zur Finanzierung der Rentenbeiträge eben das unternehmen sollte, was wir eigentlich hatten vermeiden wollen, nämlich die Mehrwertsteuer zu erhöhen – womit sich die BDA wieder einmal der Notwendigkeit einer Reform, in diesem Fall der Rentenversicherung, entgegengestellt hatte. Denn durch die Mehrwertsteuererhöhung hatte man das Problem ja nicht gelöst, sondern nur hinausgeschoben. Dabei hatten wir zuvor die BDA gedrängt, gemeinsam mit dem DIHT und dem ZDH klarzustellen, dass eine etwaige Erhöhung der Mehrwertsteuer nur dann akzeptabel sei, wenn gleichzeitig eine entscheidende Reform der Rentenversicherung in Angriff genommen würde. Selbst diese Position, die ich nur um des lieben Friedens willen und sozusagen mit langen Zähnen übernommen hatte, war also aufgegeben worden.

Man stelle sich vor: DGB-Chef Dieter Schulte unterschreibt gemeinsam mit dem neuen Chef der Arbeitgeberverbände, Dieter Hundt, einen Brief, in dem der Bundeskanzler aufgefordert wird, den Mehrwertsteuersatz um ein Prozent zu erhöhen, damit der Rentenbeitrag nicht steigt. In diesem Brief war von einem Hinweis auf eine gleichzeitige Reform des Rentensystems – wie wir es abgesprochen hatten – keine Rede. Ich halte diesen Brief nach wie vor für skandalös und das Ganze ist einer der empörendsten Vorgänge, die ich im Zusammenhang mit der BDA erlebt habe. Ich kann mir auch kein Land auf der ganzen Welt vorstellen, wo der Arbeitgeberverbandschef zusammen mit dem Gewerkschaftschef an den Regierungschef schreibt und um eine Erhöhung der Mehrwertsteuer bittet.

Übrigens habe ich keinen Beweis dafür, dass der Bundeskanzler diesen Brief bestellt hat. Aber man muss dazu wissen, dass in der BDA als Hauptgeschäftsführer ein CDU-Mann sitzt, der als Bundestagsmitglied einen nicht unerheblichen Einfluss auf die Abgeordneten seiner Fraktion hat – und umgekehrt. Nur so kann ich mir überhaupt erklären, dass es zu einem solchen Brief kommen konnte. Wenn der Bundeskanzler einen solchen Brief bestellt, bräuchte man natürlich einen relativ starken und unabhängigen Präsidenten, der sagt: »Moment mal, so einen Quatsch mache ich nicht.« Aber dieses Machtwort hat es anscheinend nicht gegeben. Als wir beim BDI von dem Brief erfuhren, war es bereits zu spät. In der Folge sank mein Vertrauen in die BDA und das »Bündnis für Arbeit« auf den Nullpunkt.

Ich erlebte ein Wechselbad der Gefühle: Einerseits entwarfen wir ein Zukunftsszenario für Deutschland im Jahr 2010, in dem das Land endlich aufblühen würde, sobald die nötigen Reformen durchgeführt wären; andrerseits musste ich im täglichen Geschäft eine Enttäuschung nach der anderen erleben, weil es nicht nur in der Regierung, sondern auch im eigenen Lager am Willen auch zur kleinsten Reform fehlte. Uns blieb nur die Aufgabe, den schlimmsten Unsinn zu verhindern.

Immerhin konnten wir einen Erfolg in unserem jahrelangen, ich möchte sagen: verzweifelten Bemühen erringen, die Bundesregierung von einer Steuerreform zu überzeugen. Meine persönlichen, höchst leidvollen Erfahrungen mit der deutschen Unternehmensbesteuerung waren damals schon zwölf Jahre alt, und mich hatte immer wieder erstaunt, dass unsere Politiker und Medienleute einfach nicht zur Kenntnis nehmen wollten, wie viel besser dies im Ausland gehandhabt wurde.

Als ich noch IBM-Chef war, hatte ich einmal ein langes Gespräch mit der damaligen finanz- und steuerpolitischen

Sprecherin der SPD, Frau Matthäus-Maier, die mir nicht einmal konzedieren wollte, dass Unternehmen in Deutschland wirklich höher besteuert würden als anderswo. Man hatte die Fakten einfach negiert und nicht wahrhaben wollen, dass unsere Steuern beispielsweise durch den Soli immer weiter stiegen, während sie im Ausland, besonders für Unternehmen, ständig gesenkt wurden. Aus einem ehemaligen Höchststeuerland wie Schweden wurde ein Steuerparadies für Unternehmen mit einem Steuersatz von inzwischen 28 Prozent. Das einst hoch besteuerte Großbritannien hat heute einen Steuersatz von 31 Prozent, in Holland sind es 35 Prozent. Und dies entspricht auch dem Prozentsatz, der für unser Land im internationalen Wettbewerb angemessen ist. Stattdessen hatten wir – bis zur Einführung der rot-grünen Steuerreform 2000 –, zusammen mit dem Solidaritätszuschlag, über 50 Prozent.

Wegen dieser Schieflage war der Druck, den wir auf die Kohl'sche Regierung ausübten, sehr stark. Von Seiten des Wirtschaftsflügels der CDU bekamen wir denn auch deutliche Unterstützung, und endlich machte sich auch Herr Waigel auf die Socken und kündigte eine Steuerreform an. Sie ist dann an der unglaublich arroganten Blockade von Oskar Lafontaine im Bundesrat gescheitert. Damit hat er nicht nur, wie es sein Kalkül wollte, der Regierung einen Erfolg verweigert, sondern unserer Gesellschaft unermesslichen Schaden zugefügt. Mich erinnerte der jüngste Streit um die Steuerreform der rot-grünen Koalition an die damaligen Diskussionen.

Übrigens gibt es noch eine andere Parallele: Genau wie der jetzige Finanzminister hat auch Theo Waigel anfänglich die Forderung nach einer »Gegenfinanzierung« übertrieben. Für mich wurde dieser Begriff zum Unwort des Jahres 1997. Eigentlich hätte ja der Begriff der »Finanzierung« genügt, aber dahinter stand eben der fiskalische Gedanke, dass Steuern, die man auf der einen Seite senkt, auf der anderen wieder eingetrieben werden müssen. Man war, mit anderen Worten, keineswegs vom Sinn der Entlastung überzeugt. Dass sich eine solche Senkung selbst finanzieren würde, wie dies bereits in vielen Ländern geschehen ist, konnte sich ein deutscher Finanzminister lange nicht vorstellen.

Um eine solche »Gegenfinanzierung« zu erreichen, versuchte man zu Waigels Zeiten angebliche »Steuerausnahmeetatbestände« abzuschaffen, um erst dann, nachdem diese Einsparmöglichkeiten weggefallen waren, die Sätze zu senken. Wobei viele solcher Ausnahmeetatbestände, die – insbesondere von Oskar Lafontaine – angeprangert und von der Regierung abgeschafft wurden, einmal vom Bundestag verabschiedet worden waren. Was der Gesetzgeber einst als Vorgabe zur Steuerabschreibung angeboten hatte, wurde jetzt als »Schlupfloch« denunziert.

Als die Politik für Investoren die Möglichkeit schuf, in Ostdeutschland ihr Geld steuerbegünstigt anzulegen – wir sprachen uns damals ja stattdessen für eine Mehrwertsteuerpräferenz aus –, hatte man bewusst, zur Förderung der neuen Bundesländer, solche Schlupflöcher angelegt. Man stelle sich vor, was die deutsche Politik gesagt hätte, wenn die Wirtschaft nicht investiert und sich diese Steuerpräferenzen nicht zunutze gemacht hätte. Doch nun wurde diese Bereitschaft, den Osten mit aufzubauen, stigmatisiert, indem man sagte, es sei ohnehin nur geschehen, um Steuern zu sparen – weshalb diese Möglichkeit, mit der demagogischen Begründung, »Schlupflöcher zu schließen«, abgeschafft wurde. Und es war nicht nur Lafontaine, der so sprach, sondern auch Teile der Regierung, die diese Präferenzen selbst in den Bundestag eingebracht hatten. Nun also strich man diese Begünstigungen, um den Spitzensteuersatz ein wenig absenken zu können. Und diese seltsame Rechnung nannte man »Gegenfinanzierung«.

Das Drama besteht darin, dass Fiskalisten nicht dynamisch denken. Ihnen will einfach nicht einleuchten, dass niedrigere Steuersätze an sich schon mehr Steuern bringen. Wer in einem Obstladen die Preise für Äpfel halbiert, wird mehr Äpfel verkaufen. Mit niedrigeren Steuersätzen findet man mehr Leute, die bereit sind, Steuern zu zahlen. Ich behaupte dementsprechend, dass die deutsche Wirtschaft durchaus bereit ist, viel Steuern zu bezahlen, wenn man ihr die Möglichkeit bietet, viel zu verdienen. Die Tatsache, dass ausländische Investoren seit über zehn Jahren einen Bogen um den Standort Deutschland machen, während Investitionen im Ausland deutlich gestiegen sind, hängt nicht nur, aber auch mit unseren Steuersätzen zusammen.

Immerhin hat die CDU/FDP-Koalition damals mit dem »Petersberger Beschluss« ein Konzept vorgelegt, von dem der BDI sagen konnte, es werde der deutschen Wirtschaft weiterhelfen. Dieses sichere Erfolgsinstrument, das zu mehr Investitionen, mehr Arbeitsplätzen und damit mehr Wohlstand für alle geführt hätte, hat Oskar Lafontaine in geradezu sittenwidriger Weise zerschlagen – dieser Ausdruck erscheint mir auch deshalb angemessen, weil dieser Mann nichts dabei fand, in einer Bundestagsdiskussion 1998 von Herrn Stihl, Herrn Hundt und mir als einem »Trio Asoziale« zu sprechen. Offenbar waren die Stenografen des Bundestags dermaßen peinlich berührt, dass sie von sich aus die Entgleisung nicht in ihr Protokoll aufgenommen hatten; bei der späteren Durchsicht hat Lafontaine darauf bestanden, diesen Begriff, auf den er offenbar stolz war, selbst handschriftlich wieder einzufügen.

Ich empfand es damals als große Schwäche unseres politischen Systems, dass es den großen Parteien ermöglicht wurde, sich gegenseitig zum Schaden unseres Landes zu blockieren – wie wir dies jahrelang mit der Steuerreform erlebten. Als ich nach Roman Herzogs Ruck-Rede von einer Wochenzeitung gebeten wurde, meine Eindrücke in einem Kommentar zusammenzufassen, erlaubte ich mir deshalb, ausgehend von dem Phänomen der gegenseitigen Blockade, einige neue Gedanken zu entwickeln. Ich fragte mich, ob nicht gewisse Teile unseres Systems reformbedürftig sind – so schiene es mir wichtig, dass der Föderalismus gestärkt und mehr Verantwortung von oben nach unten verlagert würde. Ich fragte mich zudem, ob es richtig sei, dass Deutschland durchschnittlich alle achtzig Tage wählt, und ob man nicht grundsätzlich Wahltermine, so weit wie möglich, zusammenlegen sollte. Dann regte ich mich über einige Exzesse im Staatsapparat auf, etwa jenen, dass mit der Einführung des Euro zwar der Aufbau einer neuen Europäischen Zentralbank, samt Riesenturm in Frankfurt und über tausend Mitarbeitern, vorgesehen war, andrerseits aber niemand daran dachte, auch nur eine der neun Landeszentralbanken zu schließen. Wozu brauchen wir diese vielen LZBs, die Bundesbank und noch die EZB obendrauf? Ein Unternehmen, das so vorginge, würde Pleite machen.

Ich hatte mir also die Freiheit genommen, meine Meinung zu sagen – und löste wieder einmal eine schrille Medienkampagne gegen meine Person aus. Man attackierte mich, als hätte ich an den Festen unseres Staates gerüttelt, und Heribert Prantl von der »Süddeutschen« ging so weit, gegen mich, als überführten Verfassungsfeind, das Grundgesetz in Stellung zu bringen. Gewisse Tabus, so lernte ich damals, darf man in Deutschland nicht anrühren, und einige Wochen machte ich mir sogar Sorgen um meine persönliche Sicherheit.

Eigentlich war das ganze Theater absurd: Ich hatte ja nicht das Grundgesetz angegriffen, sondern nur den Vorschlag gemacht, es an einigen Punkten zu überdenken. Wir werden nämlich nicht darum herumkommen, auch bei uns die politischen Entscheidungsprozesse den Herausforderungen der Globalisierung anzupassen. Andere Länder werden kaum Mitleid mit uns haben, wenn wir ihnen mit den Besonderheiten unseres Parteienstaates und des Parteienegoismus erklären wollen, warum wir jahrelang über eine Steuerreform diskutieren mussten, bevor wir dann endlich eine bekommen haben, die nicht einmal besonders überzeugend ist.

Eine deutliche Verbesserung würde sich schon durch die Wiederherstellung des föderalen Systems ergeben, wie wir es einmal hatten und wie es leider kaputtgemacht wurde. In den Anfangsjahren der Bundesrepublik gab es eine klare Abgrenzung von Verantwortlichkeiten auf der einen Seite und der Steuerhoheit auf der anderen. Heute ist das heillos vermischt: Die Mehrwertsteuer geht an Bund und Länder, bei der Gewerbesteuer gibt es einen Ausgleich innerhalb der Länder. Die Mineralölsteuer wiederum bekommt ganz allein der Bund – kein Wunder, dass man gerade an diese herangeht, wenn man mehr Geld braucht und ohne die Zustimmung der Länder auskommen will. Bei der Mehrwertsteuer dagegen ist es schwieriger, weil man den Konsens mit den Ländern braucht. Kurz gesagt: Dieses System ist richtiggehend verhunzt. Selten wurde das so offensichtlich wie beim Poker um die Zustimmung des Bundesrates zur rot-grünen Steuerreform. Bundeskanzler

Schröder hatte die CDU-Politiker Diepgen, Schönbohm und Perschau »bestochen«, um Minister Eichels Gesetzesvorhaben durch den Bundesrat zu bringen.

In diesem System müssen baldmöglichst klare Linien gezogen werden: Wer Verantwortung für eine Aufgabe trägt, muss auch die Verantwortung für die Mittel haben, die man den Bürgern abverlangt, um ihr gerecht zu werden. Außerdem: Vergleicht man die Häufigkeit von Wahlen bei uns etwa mit Amerika, wo es immerhin fünfzig Gouverneure, hundert Senatoren, ein Repräsentantenhaus – übrigens mit weniger Abgeordneten als der Bundestag – und einen vom Volk gewählten Präsidenten gibt, so wählt man dort nur alle zwei Jahre. Dann ist wieder Ruhe, und die Politik kann arbeiten. Warum sollte das nicht bei uns möglich sein?

Nach dem Spendenskandal in der CDU war überall die Rede von der »Krise, in der die Chance zum Neuanfang steckt«. Politiker sprachen davon, dass wir weniger Wahltermine brauchen; andere schlugen vor, wir müssten den Bundespräsidenten durchs Volk wählen lassen; alle forderten mehr »plebiszitäre Elemente«, das heißt Volksbefragungen, Demokratie von unten. Auch mehr Föderalismus: Warum muss denn alles immer in der Hauptstadt entschieden werden? Man gab sich zerknirscht, und die Politiker gelobten in ihren Reden mehr Volksnähe. Davon ist heute nichts mehr zu spüren. Der Schock ist vorbei, man geht wieder seinem politischen »business as usual« nach.

Hat man schon wieder eine Chance verpasst? Warum zieht man nicht die Konsequenz, dass viel mehr in den Ländern, ja in den Kommunen entschieden wird? Beispiel Ladenschlussgesetz: Welch absurder Anspruch, dass in Berlin festgelegt wird, wie lang jede Kommune ihre Geschäfte zu öffnen hat. Warum soll nicht jede Kommune selbst bestimmen, ob man dort sonntags kaufen und verkaufen darf? Dann wird man schon sehen, dass die Leipziger ganz heiß darauf sind, aber die Nürnberger sie nicht lassen, weil sie selbst es nicht wollen. Welches Demokratieverständnis spricht aus solchen Vorgaben? Mit diesem betonierten Zentralismus, der den Anspruch vertritt, alle müssten zur gleichen Zeit das Gleiche tun, und zwar möglichst auf die gleiche Art, hat Deutschland in der Geschichte schon mehrmals Schiffbruch erlitten. Warum wagt man nicht mehr Demokratie, wenn man sie schon tagtäglich im Munde führt?

Nach der »Ruck-Rede« des Bundespräsidenten im Adlon, in der er an die Reformfähigkeit der Deutschen appellierte, hatte ich mir von ihm auch noch eine Verfassungsrede erhofft, in der er Hinweise auf Änderungen unseres Grundgesetzes geben würde wie zuvor für Bildung und Gesellschaft. Leider ist sie ausgeblieben, vermutlich, weil er von sich aus auf eine zweite Amtszeit verzichtet hat. Ich bedaure das sehr, denn mit seiner Autorität als Bundespräsident und seinem Ansehen als ehemaliger Präsident des Bundesverfassungsgerichts hätte er Anstöße geben können, endlich das Grundgesetz aufzuarbeiten und an die neue Zeit anzupassen.

Dabei war 1948 eigens in die Verfassung aufgenommen worden, dass das deutsche Volk nach der Wiedervereinigung über eine neue Verfassung abzustimmen habe. Diese Abstimmung ist nie erfolgt. Ich halte es für einen Skandal, dass die Parteien jeden Versuch, dies dem Volk vorzulegen, systematisch abgeblockt haben. Wir sind eines der wenigen Länder auf der ganzen Welt, in dem eine Versammlung, unter Oberaufsicht der Alliierten, dem Volk eine Verfassung gegeben hat, ohne dass dieses Volk je darüber abgestimmt hätte. Gerade anlässlich des Parteispendenskandals hätte sich die Gelegenheit geboten, Bewegung in dieses Thema zu bringen: Welche Verfassung braucht das Deutschland des 21. Jahrhunderts? Warum hat kein führender Politiker darauf hingewiesen: »Leute, jetzt haben wir über fünfzig Jahre diese Verfassung, sind über zehn Jahre wieder vereinigt – wäre es nicht an der Zeit, eine neue Verfassungskommission einzurichten, die euch irgendwann ein neues Grundgesetz zur Abstimmung vorlegt?«

Eine solche Verfassungskommission wäre tausendmal nötiger als eine zur Restrukturierung der Bundeswehr oder für die Einwanderung, bei der ich derzeit selbst mitwirke. Warum setzen wir uns nicht mit den grundsätzlichen Fragen unseres Landes auseinander? Mit der deutschen Beschaulichkeit hat die Globalisierung kein Erbarmen. Außerdem ist es ein Gebot der

Demokratie, und ich frage mich, worauf wir eigentlich noch warten. Steht nicht in der Verfassung, die Parteien dürfen an der Willensbildung des Volkes mitwirken – aber sie tun nicht nur das, sondern haben praktisch die gesamte Willensbildung für das Volk übernommen. Sie bilden sich ihren Willen, und das Volk darf darüber abstimmen. Und weil dies für die Parteien ganz praktisch ist, zeigen sie natürlich kein Interesse, eine solche Kommission einzusetzen. Wie oft habe ich mit Politikern im kleinen Kreis darüber geredet, und hörte immer wieder dieselben Worte: »Bloß nicht daran rütteln, Herr Henkel!«

Die Parteien haben unseren Staat fest im Griff und bedienen sich nach Belieben. Wenn ich im Ausland bin, treffe ich immer den dortigen Chef der Adenauer-Stiftung und dann den Chef der Friedrich-Ebert-Stiftung und es dauert nicht lange, dann taucht der Chef der Naumann- und bald auch jener der Böll-Stiftung auf, denn die Grünen haben jetzt auch ihre Stiftung, und die PDS hebt auch schon die Hand oder vielmehr: hält auch die Hand auf für eine Stiftung, die nach Rosa Luxemburg benannt ist. Denn der Staat bezahlt. Ich frage mich, wozu braucht unsere Bundesrepublik fünf verschiedene Parteienstiftungen? Aber auch hier wirkt das Kartell der Parteien, die über ihre gemeinsamen Pfründe allemal einen Konsens erzeugen und sich, ganz nebenbei, eine vom Staat bezahlte versteckte Parteienfinanzierung gönnen. Auch das gehört auf den Tisch, wenn wir von einer neuen Verfassung sprechen. Doch sobald man die Macht der Parteien angreift, sticht man in ein ähnliches Wespennest, wie ich es erlebe, wenn ich das Tarifkartell attackiere. Bundespräsident Herzog hätte die Autorität besessen, das heiße Thema anzupacken. Und ich bedaure zutiefst, dass es nicht dazu gekommen ist.

*

Zu seinem ersten Staatsbesuch in Japan hatte Roman Herzog auch einige Repräsentanten der deutschen Gesellschaft eingeladen. Unvergesslich ist mir ein Galadiner beim Kaiserpaar, weil ich an diesem Abend einige Mitglieder dieser Familie kennen lernte – zu meiner Überraschung waren es höchst interessante, kosmopolitisch eingestellte Leute, international erfahren und dabei amüsant im Gespräch. Sie schienen mir weit gebildeter und weltoffener als alle Mitglieder des japanischen Kabinetts, die ich getroffen habe – was sich schon darin zeigte, dass die kaiserlichen Verwandten alle fließend Englisch sprachen. Außerdem erfuhr ich, dass die Tochter des Kaisers in Österreich, einer der Söhne in London zur Schule ging und dass ein anderer, mit langen Haaren und Schnauzer, in der Anlage des Kaiserpalasts im gelben VW-Cabrio herumfährt. Mit dem jüngeren Bruder des verstorbenen Kaisers Hirohito, dem ich direkt gegenübersaß, unterhielt ich mich während des ganzen Essens über Dolmetscher, bis er mir plötzlich in perfektem Deutsch die Frage stellte: »Wie sieht es denn jetzt eigentlich in Berlin aus, Herr Henkel?«

Zur Begleitung des Bundespräsidenten gehörten, seinem Wunsch entsprechend, auch die Präsidenten der drei Berliner Universitäten: Professor Meier von der Humboldt-Universität, Professor Ewers von der TU und Professor Gerlach von der Freien Universität. Während der vielen Leerzeiten, die sich bei einem solchen Staatsbesuch zwangsläufig ergeben, verwickelten wir den Bundespräsidenten in erregte Diskussionen über die Bildungspolitik unseres Landes. Ich glaube, ohne es beweisen zu können, dass dieser intensive Gedankenaustausch, bei dem sowohl die Universitätsvertreter als auch die Wirtschaft ihre Positionen gegenseitig präzisieren konnten, auf Roman Herzog Eindruck gemacht hat. Mit Sicherheit haben ihm diese kontroversen Gespräche die Brisanz des Themas vor Augen geführt. In der Folge sollte er sich ihm mit großer Aufmerksamkeit zuwenden.

Ich selbst habe mich bereits seit 1988 mit dieser Problematik intensiv beschäftigt. Damals hielt ich vor dem Stifterverband der deutschen Wissenschaft ein Referat über »Studienzeiten aus der Sicht der Wirtschaft«, bei dem auch der damalige Bundespräsident Richard von Weizsäcker anwesend war. Nachdem ich als Hauptproblem der sich zuspitzenden Hochschulmisere die überlangen Studienzeiten dargestellt hatte, stellte ich am Schluss die Frage: »Was passiert, wenn nichts passiert?« Nach lebhafter Diskussion einigten wir uns, dass der Stifterverband Preise dafür ausloben sollte, wenn Universitäten, Fakultäten und Studenten besondere Leistungen zum Thema Studienzeitverkürzung erbringen würden.

Acht Jahre später, im Januar 1997, war ich wieder eingeladen, vor dem Stifterverband zu sprechen. Derselbe Raum, einige neue Gesichter und auch der Bundespräsident war ein anderer, Roman Herzog. Doch das Thema war das gleiche: die überlangen Studienzeiten. Auch heute noch leistet sich Deutschland mit einer Durchschnittsstudienzeit von vierzehneinhalb Semestern die ältesten Studenten der Welt. Ironischerweise haben wir auch die jüngsten Pensionäre. Zwischendurch arbeiten wir auch noch am wenigsten. Dass dies auf lange Frist nicht gut gehen kann, muss jedem klar sein.

Da also in den vergangenen Jahren nichts passiert war und das deutsche Bildungswesen weiter im Dornröschenschlaf lag, erlaubte ich mir den Gag, die alte Rede aus der Tasche zu ziehen und meinen Vortrag von damals zu halten, einschließlich der Frage: »Was passiert, wenn nichts passiert?« Wort für Wort. Keiner bemerkte es. Wie 1988 war man sich schnell einig, dass etwas geschehen müsse. Es war Roman Herzog, der in der Diskussion plötzlich das Wort ergriff und in seiner typischen Manier empfahl: »Einfach machen!« Sein Appell wirkte. Wenige Wochen später verabschiedete der Stifterverband ein entsprechendes Programm, mit dem sechs reformbereite Universitäten finanziell bei solchen Projekten unterstützt werden, die sich auch unter den heutigen gesetzlichen Einschränkungen realisieren lassen. Das Projekt »Reformuniversitäten« war geboren.

Einige Zeit nach seiner Rückkehr aus Japan hielt Roman Herzog im Deutschen Schauspielhaus in Berlin eine große Rede zum Thema Bildungspolitik. Wie bei der Ruck-Rede traf er auch hier ins Schwarze, indem er die Gesellschaft auf einen kaum wahrgenommenen Missstand hinwies – und den Ausweg aus der Misere aufzeigte, der für ihn nur im Wettbewerb liegen kann. Eine Gesellschaft, die sich auf allen Feldern, ob in der Wirtschaft oder im Sport, dem Wettbewerb verschrieben hat, kann diesen im Bildungsbereich nicht außer Kraft setzen. Diese Triebfeder des Fortschritts gilt an allen Hochschulen der Welt, ob in London, Harvard oder in Paris, nur nicht bei uns.

Die neueste TIMS-Studie, in der die Kenntnisse deutscher Gymnasiasten mit denen früherer Jahrgänge sowie ihrer ausländischen Konkurrenz verglichen werden, kommt zu dem Ergebnis, dass Deutschland, übrigens zum dritten Mal in Folge, qualitativ abgesunken ist und Gefahr läuft, den Anschluss ans Ausland zu verlieren. Ich sehe darin ein schlimmes Alarmsignal. Wenn man heute nach Green Cards für Informatiker ruft und gleichzeitig feststellt, dass es auch an Ingenieuren, Mathematikern, Chemikern oder Physikern fehlt, dann liegt das im Wesentlichen an unserem verfehlten Schulsystem. Wir haben zu viele Schulen, an denen »harte« Fächer abgewählt werden können und Noten nicht mehr objektiv, sondern nach dem Klassendurchschnitt vergeben werden, wodurch der Wettbewerb zwischen den Schulen ausgeschlossen wird und die Qualität sich nach unten anpasst. Föderalismus im Bildungsbereich darf nicht verhindern, dass wir zentrale, allgemein verbindliche Standards haben, nach denen sich Leistung beurteilen lässt. Ein Zentralabitur wäre hier ein erster Schritt.

Nicht minder wichtig erscheinen mir Eingangsprüfungen für Studenten. Diese würden sofort auf die Qualität der Schulen durchschlagen, da keine es sich leisten könnte, ihre Schüler nicht an der Hochschule unterzubringen. Die Eltern würden sich nicht mehr über die Zeugnisse ihrer Kinder, sondern über die mangelnde Qualität der Schulen aufregen. Neben dem objektiven Wettbewerb unter den Studienanfängern brächte eine solche Prüfung den Vorteil mit sich, dass die jungen Leute davon abgehalten würden, sich für Studiengänge einzuschreiben, die ihnen gar nicht liegen.

Ein weiteres Element, die Qualität unserer Hochschulen zu verbessern, läge in der Einführung von Studiengebühren, wie sie in anderen Ländern selbstverständlich sind. Als ich unseren damaligen Zukunftsminister aufforderte, solche Gebühren zu erheben, antwortete er mit hohlem Pathos: »Nein, ich bin dagegen, denn auch in Zukunft sollen die Kinder armer Eltern studieren können.« Gegen einen solchen Satz, der so herrlich einleuchtend klingt, kommt man in unserer Fernsehgesellschaft natürlich nicht an. Man bräuchte nämlich mindestens fünf Minuten, um dem Zuschauer zu erklären, warum ein Verzicht auf solche Gebühren unsozial ist, während die Einführung sozial gerecht wäre.

Hochschulen sind nämlich die einzige Investition, die von der Gesamtheit der Gesellschaft getragen wird, während sie doch nur rund einem Drittel zugute kommen. Gerade diese Minderheit aber erhält die besten Chancen, bevorzugte Arbeitsplätze zu bekommen und mehr zu verdienen als die anderen. Und was den pathetischen Satz des Zukunftsministers betrifft: Es gibt kein Studienmodell in Deutschland, das nicht genügend Stipendien für begabte Kinder aus einfachen Verhältnissen zur Verfügung stellte. Auch diese Tatsache ist ein typisches Vier-Augen-Phänomen: Spreche ich darüber mit einem Bildungspolitiker, gibt er mir fast immer Recht. Aber er traut sich nicht, es öffentlich zu wiederholen. Tony Blair war hier mutiger: Mit dem Hinweis, dass Studiengebühren sozial sind, hat er sie in England eingeführt. Vergleichbare Courage haben in Deutschland nur wenige, wie der Kultusminister von Baden-Württemberg, von Trotha, oder der Kultusminister von Niedersachsen, Oppermann, aufgebracht; Letzterer, obwohl er SPD-Mitglied ist.

Warum eigentlich stemmen sich so viele Bildungspolitiker gegen Studiengebühren? Ich bin sicher, aus Angst vor Wettbewerb. Sobald eine Hochschule sich gut genug glaubt, sie erheben zu können, kann sie sich nicht nur ihre Studenten selbst aussuchen – Stichwort Eingangsprüfung –, sondern wird gerade auch solche anziehen, die ihr Geld möglichst gut investieren wollen. Automatisch steigt damit ihr Leistungsniveau, die Hochschule wird attraktiv und zieht weitere Hochbegabte auch aus dem Ausland an. Dass demgegenüber die Gebührenfreiheit einen besonderen Vorteil brächte, wird schon durch die niedrige Zahl ausländischer Studenten an deutschen Hochschulen widerlegt – während immer mehr Deutsche bereit sind, für ein Studium im Ausland ein erhebliches Maß an Gebühren zu entrichten.

Die Attraktivität unserer Universitäten hat gerade für hoch begabte Deutsche in den letzten Jahren deutlich abgenommen.

Sie zieht es an die berühmten Hochschulen im Ausland, deren Diplome und akademische Grade ihnen einen besseren Berufsstart ermöglichen. Als ich 1997 vor den Studenten der renommierten London School of Economics einen Vortrag hielt, wunderte ich mich, in welch perfektem Deutsch die anschließenden Diskussionsbeiträge vorgetragen wurden. Hinterher fragte ich den Direktor, Anthony Giddens, wo seine Studenten so gutes Deutsch gelernt hätten. »Wieso?«, entgegnete er überrascht. »Das sind doch Deutsche. Unter meinen dreitausend Studenten sind mindestens vierhundert aus Ihrem Land.« Sie ziehen also den heimischen Hochschulen ein Studium in London vor, obwohl sie dort hohe Studiengebühren entrichten müssen.

Ein interessanter Nebenaspekt der TIMS-Studie, der von den Kultusministern in der Schublade gehalten wird, ist übrigens das unterschiedliche Leistungsniveau innerhalb Deutschlands. So sind etwa die Gymnasiasten in Bayern denen in Hamburg um achtzehn Monate voraus, was wohl nicht an den Genen, sondern ganz offensichtlich am Schulsystem liegt. Aber auch an dieses Tabu will man nicht herangehen. Was kann man tun? Roman Herzog hat in seiner Rede die Rezepte in Grundzügen beschrieben und dabei das Prinzip des Wettbewerbs in den Mittelpunkt gestellt. Nie werde ich den letzten Satz seiner Rede vergessen: »Entlassen wir unser Bildungssystem in die Freiheit!«

*

Ende 1997 hatte mich der »Spiegel« gebeten, ein wirtschaftspolitisches Streitgespräch mit dem Kanzlerkandidaten der SPD, Gerhard Schröder, zu führen. Wir kamen schnell auf mein Lieblingsthema Flächentarif zu sprechen, und ich wies darauf hin, dass die vielen Ausnahmen, mit denen in den neuen Bundesländern das Tarifrecht umgangen würde, sich als nötig erwiesen hätten – und damit auch als vorbildhaft für den Westen. Warum also, dies meine Forderung an den Kandidaten, zog man nicht die nötigen Schlüsse und liberalisierte dieses veraltete Instrument.

Kaum war das Gespräch veröffentlicht, wurde mir in der

Presse vorgeworfen, ich hätte »zum Gesetzesbruch aufgerufen«. Ich befand mich damals gerade auf Ägyptenurlaub am Roten Meer – als vielleicht einziger Deutscher, da die anderen Touristen nach dem Massaker in Luxor ausgeblieben waren – und erhielt einen dringenden Anruf von Sabine Christiansen. Sie würde jetzt eine neue Talkshow starten, zu deren Premierensendung sie mich gern einladen wolle. Nein, ich bräuchte meinen Urlaub nicht zu unterbrechen, das ginge per Konferenzschaltung von Kairo aus. Ich stimmte nur deshalb zu, weil ich den Deutschen daheim versichern wollte, dass sie in Ägypten wieder ganz unbesorgt Urlaub machen konnten und ihre Sicherheit, wie mir ein Minister zugesagt hatte, gewährleistet sei.

Leider nahm das TV-Gespräch eine andere Richtung. Ich saß auf einem Balkon in Kairo, unter mir die erleuchtete City, und während des Wartens war es ziemlich kalt geworden; zudem hatte ich den bisherigen Verlauf der Talkshow nicht verfolgen können, da ich erst später zugeschaltet wurde. Plötzlich sah ich mich mit dem »Spiegel«-Gespräch konfrontiert. Man stellte mich also zur Rede, vor laufender Kamera, während ich fror wie ein Schneider. Zu allem Unglück konnte auch Wolfgang Schäuble, der unter den Gästen war, der Versuchung nicht widerstehen, mir wegen meiner angeblichen »Aufforderung zum Gesetzesbruch« eins auf den Deckel zu geben. Für mich ein toller Start ins neue Jahr.

Kaum zurückgekehrt, erfuhr ich, welche Wellen meine offenherzige Stellungnahme geschlagen hatte. Eine Woche später stand eine Äußerung von mir im »Focus«, Norbert Blüm genösse am Bonner Hof Narrenfreiheit, womit ich ungewollt die Medienkampagne gegen mich weiter anfachte. In der übrigen Presse stand nämlich zu lesen, ich hätte ihn einen »Hofnarren« genannt; was aber höchstens indirekt der Fall war. Im Übrigen fand er selbst, wie er mir später versicherte, die Bezeichnung ganz gelungen – Hofnarren seien bei Hofe nun einmal die Klügsten gewesen und durften sogar dem König widersprechen. Letzteres hat Blüm in seiner langen Amtszeit leider zu selten getan.

Damals wurden erste Stimmen laut, die, auch aus diesem

Grund, meine erneute Wiederwahl zum BDI-Präsidenten im November 1998, verhindern wollten. Eigentlich hatte ich selbst nur zwei Wahlperioden eingeplant, und, ehrlich gesagt, schienen mir nach vier Jahren in diesem Ehrenamt genug Opfer gebracht. Es war mir also nicht einmal so unlieb, dass man über Alternativen nachdachte. Allerdings kannte ich mich wieder einmal selbst am schlechtesten: Als sich die ersten Kandidaten unter Hinweis auf meine »Schwächen« ins Spiel brachten, wurde in mir ein Reflex ausgelöst, man könnte es auch Sportsgeist nennen, und ich dachte: Jetzt erst recht.

Während der Bundestagswahlkampf in vollem Gange war, hatte ich das erste Exemplar unseres Manifests »Für ein attraktives Deutschland« dem Bundespräsidenten übergeben können, mit besonderem Dank für die Ideen, die er beigesteuert hatte. Das zweite Exemplar war Gerhard Schröder, das dritte dem damaligen Bundeskanzler überreicht worden. Ich hatte meine Arbeit also geleistet, und in einer dritten Amtszeit, die satzungsmäßig für mich noch möglich war, wollte ich diese Vision ein weiteres Stück vorantreiben. Ich kandidierte also.

Damals wurden wir immer wieder aus den eigenen Reihen aufgefordert, die Kohl-Regierung zu unterstützen, da die Alternative doch viel schlechter sei; gleichzeitig erwartete auch Schröder, der sich als »Genosse der Bosse« profiliert hatte, dass ich mich für ihn einsetzte. Doch blieb ich meiner alten Devise treu, mich immer nur an der Sache zu orientieren und nicht an den Personen – was ihm offenbar fremd war: Nach einem Messerundgang in Hannover, den ich zusammen mit Schröder, samt Händedruck und artigem Lächeln vor den Kameras, absolviert hatte, ging ich zu unserer Pressekonferenz hinüber, in der ich die Parteiprogramme von Rot-Grün unter die Lupe nahm. Ich sprach sehr kritisch darüber, welche Konsequenzen diese Pläne für den Wirtschaftsstandort Deutschland mit sich bringen würden. Hinterher erfuhr ich aus der niedersächsischen Staatskanzlei, dass Schröder sehr erbost war über diesen »Vertrauensbruch«. Zwischenzeitlich hat er mir wohl vergeben und zu meinem sechzigsten Geburtstag eine launige Rede gehalten. In meiner spontanen Erwiderung sagte ich, es gebe mindestens einen Unterschied zwischen dem alten und dem neuen Kanzler – der neue sei nicht so nachtragend.

Was bewirkte unser Konzept »Für ein attraktives Deutschland«? Vielen Menschen wurde zum ersten Mal bewusst, dass der BDI nicht als Lobbyorganisation für die Großindustrie wirkt, sondern sich als Anwalt für die Interessen der gesamten Gesellschaft versteht. Auch sonst waren die Reaktionen einhellig positiv, wenn auch aus gewissen Pressekreisen keinerlei Resonanz kam. Offenbar wollte man uns diesen Erfolg einfach nicht gönnen. Den Politikern aber sagte ich, dass sie in Zukunft vom BDI an diesen Vorgaben gemessen würden – egal, welche Partei in Bonn das Rennen machen würde.

Damals war Gerhard Schröder bemüht, ein interessantes Schattenkabinett aufzustellen, und er zog für das Ressort Wirtschaft einen Mann aus dem Hut, der mir schon öfters aufgefallen war – Jost Stollmann. Er war früher einmal PC-Händler für IBM-Produkte gewesen und äußerte in den Medien gern flotte Sprüche zur Lösung aller gesellschaftlichen Probleme. Sein Motto: »Wir Deutschen sind die Größten und Besten, lasst uns nur machen.« Er kam mir vor wie eine Neuauflage von Daniel Goeudevert. Nachdem er unter großem Beifall der Presse ins Schattenkabinett eingetreten war, wurde mir immer deutlicher, dass er, bei aller erfrischenden Unbefangenheit, außer wirren Parolen nichts anzubieten hatte. Für den Wahlkampf schien das gerade recht – wer wollte schon von Reformen hören, die den Menschen Opfer abverlangen würden.

Zwar dämmerte irgendwann den Spitzen der SPD, auf welchen Typen sie sich da eingelassen hatten; doch Schröder konnte in aller Ruhe abwarten, da er ohnehin an eine große Koalition glaubte. Bis zur Wahl würde Stollmann die junge Startup-Generation ins SPD-Lager treiben, und am Tag danach würde er ihm sagen: »Tut mir Leid, Jost, ich muss jetzt den Wissmann nehmen, der Koalitionspartner besteht darauf.«

Dann kam Rot-Grün. Niemand war darauf vorbereitet gewesen. Noch um 20 Uhr am Wahlabend sah man Schröder als Kanzler und Schäuble als seinen Vize, der außerdem das Außenministerium beanspruchte – und nebenbei unter Beweis stellen würde, dass auch ein Kanzler im Rollstuhl eine gute

Figur machen konnte. Sicherlich war auch Schröder davon ausgegangen, dass sich viele seiner Wahlkampfversprechen, wie die Rücknahme der Schäuble-Reformen, die er Oskar zugestehen musste, mit dem Wahlabend von selbst erledigten, da der Koalitionspartner das nicht mittragen würde. Dass es dann anders kam, bedeutete für alle einen Schlag ins Kontor.

Die Folge war, dass wir sechs Monate lang unter Kanzler Schröder die Rezepte Oskar Lafontaines verschrieben bekamen, darunter die Rücknahme der Reformen und ein so genanntes Steuerentlastungsgesetz, das die Wirtschaft allein für die erste Legislaturperiode mit dreißig Milliarden mehr belasten sollte. Auch der Ausstieg aus der Kernenergie oder die Einführung der Ökosteuer wären mit einer großen Koalition nicht denkbar gewesen. Viele Leute in der SPD sahen diese Entwicklung genauso kritisch wie ich selbst. Sechs Monate lang musste Schröder seinem Kollegen Lafontaine sozusagen das Steuer überlassen – dann zog er aus seiner im Kabinett geäußerten Einsicht, »wir können nicht dauernd gegen die Wirtschaft regieren«, die Konsequenzen. Durch Lafontaines Rücktritt konnte er in vielen Punkten eine dramatische Kehrtwendung einleiten – von dessen Verschuldungspolitik bis hin zu einem umfassenden Sparpaket und der Steuerreform. Ich war ehrlich überrascht.

Nun hatte Schröder zu Anfang seiner Amtszeit einige Fehler begangen, von seinen etwas unseriösen Fernsehauftritten bis hin zur noblen Brioni-Ausstattung, was ihm die Ungnade der Medien einbrachte. Damals verging kein Tag ohne eine Breitseite der Bildzeitung, keine Woche ohne Beschuss durch »Spiegel« oder »Focus«. Mir persönlich fiel auf, dass die Regierung, trotz Lafontaines Rücktritt, angeschlagen war, und dass die sich häufenden Misserfolge an Schröders Selbstbewusstsein nagten. Wenn man ihn kennt, dann will das schon etwas bedeuten.

Ich lernte ihn als Ministerpräsidenten von Niedersachsen kennen. Schon damals gehörte er für uns zu den Hoffnungsträgern innerhalb der SPD. Er hatte die Wirtschaft und auch mich durch einige Gaben beeindruckt, die nur wenige Politiker besitzen: Er konnte zuhören, er begriff schnell und war sehr pragmatisch. Die Karriere vom Juso zum Kanzler mit Brioni-Anzug und Zigarre, das ist eine ähnlich ungewöhnliche Laufbahn wie, sagen wir, vom Kühne & Nagel-Lehrling zum BDI-Präsidenten. Insofern entdeckte ich immer gewisse Parallelen, aber dabei blieb es auch. Sicherlich verfügt er über einen Machtinstinkt, der dem Kohl'schen in keiner Weise nachsteht. Er ist aber umgänglicher, auch angenehmer im Gespräch, weil er nicht monologisiert und ständig die Macht seines Amtes demonstriert; ja, er geht fast entwaffnend natürlich damit um. Und er kokettiert auch nicht, wie Kohl, indem er dauernd sagt, »ich bin ja nur der Bundeskanzler«. Seine Haltung ist eher die: »Ich weiß, ihr kocht auch alle nur mit Wasser.« Und das verleiht ihm schon ein gewisses Maß an Selbstbewusstsein.

*

Im November 1999 ist der BDI, nach einem halben Jahrhundert in Köln, nach Berlin umgezogen. Den Umzug feierten wir zusammen mit dem fünfzigsten Jubiläum im kleinen Rahmen, ohne Öffentlichkeit, in Köln. Mir sind die rauschenden Jubiläumsfeste zum fünfzigsten, fünfundsiebzigsten oder hundertsten Gründungstag schon immer ein Gräuel gewesen; außerdem bin ich nicht sicher, ob die Angabe wirklich korrekt ist, dass wir erst seit fünfzig Jahren existieren. Das gilt nur, soweit wir uns von der Geschichte unseres Vorgängerverbandes absetzten, der 1945 von den Alliierten aufgelöst worden war. Wie oft bin ich an der Ahnengalerie der früheren Industrie-Präsidenten vorbeigegangen und habe darüber nachgedacht, was das wohl für Leute gewesen sind, die zwischen 1933 und 1945 an der Spitze des damaligen »Reichsverbandes« gestanden haben. Ich hätte gern etwas mehr über sie erfahren – vielleicht findet sich einmal ein Doktorand, der sich dieses Themas annehmen möchte.

Der Abschied von Köln war bereits von meinem Vorgänger beschlossen worden. Doch als ich mein Amt antrat, musste ich feststellen, dass zwar auch die anderen Organisationen, nämlich BDA und DIHT, den Umzug planten, allerdings jede in ein anderes Gebäude. Was lag näher, als die drei Verbände unter ein gemeinsames Dach zu bekommen. Dieses Ziel setzte ich mir gleich zu Anfang meiner Amtszeit, und die Beharrlichkeit zahlte sich aus. Letzten Endes fand ich Unterstützung bei allen Verbänden, auch wenn einer von ihnen sich sehr besorgt gab um seine Unabhängigkeit und sein Prestige. Heute sitzen wir tatsächlich in drei verschiedenen Gebäuden – aber eben unter derselben Adresse und unter einem Dach.

Mit dem Umzug des BDI habe ich auch meinen ersten Wohnsitz in die Hauptstadt verlegt. Ich zog in die Mitte Berlins, wo immer »etwas los ist«, wo man praktisch täglich die Veränderungen der Gesellschaft beobachten kann: Jeden Tag entsteht eine neue Galerie, wird eine Fassade restauriert, und am nächsten Tag gleich wieder mit Grafitti eingesprüht. Ich gehe, wenn ich Zeit habe, zum Essen in den kleinen Sushi-Laden um die Ecke oder zum Inder, ich schlendere durch die »Szene« in der Oranienburger Straße, und natürlich besuche ich, wie eh und je, die Jazzkneipen, in denen immer noch, wie vor vierzig Jahren, die alten tollen Stücke gespielt werden. Die Rolle, die Paris in den Fünfzigern, London in den Sechzigern und New York in den Siebzigern in der Weltkultur spielte, sie ist heute, da bin ich mir sicher, auf Berlin übergegangen.

Berlin brachte mir auch eine höchst kafkaeske Erfahrung, die an jene alten Zeiten erinnert, in denen die Gesellschaft noch in Obrigkeit und Untertanen aufgeteilt war: Als ich 1999 meine Wohnung bezog, brauchte ich eine neue Putzfrau. Da ich sie, im Gegensatz zu den meisten Mitbürgern, nicht »schwarz« arbeiten lassen konnte – die »Spiegel«-Affäre steckte mir noch in den Knochen –, versuchte ich, eine solche Hilfskraft nach dem 630-Mark-Gesetz einzustellen. Ich rief also beim Arbeitsamt an, wurde mehrmals weiterverbunden und gelangte schließlich zu einer offenbar kompetenten Person, die mir sagte: »Dazu brauche ich erst einmal Ihre Betriebsnummer.« »Wieso«, fragte ich verdutzt, »ich bin doch kein Betrieb, sondern eine Privatperson.« Sie: »Nein, nein, die müssen Sie haben, aber die kann ich Ihnen auch geben.«

Es folgte eine wahre Flut von Formularen, die ich lesen und ausfüllen musste, was mir aber beim besten Willen nicht gelingen wollte. Ich kam, nach längerem vergeblichem Bemühen, zu dem Schluss, dass ich nicht in der Lage war, eine 630-Mark-

Kraft einzustellen, ohne das Risiko zu laufen, das Gesetz irgendwo zu verletzen. Das konnte ich mir nicht leisten. Ich holte also den Rat einer Rechtsanwältin ein und füllte mit ihrer Hilfe die vielen Anträge und Formulare aus. Nachdem ich endlich eine Betriebsnummer hatte, musste ich feststellen, dass ich trotzdem keine Putzfrau fand – keine der Damen, die sich bei mir vorstellte, war bereit, die Wohnung auf der Basis des 630-Mark-Gesetzes zu putzen, das heißt, sie erklärten unter allen möglichen Vorwänden, dass sie doch keine Zeit hätten und Ähnliches.

Schließlich hatte ich Glück mit einer Polin, das heißt, Glück wäre übertrieben: Denn nun verlangte das Arbeitsamt, dass ich vom Finanzamt eine »Freistellungsbescheinigung« besorge, was konkret bedeutete, dass die Putzfrau sich eine besorgen musste. Insgesamt dreimal ging sie zur Behörde, um die verlangte Bestätigung zu bekommen, was sie – und mich, der es ihr bezahlte – vier Stunden kostete. Damit war der Papierkrieg noch nicht vorbei. Weitere Formulare trafen ein, die ich zur Sicherheit an die Anwältin weitergab, da meine Polin in eine Kategorie fiel, die dort noch nicht vorgesehen war. Mit anderen Worten: Wir konnten ein Gesetz, das im Vorjahr erlassen worden war, beim besten Willen nicht befolgen, weil die richtigen Formulare dafür fehlten. Ich habe die ganze Farce dokumentiert und an die Herren Riester, Müller und Schily geschickt. Riester antwortete sinngemäß, so viel schlimmer als früher sei es doch gar nicht.

Noch jetzt bin ich in jedem Monat eine halbe Stunde damit beschäftigt, sicherzustellen, dass die komplizierten Regeln des Gesetzes im Fall meiner Putzfrau eingehalten werden. Mittlerweile habe ich Herrn Riester einen weiteren Brief geschickt, in dem ich ihn über die neuesten Auswüchse im Zusammenhang mit der Einstellung einer 630-Mark-Kraft auf dem Laufenden halte. Ich habe ihm zudem bestätigen können, das sein Gesetz tatsächlich Arbeit schafft – bei mir und meiner Rechtsanwältin. Auf die Antwort warte ich noch.

10

Als 1997 der kubanische Industrieminister beim BDI um einen Besuchstermin nachfragen ließ, zögerte ich, ihn überhaupt zu empfangen. Denn zu Kuba fielen mir eigentlich nur die Aspekte Unfreiheit, Unterdrückung und Planwirtschaft ein. Was sollte ich mit einem Repräsentanten dieses Landes zu besprechen haben, das, zusammen mit Nordkorea und einigen anderen schrägen Staaten, die letzte Insel des Kommunismus bildete? Und die Erinnerung an den Revolutionär Fidel Castro, der, mit Kampfanzug und Zigarre, sein Land auf eigene Faust vom Diktator befreit hatte, war längst überlagert vom Wissen, dass er sich selbst sehr schnell an dessen Stelle gesetzt hatte.

Dennoch ließ ich mich von meinen Leuten überzeugen, dass für uns kein Markt zu klein sei, um nicht die wirtschaftlichen Interessen unseres Landes zu vertreten, und sagte zu. Begleitet wurde er vom kubanischen Botschafter, der dieses Amt bereits zu DDR-Zeiten innehatte und, wie zigtausend andere Kubaner, die mit ihm dort gelebt hatten, hervorragendes Deutsch sprach. Während unserer Unterhaltung musste ich überrascht feststellen, dass sich die beiden Herren, die ich für Funktionäre alten Typs gehalten hatte, in ihren Ansichten nicht von Vertretern des modernen demokratischen Südamerika unterschieden. Beim Hinausgehen lud mich der Industrieminister, ganz en passant, zu einem Besuch in Kuba ein, worüber ich, schon um ihn nicht zu kränken, nachzudenken versprach.

Wie so oft wurde aus einer höflichen, nur halb ernst gemeinten Bemerkung doch ein seriöses Projekt. Der Industrieminister hatte diese Idee nicht nur im eigenen Land, sondern auch in der Außenwirtschaftsabteilung des BDI mit einiger Hartnäckigkeit vorangetrieben, und so machte sich im Mai 1999 eine fünfzigköpfige Delegation auf den Weg nach Havanna, um das Terrain zu sondieren. Schon bei der Landung überkam mich das Gefühl, in die Vergangenheit zurückzukehren: Am Rand des Flugfeldes rosteten mehrere alte, halb ausgeschlachtete Iljuschins und Tupolews vor sich hin, offenbar als Ersatzteillager für Maschinen gleichen Typs verwendet, die noch ihren Dienst in der kubanischen Staatslinie versahen. Und überall fuhren klapprige Autos herum, die bei uns allenfalls noch in Museen zu bestaunen sind: Vorkriegsmodelle mit riesigen Kotflügeln und Ersatzrad am Heck, Straßenkreuzer mit Heckflossen und Lastwagen aus den Zeiten des Kalten Krieges verwandelten das Land in eine riesige Classic Car Show.

In der VIP-Lounge wurden wir sogleich von der Stellvertretenden Handelsministerin begrüßt, und man versorgte uns mit Erfrischungen – allerdings nicht nur, wie von uns gewünscht, mit Wasser und Tee, sondern auch mit »Mojitos«, einem Drink aus Zuckerrohrrum und Pfefferminzblättern, den einst Ernest Hemingway salonfähig gemacht hatte. Zeit zum Trinken hatten wir genug, der Aufenthalt in der VIP-Lounge schien uns fast so lange zu dauern wir der ganze Flug. Warum wir hier, wenn auch auf höchst freundliche Art, festgesetzt wurden, während ganze Touristenscharen an uns vorbeizogen, war uns nicht klar. Erst später entdeckten einige Kollegen in ihrem Gepäck Veränderungen, was den Schluss nahe legte, dass der allgegenwärtige Geheimdienst unsere Koffer einer besonders eingehenden Inspektion unterzogen hatte.

Als sich unsere Fahrzeugkolonne vom Flughafen wegbewegte, war die Misere des Landes nicht mehr zu übersehen – obwohl die Straße zum Hotel sehr breit war, mussten unsere Limousinen immer wieder abbremsen, um im Kriechgang durch tiefe Schlaglöcher zu fahren. Da es sich hier um die Hauptverbindungsstraße zwischen Flughafen und Stadt handelte, konnte man, was den Zustand des übrigen Verkehrsnetzes anging, nur die traurigsten Schlüsse ziehen. Nach diversen Gesprächen mit Ministern und den obligatorischen Betriebsbesichtigungen war uns klar, dass hier für uns nicht allzu viel zu erwarten war.

Dem entsprach auch ein Blick auf die Statistik: Unser Land kam beim Handel mit Kuba erst an fünfter oder sechster Stelle, was eigentlich verwundern musste, da dessen Partner Nummer eins, die USA, wegen des Embargos ganz ausfiel. Dass Länder wie Italien, Kanada oder Holland hier erfolgreicher waren, lag offenbar an den Altschulden, die Kuba gegenüber der DDR und nun dem Nachfolgegläubiger Bundesrepublik hatte. Es ging um eine knappe Milliarde Mark, und wir bestanden zu Recht auf Rückzahlung. Nur konnte Kuba sich das nicht leisten, und wer jemals einen Fuß auf die Insel gesetzt hat, weiß auch, warum. Der Fehler der Bundesregierung bestand nun darin, dass sie die Vergabe von Hermes-Krediten zur Absicherung von Investitionen an eine solche Rückzahlung knüpfte. Dies entspricht zwar der Logik eines Gläubigers, nicht aber der Logik des Handels. Alle anderen Partner, so erfuhr ich, gaben Kuba die erwünschten Kredite, und diese wurden überraschenderweise auch bedient. Nur mit uns konnte man nicht ins Geschäft kommen. Nach meiner Rückkehr habe ich mich sofort dafür eingesetzt, dieses Junktim zwischen Schuldenabtragung und Hermes-Bürgschaften abzuschaffen, und in der Tat wurde dieses Handelshindernis im Jahr 2000 aufgehoben.

Dem Problem der Kreditrückzahlung, zu der nun einmal Devisen nötig sind, hat die kubanische Regierung auch dadurch Rechnung getragen, dass sie den Dollar offiziell als zusätzliche Währung zugelassen hat. Auf diese Weise erhält Kuba tatsächlich durch den wachsenden Tourismus Zugriff auf Devisen – die Deutschen nehmen mit fast 200 000 Besuchern im Jahr hinter den Kanadiern Platz zwei ein –, und auch die rund eineinhalb Millionen Exilkubaner und ihre Nachkommen, die zumeist in Florida leben, schicken reichlich Dollars ins Land. Zwar kann sich Kuba nun mehr ausländische Waren leisten, muss aber den Nachteil in Kauf nehmen, dass seine Gesellschaft nun ziemlich drastisch – wie zuletzt in Zeiten des Diktators Batista – in zwei Klassen gespalten wird: Jene, die Dollars haben, und jene, die nicht.

Die Könige der kubanischen Gesellschaft sind heute die Kellner, die Friseure, die Taxifahrer und die Prostituierten – die so genannten »Jineteras«, also Reiterinnen –, die sich neuerdings diskret im Hintergrund halten. Wer die Insel besucht, kann die absurden Konsequenzen dieser heimlichen Zwei-Klassen-Gesellschaft auf Schritt und Tritt besichtigen: Ein Gepäckträger am Flughafen von Havanna verdient durch das Schleppen von zwei Koffern genauso viel wie ein Universitätsprofessor der Universität Santiago in einem Monat – nämlich drei Dollar in lokaler Währung. Als Folge stellt sich eine völlige Verzerrung der gesamten Wirtschaft, damit auch der Gesellschaft ein. Man rechnet und lebt in zwei unterschiedlichen Koordinatensystemen, die miteinander völlig inkompatibel sind. Es dürfte nur eine Frage der Zeit sein, bis dieses System zusammenbricht.

Die interessanteste Facette Kubas ist für mich die Altstadt von Havanna, durch deren Straßen ich stundenlang gewandert bin. Sie erinnerte mich seltsamerweise an Berlin, und zwar an die Gegend um den Prenzlauer Berg unmittelbar vor der Wende. Kein Haus hatte mehr eine ansehnliche Fassade, die Stahlträger vieler Balkons waren durchgerostet, andere bereits auf die Straße gestürzt. Dächer waren halb abgedeckt, die Bewohner des obersten Stockwerks hatten sich ins darunter liegende verändert, um, sobald auch diese Etage unbewohnbar geworden war, wiederum ins nächst niedrigere zu ziehen, bis nur noch das Erdgeschoss eine trockene Bleibe bot. Sobald auch hier der Regen durchgedrungen war, hatte man das Haus verlassen.

Die Spaziergänge entlang dieser Ruinen berührten mich sehr, denn ich konnte mir lebhaft vorstellen, wie schön Havanna einmal gewesen war – in den verschiedensten Stilrichtungen dieses Jahrhunderts erbaut, vom spanischen Klassizismus über den Jugendstil bis zu Art déco. Doch war in den letzten vierzig Jahren kaum etwas getan worden, um diese Häuser zu erhalten. Die einstigen Besitzer waren von Fidel Castro enteignet worden, wenn sie sich nicht schon vorher nach Miami geflüchtet hatten; die neuen Bewohner, aus ländlichen Gegenden ins gelobte Havanna geströmt, hatten sich mietfrei eingerichtet und keinerlei Gefühl dafür entwickelt, dass sie ihre neuen Unterkünfte pflegen und erhalten mussten. Doch werfe ich das nicht den Menschen vor, sondern allein dem System, das ihren Sinn für Eigentum unterdrückte, wodurch sie auch keine Verantwortung dafür entwickeln konnten. Wie in Gleichheitssystemen üblich, lernten sie, dass Eigeninitiative sich nicht lohnt, und so konnte sich ihre Kreativität auch nicht entfalten. Am Prenzlauer Berg war es nicht anders: Wenn dort die Bewohner ihre Häuser verrotten ließen, dann weil sie weder einen Anreiz hatten – die Wohnungen gehörten ihnen nicht – noch das Material, um die Schäden auszubessern. Und die Hausbesitzer selbst bekamen so lächerliche Mieten, dass sie überhaupt nicht in der Lage waren, in ihre Häuser zu investieren.

Auf einem dieser Spaziergänge erinnerte ich mich an ein Erlebnis, das ich 1983 bei meinem ersten Besuch in Dresden hatte. Ich war einige Tage vorher in einer Ausstellung von Dresdner Kunstschätzen in New York gewesen, wo ich das Grüne Gewölbe und andere Kunstwerke des alten Sachsen bewundern konnte. Nun stand ich, noch ganz unter dem Eindruck vom »Glanz Dresdens« – so der Titel der Ausstellung – neben dem Trümmerberg und den letzten Ruinen der Frauenkirche, die bizarr in den Himmel aufragten. Statt mich vom Gefühl der Trauer mitreißen zu lassen, begann ich zu träumen. Ich dachte mir, wie schön es doch wäre, wenn die Frauenkirche wieder ähnlichen Glanz verbreiten könnte wie jene Ausstellung im Metropolitan Museum. Und ich überlegte, ob man nicht einige westdeutsche Kollegen dafür gewinnen könnte, Geld zusammenzulegen, um Honecker den Wiederaufbau schmackhaft zu machen.

Leider blieb es vorerst nur ein Traum, den ich nicht weiter verfolgte. Doch ein paar Jahre später ergab sich die Gelegenheit, mit Herrn Röller, dem damaligen Chef der Dresdner Bank, über jene New Yorker Ausstellung und auch den Trümmerberg der Frauenkirche zu sprechen. Es stellte sich heraus, dass Röller selbst Sachse war und schon von daher eine besondere Verantwortung für dieses einstige Wahrzeichen Dresdens empfand. Im gleichen Atemzug gestand er mir, dass bereits Überlegungen angestellt würden, den Namen Dresdens aus dem

Titel seiner Bank zu entfernen, da viele Geschäftspartner meinten, es handle sich um eine Bank aus der DDR. Als dann die Wende kam, war er doch froh, davon Abstand genommen zu haben. Für mich war es damals eine Ehrensache, dass sich die IBM, als eine der ersten Firmen nach dem Mauerfall, für den Wiederaufbau der Frauenkirche stark machte, übrigens Seite an Seite mit Herrn Röllers Dresdner Bank.

An diesen Traum, der nun bereits Wirklichkeit zu werden begann, erinnerte ich mich inmitten der abgeblätterten Pracht des alten Havanna. Und ich dachte, wie damals, wenn sich doch nur jemand fände, der dies alles wieder in Ordnung brächte und aus den Trümmerbergen die einstige Schönheit wieder erstehen ließe. Wer heute Havanna besucht, kann an einigen Stellen bereits Ansätze dazu entdecken. Unter der Leitung eines sehr fähigen Konservators wurde, mit internationaler Hilfe, ein Projekt gestartet, das in der Altstadt den ersten Straßenzügen wieder zu altem Glanz verholfen hat. Dennoch scheint es mir, angesichts der gewaltigen Aufgabe, ein fast verlorenes Rennen. Man erzählte mir, dass in jeder Woche eines der Häuser einstürzt, und nach jedem schweren Tropengewitter eine halbe Häuserzeile. So schnell, wie das alte Havanna in sich zusammenfällt, wird es wohl keiner je aufbauen können.

Bei dem obligatorischen Stadtrundgang, den unsere Gastgeber organisierten, durften natürlich auch nicht jene Stätten fehlen, an denen Papa Hemingway gewesen war oder gewesen sein soll – ob es nun das legendäre Hotel war, in dem er schlief, oder die legendäre Bar, in der er einen Mojito nach dem anderen trank. Für mich war das nichts Ungewöhnliches. Wo in der Welt wäre ich nicht auf Orte gestoßen, an denen er nicht schon gebechert hatte: in Ostafrika, in Singapur, in Spanien oder in Key West – Hemingway war immer schon vor mir da. In einer dieser Bars in Havanna entdeckte ich ein Foto, auf dem der junge Fidel Castro mit dem Schriftsteller zu sehen war. Beide hatten bekanntlich einen Narren aneinander gefressen.

Wir wurden auch in ein Biotech-Labor der Universität von Havanna geführt, wo nach modernsten Standards pharmazeutische Produkte entwickelt wurden, deren Patente weltweit erfolgreich waren. Offensichtlich gehörte dies zu einer Kernkompetenz des Landes, die man in den Jahren seit der Revolution gefördert hatte. Neben dem Feldzug gegen Analphabetismus gehört der Ausbau der medizinischen Versorgung zu Castros Errungenschaften. Noch heute ist die ärztliche Versorgung kostenfrei und kann den Vergleich mit anderen lateinamerikanischen Ländern bestehen – allerdings gab es hier dramatische Einbrüche in den neunziger Jahren, als sich das Land überhaupt keine Importe mehr leisten konnte. Damals brach die Versorgung der Bevölkerung mit Medikamenten teilweise zusammen, doch seit Einführung des Dollars erholt sich das Gesundheitssystem wieder. Jetzt wird sogar das US-Embargo für pharmazeutische Produkte gelockert.

Als Leiter dieses hoch modernen Instituts stellte sich uns ein junger Arzt namens Lage vor, der uns erklärte, wie wichtig internationale Kontakte für ihn seien, um auf seinem Feld erfolgreich zu bleiben. Er erzählte auch, dass er sehr aufmerksam die amerikanischen und europäischen Medien verfolge, was uns insofern wunderte, als kein Kubaner an ausländisches Fernsehen oder Zeitschriften herankommt, von Internet ganz zu schweigen. Nur Touristen genießen dieses Privileg in einigen Hotels, die Bevölkerung dagegen ist nach außen völlig abgeschottet.

Wie Kuba früher Soldaten in die Welt schickte, um sozialistische Regime zu unterstützen, bietet es heute seine gut ausgebildeten Ärzte an. Wenn nötig reisen hunderte von ihnen in Katastrophengebiete, und Castro setzt diesen Exportartikel immer wieder mit großem Erfolg ein. Nebenbei bemerkt, wünschte ich mir ein solches mobiles Ärztekontingent auch für unser Land. Statt militärischer Einsätze im Ausland, die aufgrund unserer Geschichte ohnehin heikel sind, könnten wir eine weltweit operierende »Task Force« für Katastrophen anbieten. Man stelle sich vor, zehntausend deutsche Mediziner und Krankenpfleger wären über Nacht in das türkische Erdbebengebiet oder die überschwemmten Landstriche Südostafrikas geflogen – ein deutsches Emergency Corps würde uns gut zu Gesicht stehen.

Dies dürfte indes das Einzige sein, was die Kubaner heute

anderen Ländern voraushaben. Ausgenommen ihre Zigarren. Abgesehen von der Pfeife, die ich mir als Lehrling kaufte, habe ich niemals Neigung zum Rauchen verspürt, und gegen Zigarren empfand ich wegen des penetranten Geruchs, den sie hinterließen, eine regelrechte Abneigung. Dass ich vor etwa zwölf Jahren zum leidenschaftlichen Konsumenten kubanischer Zigarren geworden bin – eine am Abend zu einem Glas Rotwein –, ist die Schuld eines Mannes, dem ich auch sonst einiges zu verdanken habe. Bernhard Dorn, damals Marketinggeschäftsführer der IBM Deutschland, favorisierte bei der Anbahnung von Geschäften den persönlichen Kontakt, und das bedeutete, dass er potentielle Kunden nach Kräften verwöhnte: Er traktierte sie mit feinsten Speisen und Getränken, worauf gewöhnlich eine Auswahl erlesener Zigarren angeboten wurde. Sosehr meine – vielleicht etwas kleinkarierten – Sparreflexe dagegen rebellierten, ließ ich mich doch einmal selbst zu einem solchen Genussmittel verführen: Dorn hatte gerade auf Firmenkosten einen teuren Humidor angeschafft, den er, mit riesigen Monte-Christo-Exemplaren bestückt, nach dem Dessert herumreichen ließ; keiner, der nicht mit leuchtenden Augen zugegriffen oder sich gar eine Extrazigarre in die Brusttasche gesteckt hätte – nur ich saß, eingenebelt von den Kunden, ohne Glimmstengel da und musste durchhalten bis zum letzten doppelten Espresso. Irgendwann hielt ich es nicht mehr aus und zündete mir auch eine an. Wie soll ich es erklären? Nach wenigen Zügen war ich diesem unverwechselbaren Geschmack verfallen.

Seitdem habe ich alle Variationen gekostet, ob Romeo y Julietta, hier besonders das Format »Churchill«, oder die Hojo de Monterrey und natürlich auch die Cohiba, die vor vierzig Jahren auf Anregung Castros eingeführt wurde, dann die Partagas und neuerdings das Superspitzenprodukt, das man öffentlich gar nicht rauchen sollte, weil es so unverschämt teuer ist – jedenfalls für einen ehrenamtlich arbeitenden BDI-Präsidenten, der sie sich trotzdem ab und zu leistet: Die Diva heißt Trinidad und kostet für eine Stunde ungetrübten Genusses 65 Mark. Nun, es gibt einige Dinge, die pro Stunde mehr kosten und nicht halb so amüsant sind wie sie.

Für einen Zigarren-Aficionado wie mich, der sich zu Hause in mehreren Humidors an die hundert Zigarren hält, die gepflegt, mit der richtigen Luftfeuchtigkeit versorgt und bei konstanter Temperatur gehalten werden wollen, was nicht immer so einfach ist, führt beim Heimkommen in die Wohnung der erste Weg zu diesen verwöhnten Schützlingen: Ich prüfe, ob sie noch genügend Wasser haben oder vielleicht zu viel, und welche von ihnen ich mir an diesem Abend gönnen werde. Übrigens ist zu viel Feuchtigkeit ihr Todfeind, nicht das Austrocknen – man kann eine Zigarrenmumie nämlich wieder zum Leben erwecken. Als meine Sekretärin einmal in einem Aktenschrank eine vergessene Schachtel entdeckte, in der fünf kubanische Davidoffs steckten – eine absolute Rarität, da dieser Firma seit über zehn Jahren der Zugang zu Kuba versperrt ist –, bemerkte ich zu meinem Schrecken, dass diese Kostbarkeiten, die heute auf Auktionen gehandelt werden, völlig ausgetrocknet waren. Mit viel Geduld und unter Zuhilfenahme eines Humidors gelang es mir, sie zu befeuchten und langsam wieder zu beleben, worauf ich sie, die Beine auf dem Schreibtisch meines BDI-Büros, eine nach der anderen in köstlichen Rauch aufgehen ließ.

Unbestrittener Höhepunkt meiner Kubareise war denn auch der Besuch in der Partagas-Zigarrenfabrik von Havanna, einem mehrere Stockwerke hohen alten Holzgebäude. Schon beim Eintritt schlug mir ein Geruch entgegen, der mich an meine Kindheit erinnerte: Mein Großvater hatte in seinem Garten in Lemsahl Tabak gepflanzt, dessen Blätter er zum Trocknen in den Schuppen hängte, bevor er sie zerkleinerte und in seine Pfeife stopfte. Genauso roch es hier in dem Stockwerk, in dem getrocknete Tabakblätter sortiert wurden. Unter den Arbeitern, welche die Ware nach Größe und Qualität ordneten, fiel mir eine Frau besonders auf, die eine Zigarre, lang und dick wie ein Kinderarm, im Mund hielt. Von ihrem Blätterdeputat rollte sie sich jeden Morgen ein solches Monstrum, das sie den ganzen Arbeitstag bis zum Dienstschluss unter Dampf hielt. Die schmale Frau, sie mochte sechzig sein, kam mir vor wie ein geräucherter Hering, der Tabak schien ihren ganzen Körper durchdrungen und gebeizt zu haben, so dass sie vermutlich gegen jegliche Krankheit immun war.

Im Saal, wo die Tabakblätter gedreht wurden, musste ich mit einer gewissen Enttäuschung feststellen, dass hier nicht nur Partagas entstanden, sondern auch alle möglichen anderen Fabrikate. In einem späteren Gespräch mit dem Wirtschaftsminister habe ich deshalb angemerkt, dass derlei in einer Wettbewerbsgesellschaft nicht möglich sei. Das wäre etwa so, erklärte ich, als würde BMW bei mangelnder Auslastung die Produktion der C-Klasse von Mercedes übernehmen. Und als ich es sagte, schien es mir gar keine so schlechte Idee mehr.

Wer sich im Laden der Fabrik mit Ware eindecken wollte, stellte allerdings fest, dass ungefähr die gleichen Preise verlangt wurden wie am Flughafen in Madrid. Es gab jedoch noch andere Möglichkeiten: Während wir durch die Reihen der Zigarrendreher gingen, fiel mir auf, dass einigen von uns Telefonnummern zugesteckt wurden. Wer den Mut hatte, anzurufen, erhielt für seine Dollars die besten Zigarren zum Spottpreis – wodurch sich die Partagas-Damen und -Herren nicht nur ein schönes Zubrot, sondern ein Vielfaches ihres Arbeitslohnes erwirtschafteten. Auch auf der Straße wurde einem mit Verschwörermiene, wie früher in St. Pauli die Sexfotos, schwarze Ware angeboten, vor deren Qualität man mich aber gewarnt hatte. Die Marktwirtschaft, so scheint es, dringt in die kubanische Wirtschaft ein wie Bambussprossen durch Blumentöpfe.

Der zweite Mann des Staates, Carlos Lage, war die eindrucksvollste Person, die ich dort kennen lernte. Bruder jenes Pharmazielaborleiters und selbst studierter Mediziner, lebt er mit Frau und drei Kindern sehr bescheiden im Haus seiner Mutter. Angesichts seines geradezu asketischen Lebensstils glaube ich gerne, dass das Phänomen Korruption zumindest bei kubanischen Politikern keine Rolle spielt. Carlos wirkt sympathisch zupackend, trägt immer »hoch gekrempelte Ärmel« und ist zudem ehrlich genug, die Schwächen des Systems unumwunden zuzugeben.

Zu einem Abendempfang hatte uns der deutsche Botschafter in seine Residenz eingeladen, deren amerikanischer Erbauer die Südstaatenvilla aus »Vom Winde verweht« zum Vorbild genommen hatte, einschließlich der Freitreppe, über die Scarlett O'Hara heruntergeschwebt war. Bei dem Gespräch, an dem auch Carlos Lage teilnahm, sollte es wirklich zur Sache gehen. Ich hatte mir vorgenommen, die bei Gästen sonst übliche Zurückhaltung aufzugeben und offen meine Eindrücke zu schildern. Zu meiner Überraschung war Lage, aber auch die anderen Minister, ganz begierig darauf, alles zu hören, was mir aufgefallen war. Obwohl ich sehr offen meine Kritik vorbrachte, wirkte keiner von ihnen schockiert. Es stellte für sie offenbar nichts Neues dar.

Ich glaube, dass ich bei diesem intensiven Austausch sogar etwas bewirkt habe. Bei dem Empfang, der dem Abendessen vorausging, war mir einer von Castros Söhnen vorgestellt worden, der mit seinem Vollbart ungefähr aussah wie sein Vater vor vierzig Jahren. Er erzählte mir, dass er mehrere Jahre bei der Atombehörde in Genf beschäftigt gewesen sei, und übergab mir am Schluss der Unterhaltung eine Visitenkarte. Zu meiner Verblüffung entdeckte ich darauf eine E-Mail-Adresse. Bis dahin hatte ich geglaubt, dass das Internet, wie andere westliche Versuchungen, in Kuba strikt verboten war.

Es gab also Ausnahmen, und eben darauf hob ich beim späteren Gespräch mit Lage und seinen Ministern ab. Wie sie sich eigentlich eine Zukunft für ihr Land vorstellten, so fragte ich, ohne Anbindung an dieses internationale Netzwerk? Wie sie glauben konnten, in ihren Kernkompetenzen Gesundheitsvorsorge, Medizin und Ausbildung auf dem neuesten Stand zu bleiben, ohne Zugriff auf das Internet zu haben? Überall auf der Welt sind die Universitäten, bald auch die Schulen an diese weltumspannende Kommunikation angeschlossen – und nur das kleine Kuba glaubt alles Wissen aus eigenen Ressourcen gewinnen zu können? Wer den Zugang zur Informationsgesellschaft blockiert, so fasste ich mein Argument zusammen, versündigt sich an Kubas Jugend.

An den Mienen meiner Gesprächspartner konnte ich ablesen, dass sie meine Ansicht teilten. Doch statt dies auch in Worten auszudrücken, stimmten sie mir lieber mit Gesten zu und schienen dabei andeuten zu wollen, dass ich dies doch selbst an höherer Stelle wiederholen möge. Natürlich wussten sie, dass mein erstes Treffen mit Fidel Castro für den nächsten

Morgen anberaumt war, und ich nahm mir vor, den dringlichen Wunsch, den ich ihnen sozusagen von den Augen ablas, bei dieser Gelegenheit vorzubringen.

Es war unser letzter Tag auf der Insel, und da das Flugzeug um halb drei Uhr startete, hatte man uns zu einem späten Frühstück eingeladen. Man fuhr uns nicht zum üblichen Empfangsgebäude, sondern in einen anderen Amtssitz, der auf halbem Weg zum Flughafen lag. In dem modernen Gebäude trug uns der Fahrstuhl in ein oberes Stockwerk, wo wir, vier oder fünf Leute unserer Delegation, zuerst den Ministern vom Vorabend wieder begegneten, bis der 73-jährige Commandante selbst erschien.

Ich war überrascht: Fidel Castro, wie immer im grünen Kampfanzug mit breitem Pistolengürtel, war schlanker und feingliedriger, als ich ihn mir vorgestellt hatte, ja ich möchte sagen, er wirkte fragil, wozu ein Pflaster auf seiner linken Hand beitrug, das auf eine intravenöse Behandlung schließen ließ. Die Hand zitterte etwas. Auch seine Stimme war nicht die tiefe, dröhnende, die man von einem Volkstribunen erwartet, sondern ziemlich hoch und leise. Er musterte mich eindringlich, sozusagen von Kopf bis Fuß, was mir Gelegenheit gab, seine Hände genauer zu betrachten, die, sehr schlank und wohlgeformt, ungewöhnlich lange, gepflegte Nägel trugen. Dann erst richtete er die ersten Worte an mich.

Um zehn Uhr begannen wir mit dem Gespräch, das von seiner Seite mit einer ganzen Serie von Fragen eröffnet wurde. Vor allem interessierte ihn Oskar Lafontaine, in dem er wohl einen heimlichen Verbündeten vermutete. Über den Verlauf unseres Besuches zeigte er sich bestens informiert, er hatte sich täglich berichten lassen. Während unserer Unterhaltung wagte keiner der anwesenden Minister, mit Ausnahme von Carlos Lage, auch nur einen Ton zu sagen; andrerseits zeigte ihre Körperhaltung keine Spur von Servilität, ja ich glaubte sogar Signale wahrzunehmen, dass sie mit vielem, was ihr Führer sagte, gar nicht einverstanden waren. Die Atmosphäre war also keinesfalls gedrückt wie so oft in Politikerkreisen, sondern von Respekt und gelassenem Selbstvertrauen geprägt.

Castro, so bemerkte ich, weiß sehr viel, liest sehr viel, schaut sehr viel Fernsehen, und offensichtlich andere Programme als seine Untertanen. Unser erstes Thema war zu meiner Verblüffung das Internet. Er hätte gehört, so sagte er mir, wie vehement ich mich am gestrigen Abend vor seinen Ministern für dieses Medium eingesetzt habe – was mich erstaunte, da wir erst sehr spät auseinander gegangen waren und nun schon wieder zusammensaßen –,und er wäre seit sechs Uhr morgens mit dem Studium von Statistiken zu diesem Thema befasst gewesen, die ihm sein persönlicher Mitarbeiter Enrique Roque besorgt hatte. Während unseres Gesprächs schleppte dieses geschickte Faktotum, das ihm jeden Wunsch von den Augen abzulesen schien, ununterbrochen Tafeln mit Zahlen, Kurven und Aufstellungen herbei, um damit Castros Ausführungen statistisch zu untermauern. Auf diese Weise konnte er mich belehren, dass es durchaus schon Internetanschlüsse gab und sogar ein oder zwei lateinamerikanische Länder bei der Pro-Kopf-Versorgung hinter Kuba zurücklagen. Ob es sich dabei um Haiti handelte, ist mir nicht mehr in Erinnerung. Von diesem umtriebigen Enrique Roque, der Castros Internetgedanken mit seinen Statistiken gespeist hatte, sollte ich bald wieder hören: Drei Tage nach unserer Abreise wurde er zum Außenminister ernannt und gleichzeitig wurde die stellvertretende Handelsministerin, die uns während des Besuchs betreut hatte, zur Handelsministerin befördert.

Nach dieser Diskussion kam Castro auf das amerikanische Fernsehen zu sprechen, gegen das er sein Land ganz bewusst abschotte: Die Qualität schien ihm miserabel, und alles, was der Jugend hier vorgeführt werde, seien Gewalt, Sex und Drogen. Außerdem würde die exilkubanische Mafia von Florida aus ihre Lügen ins Land tragen. Da bedanke er sich schön. Doch auf meine Internetargumente hatte er keine Antwort parat, konzedierte am Ende sogar, dass er eigentlich meiner Meinung sei und dass sich hier etwas ändern müsse.

Dies sagte er zu seinen Leuten gewandt, die das mit Genugtuung aufnahmen und nun auch das Wort ergriffen. Gewiss, so stimmten sie zu, müsse sich die kubanische Gesellschaft baldmöglichst in eine Informationsgesellschaft verwandeln. Tatsächlich hatten wir durch diese Diskussion in der kubanischen Regierung eine Debatte losgetreten, die Früchte tragen sollte. Als ich neun Monate später wieder kam, hatte sich die Internetwelt auf der Insel entscheidend verändert, selbst einige kubanische Boutiquen sind heute ans World Wide Web angeschlossen.

Während wir zusammensaßen, begann ich doch etwas unter seinem Hang zum endlosen Monologisieren zu leiden und überlegte mir, wie ich ihn höflich unterbrechen könne. Auf Einwände wollte er nicht hören, und so musste ich einen Trick anwenden, um selbst wieder zu Wort zu kommen. Ich beschloss, ihn mit seinen eigenen Waffen zu schlagen. Da er alle seine Äußerungen mit lebhaften Gesten untermalte, begann ich nun selbst zu gestikulieren, was ihn augenblicklich zum Schweigen brachte. Er schaute auf und hörte zu. Und nicht nur das: Wenn ich meine Geste mit einem neuen Thema verband, schloss er augenblicklich das alte ab und wandte sich diesem Bereich zu.

Zwischendurch erzählte er mir, dass er als junger Revolutionsführer an die Universität Caracas eingeladen worden sei, um vor tausenden begeisterten Studenten eine Vier-Stunden-Rede zu halten; und nun, genau vierzig Jahre später, habe er, zum Revolutionsjubiläum, an derselben Stelle wieder eine Rede gehalten. Während er in der Silvesternacht 1998/99 im Bett den Text verfasste, sei ihm plötzlich klar geworden, dass das ja ganz andere Leute seien als damals, mit anderen politischen Erfahrungen, anderen Interessen. Dass die Zeit sich vierzig Jahre weiter bewegt hatte. Mit dem Hinweis, ich hätte jetzt einen langen Flug vor mir, übergab er mir seine Rede in deutscher und englischer Fassung und fügte hinzu, die Lektüre würde sich bestimmt lohnen. Sie hat sich gelohnt, unter anderem auch, weil ich am Rand die vielen Bemerkungen sehen konnte, die er selbst nach dem Vortrag angebracht hatte. Wenn er, um einen Gedanken zu betonen, das Manuskript aufs Pult hatte fallen lassen, so bemerkte er das ebenso pedantisch, wie wenn einige Zuhörer den Raum verlassen oder Zeichen von Zustimmung oder Ablehnung geäußert hatten.

Ansonsten zeigte mir die Rede, was mir schon bei unserem Gespräch klar geworden war: Castro klammert sich an einem

Weltbild fest, um seine Rolle sich selbst gegenüber zu rechtfertigen. Er ist viel zu intelligent, um ohne eine Antwort auf diese Frage leben zu können: Er muss sich einfach bestätigen, dass er seit vierzig Jahren das Richtige tut, sagt und will. Dass er und sein Land keinen fatalen Irrweg gegangen sind. Und die Rechtfertigung, an die er seit Revolutionstagen glaubt, lautet: Ich habe in Kuba das einzig vernünftige Gesellschafts- und Wirtschaftssystem, das langfristig Bestand haben kann, errichtet. Und wenn es nicht funktioniert, dann tragen andere die Schuld. Und diese anderen sind seit vierzig Jahren die Amerikaner.

Ich erzählte ihm von meinen Streifzügen durch die Altstadt. »Commandante«, sagte ich, »vierzig Jahre lang hat man die Fassaden am Prenzlauer Berg verfallen lassen, und sie sehen genauso aus wie die Häuser in Ihrer Altstadt. Sagen Sie mir, was hat der Sozialismus eigentlich gegen Fassaden?« »Nein, nein«, wehrte Castro ab. »Sie täuschen sich. Das liegt nur am Embargo der Amerikaner.« Schlagartig wurde mir klar, dass ihm dieses Embargo den Schlüssel zu allem bietet – zu seinem Machterhalt wie zur Anhänglichkeit seines Volkes. Jegliche Schwäche seines Systems, jeder Versorgungsmangel, alles lässt sich mit diesem Wirtschaftsboykott erklären. Wäre das Embargo vor zwanzig Jahren beendet worden, hätte das Land seit zwanzig Jahren eine andere Führung. Und wenn Amerika es morgen aufhebt, wird Castro morgen abtreten müssen.

»Sie müssen eins verstehen«, sagte Castro. »Unser größter Nachbar, nur neunzig Meilen von uns entfernt, verweigert den Handel mit uns. Dadurch sind wir völlig isoliert.«

»Das ist noch kein Grund, so schlecht dazustehen«, entgegnete ich. »Nehmen Sie Neuseeland. Noch weiter entfernt vom Rest der Welt, gehört es heute zu den wohlhabendsten Ländern, und zwar ganz einfach weil es ein modernes Wirtschafts- und Gesellschaftssystem hat. Dass es Ihnen so viel schlechter geht, liegt nicht nur daran, dass einer Ihrer Nachbarn sich weigert, mit Ihnen Geschäfte zu machen.«

Castro lächelte. »Das ist schon richtig, was Sie sagen. Aber Sie übersehen, dass dieses Wirtschaftssystem, das Sie uns empfehlen, auf tönernen Füßen steht. Die westliche Welt wird, glauben Sie mir, demnächst einen Crash erleben. Die Kurse an der Wallstreet sind heillos überbewertet, und außerdem ist heute Morgen der amerikanische Finanzminister zurückgetreten.« Ich war überrascht, da ich es selbst noch nicht wusste und Castro offenbar, im Gegensatz zu mir, CNN geschaut hatte. »Und jetzt sage ich Ihnen voraus, was passieren wird«, schloss Castro mit einer heftigen Geste. »Ihr Wirtschaftssystem wird endgültig zusammenbrechen.«

Ich brachte das Gespräch auf die Menschenrechte, erzählte ihm von meiner Mitgliedschaft bei Amnesty International und dass ich gehört hätte, drei Drogenhändler seien zum Tode verurteilt worden. In diesem Moment mischte sich Lage ein, und es kam zu einer interessanten Interaktion, wie ich sie vorher noch nicht beobachtet hatte; kein Streit, aber doch ein energischer Dissens, wie ich ihn niemals zwischen einem Bundeskanzler und seinem Minister erlebt habe. »Fidel«, sagte Lage, »ich bin auch gegen die Todesstrafe.«

»Eigentlich«, antwortete Castro, »bin ich auch dagegen.« Einen Moment lang war ich versucht, ihn auf die fünfhundert Exekutionen anzusprechen, die er nach der Schweinebucht befohlen hatte, was mich damals dazu bewog, dieses Idol abzuschreiben; ich wollte, aber fand dann doch nicht den Mut. Und ich erinnerte ihn auch nicht an die drei Armeeangehörigen, die er nach ihrer Rückkehr aus Angola hatte hinrichten lassen, wegen angeblichen Drogenschmuggels. »Eigentlich bin ich gegen die Todesstrafe«, wiederholte er, »aber man braucht sie in unserem Land. Denn die Drogenmafia bedroht die innere Sicherheit, und gegen diese Gefahr hilft nur die Todesstrafe.« Im Übrigen, wenn ich so dagegen sei, könne ich mich ja in Amerika um ihre Abschaffung bemühen, wo man die Delinquenten erst einmal fünfzehn Jahre lang schmoren ließe, während es in Kuba viel humaner zuginge: »In fünfzehn Wochen ist alles erledigt.«

»Commandante«, entgegnete ich, »überlegen Sie sich einmal, wenn Sie die Todesstrafe abschafften, welchen Vorsprung Sie dadurch in den Augen der Weltöffentlichkeit gegenüber Amerika gewännen.«

Das Argument schien ihn nachdenklich zu machen. Nach

dem Essen ließ er nicht davon ab, auf mich einzureden, brachte mich sogar zum Fahrstuhl, trat überraschenderweise auch ein und fuhr mit uns ins Erdgeschoss, wo er mir anbot, mich persönlich zum Flughafen zu bringen. Ein alter gepanzerter Mercedes fuhr vor, Castro öffnete mir den Schlag und schob mich hinein. Vorne saßen der Fahrer und ein Bodyguard im Kampfanzug, wir nahmen im Fond Platz – Castro zwischen mir und der Dolmetscherin – und sprachen unablässig. Vor uns fuhr ein zweiter Mercedes, der genauso aussah und sich in der Führung ständig mit unserem Gefährt abwechselte, was wohl mögliche Attentäter verwirren sollte. Später sagte mir der Botschafter, dass der letzte Besucher, den Castro persönlich zum Flughafen brachte, der Papst gewesen sei. Meine Güte!

Während der Fahrt durch Havanna bemerkte ich, dass die Leute an den Straßen ihn wohl erkannten, aber nicht reagierten. Sie verhielten sich neutral. Schon vorher war mir aufgefallen, dass es hier keinerlei Personenkult um Castro gibt. Irgendwann stieß ich mit meinen Füßen an einen harten Gegenstand. Ich beugte mich vor und entdeckte eine Maschinenpistole, die offenbar zu seinem eigenen Gebrauch dort deponiert war. Als er es bemerkte, nahm er die Waffe auf seinen Schoß, wobei der Lauf direkt auf seinen Bauch zeigte. Dabei unterbrach er seinen Redefluss keine Sekunde und ließ seine Hand immer wieder, zur Unterstreichung eines Wortes, heftig auf den Schaft klatschen. Mir war höchst mulmig zumute. Als wir ausstiegen, sagte Castro, den Arm vertrauensvoll auf meine Schulter gelegt: »Wissen Sie, seit meinem Studium in Amerika habe ich mich mit niemandem so gestritten wie mit Ihnen.«

Ich hatte nur einen Gedanken: »Hoffentlich sieht das nicht der Fotograf vom ›Spiegel‹, sonst kann ich gleich dableiben.«

*

Ein halbes Jahr später, im November 1999, erhielt ich Besuch vom kubanischen Botschafter, der anfragte, ob ich nicht wieder auf seine Insel kommen wolle. Ich bedauerte sehr, da ich bereits einen Schnorchelurlaub fest gebucht hätte und außerdem entspannen wolle. Aber dafür, entgegnete der Botschafter, sei Kuba doch genau richtig. »Sorry«, wiederholte ich, »ich habe mich schon auf die Seychellen festgelegt.« »Wie schade.« Er gab mir die Hand, ging mit etwas betretenem Gesicht zur Türe, als ich ihn fragte: »Leben die drei Leute noch?«

Am 27. Dezember 1999 kamen wir in Havanna an, die ausgeschlachteten Tupolews standen immer noch da, die Autos mit den ausladenden Kotflügeln und Haifischflossen fuhren noch durch die alten Schlaglöcher. Doch die Stadt hatte sich verändert. Überall hingen Fotos von Elian. Der kleine Kubaner, dessen Mutter auf der Flucht nach Florida ertrunken war, saß bei seinen Verwandten in Miami, die ihn nicht mehr herausgeben wollten. Das Tauziehen war in vollem Gange, und ganz Kuba vereinte sich hinter der Forderung des Commandante, dass Elian in seine Heimat zurückkehren müsse, und zwar sofort. Das war ein interessanter Schachzug Castros, so dachte ich, und er zahlte sich bereits aus.

Ich übergab dem neuen Außenminister Enrique Roque eine Petition zugunsten eines Journalisten, der unter unwürdigen Bedingungen eine dreizehnjährige Haftstrafe absaß. Bald darauf erhielt ich die Antwort, der Betreffende sei in einem Gefängnis, in dem es ihm physisch gut gehe. Einen Beweis dafür habe ich allerdings nicht, ebenso wenig, ob die drei Drogenhändler wirklich noch am Leben sind. Nach zwei Tagen kam ein Anruf, Fidel Castro erwarte uns am 30. Dezember in seiner Residenz zum Abendessen.

In einem hallenartigen Vorraum wurden wir von Castro begrüßt, der von vertrauten Gesichtern umgeben war: Neben Roque hatten sich auch Carlos Lage und die beförderte Handelsministerin eingefunden. Wir aßen eine riesige Pampelmuse, dann gab es Hummer, dazu spanische Weine und die unvermeidlichen Mojitos. Alles stand damals unter dem Bann von Elian, und Castro begann sofort, über Amerika herzuziehen, wodurch wir uns unvermeidlich gleich wieder in die Wolle kriegten.

Castro behauptete nämlich, es sei typisch für den amerikanischen Imperialismus, die Rechte eines kubanischen Vaters zu missachten, worauf ich ihm klarzumachen versuchte, dass es sich nicht um ein Problem zwischen Kuba und Amerika, sondern eines zwischen Kubanern handle – den Kubanern auf der

Insel und den Exilkubanern in Florida. Das machte ihn fuchsteufelswild. Er kenne Amerika, diese arroganten Menschen, die keine Gelegenheit ausließen, seinem Volk zu schaden und es herabzusetzen. Schon wenige Tage später zeigte es sich allerdings, dass meine Einschätzung die Richtige war: Der amerikanische Präsident und seine Justizministerin sprachen sich eindeutig für eine Rückkehr Elians nach Kuba aus, und zwischenzeitlich konnte der Junge auch wieder mit seinem Vater nach Hause reisen.

Nach dem Essen – ich zündete mir als Einziger eine Zigarre an – erinnerte Castro an Kubas Nationalheiligen Che Guevara und welchen furchtbaren Fehler er begangen habe. »Der Kopf der Revolution«, sagte er grimmig, »darf nie selbst in die Schlacht gehen. Die Revolution ist tot, wenn der Kopf tot ist.« Ein Gesprächspartner sagte mir später, dass Castro dieses Prinzip lebenslang befolgt habe und sich, auch wenn dies möglicherweise anders in den Geschichtsbüchern steht, aus direkten Kampfhandlungen immer herauszuhalten wusste. Offenbar besaß er sehr gute Überlebensinstinkte und ging Gefahren aus dem Weg. »Es war nicht falsch, dass Che nach Bolivien ging«, schloss Castro. »Aber es war falsch, dass er selbst in den Kampf zog.«

Castros Überlebensinstinkt hatte ihn auch bei Elian richtig geleitet. Wann hatte es seit Revolutionstagen so viele begeisterte Menschen auf den Plätzen gegeben, die ihm zujubelten und daran glaubten, dass er es schon richten werde. Er hatte sich sogar körperlich verändert: Er schien zugenommen zu haben, die Hände zitterten nicht mehr und auch sein Gesicht hatte eine gesündere Farbe angenommen. Offenbar wirkte die Liebe seines Volkes auf ihn wie eine Frischzellenkur.

Nachdem die Ministerrunde um zwei Uhr morgens vor Erschöpfung fast unter den Tisch gesunken war, tranken wir noch einen letzten Mojito, um dann aufzubrechen. Castro hätte noch ewig weiter geredet, er war in Fahrt und wollte sich auch nicht bremsen lassen, aber mir taten seine Leute Leid, und deshalb erhoben wir uns. Daraufhin eilte der Commandante zu einem Schrank, dem er zwei Zigarrenkisten entnahm. Offenbar war ihm aufgefallen, dass ich mit großem Genuss geraucht hatte – er selbst war schon vor zwanzig Jahren aus Gesundheitsgründen davon abgekommen –, und so hielt er mir die beiden Kisten hin.

»Hans-Olaf«, fragte er, »mögen Sie lieber die Cohiba oder die Trinidad?«

»Ehrlich gesagt, Commandante«, antwortete ich, »kann ich mich wirklich nicht entscheiden« – worauf er mir lachend beide in die Hände drückte.

»Und geben Sie mir auch ein Autogramm darauf?«, fragte ich.

»Mit Vergnügen«, antwortete Castro und zog einen Stift aus seinem Kampfanzug. Über seine Schulter gelehnt, las ich: »Für Hans-Olaf. Am letzten Tag dieses Jahrhunderts – mit den besten Wünschen fürs nächste Jahrtausend.«

Hans-Olaf Henkel, 1960 – in derselben Cordjacke wie auf dem 40 Jahre später aufgenommenen Titelbild; Foto von Brigitte Paulus, geb. Clausen, 1960

Vom »jungen Wilden« zum deutschen Außenminister und Vizekanzler – der Aufstieg des wichtigsten Politikers der Grünen, Joschka Fischer, ist beispiellos.

Doch wie kam es zu dieser Bilderbuchkarriere? Christian Schmidt beleuchtet kritisch den Werdegang Fischers vom autonomen Straßenkämpfer zum staatstragenden Politiker und das Umfeld des Frankfurter Clans, der Fischers Weg begleitete.

Mit vielen Bildern und einem aktuellen Nachwort, das eine Bilanz der ersten rot-grünen Regierungsmonate zieht.

Christian Schmidt

Wir sind die Wahnsinnigen

Aktualisierte Ausgabe

Econ | ULLSTEIN | List

Econ
Mary Buffett
& David Clark
Buffettology
Intelligent investieren an
der Börse mit Warren Buffett

S44